羽毛球竞赛规则
（2023）

中国羽毛球协会　审定
Chinese Badminton Association

人民体育出版社

图书在版编目（CIP）数据

羽毛球竞赛规则. 2023 / 中国羽毛球协会审定. -- 北京：人民体育出版社, 2023（2024.8重印）

ISBN 978-7-5009-6328-8

Ⅰ. ①羽… Ⅱ. ①中… Ⅲ. ①羽毛球运动－竞赛规则 Ⅳ. ①G847.4

中国版本图书馆CIP数据核字(2023)第106500号

*

人民体育出版社出版发行

北京中科印刷有限公司印刷

新 华 书 店 经 销

*

710×1000 16开本 21.25印张 368千字

2023年 8 月第 1 版 2024年 8 月第 2 次印刷

印数：10,001-20,000册

*

ISBN 978-7-5009-6328-8

定价：80.00元

社址：北京市东城区体育馆路 8 号（天坛公园东门）

电话：67151482（发行部） 邮编：100061

传真：67151483 邮购：67118491

网址：www.psphpress.com

（购买本社图书，如遇有缺损页可与邮购部联系）

审定委员会

名誉主任：张　军

主　　任：夏煊泽　王　伟

副 主 任：冯平善

成　　员：郑三粮　任春晖　林传潮　郁鸿骏　刘国珍

侯龙虎　刘　茜　蒋诗颖　诸葛睿涵　金　烁

出版说明

本规则是根据世界羽毛球联合会最新的羽毛球规则翻译和修订的。如有本规则以外的新规定，以中国羽毛球协会颁发的文件为准。

目　录
CONTENTS

第一章　羽毛球比赛规则

第二章　羽毛球比赛通用规程

第三章　羽毛球运动道德行为规范

第四章　残疾人羽毛球比赛的有关规定

第五章　相关规定英文文本

01

羽毛球竞赛规则

第一章 CHAPTER 01

羽毛球比赛规则

一、规　则

定　义

运 动 员：参加羽毛球比赛的人。

一场比赛：由双方各一名或两名运动员进行的比赛，是羽毛球比赛决定胜负的基本单位。

单　　打：双方各一名运动员进行的比赛。

双　　打：双方各两名运动员进行的比赛。

发 球 方：有发球权的一方。

接发球方：发球方的对方。

回　　合：自开始发球至“死球”前的一次或多次连续对击。

一　　击：运动员试图击球的一次挥拍动作。

以下斜体字条款适用于残疾人羽毛球比赛。

1　场地和场地设备

1.1　场地应是一个长方形，用宽 40 毫米的线画出（图 1–1）。

1.1.1　轮椅式羽毛球比赛场地分别如图 1–4 和图 1–5 所示。

1.1.2　站立式半场级羽毛球单打比赛场地如图 1–6 所示。

1.2　线的颜色应是白色、黄色或其他容易辨别的颜色。

1.3　所有的线都是它所界定区域的组成部分。

1.4　从场地地面起，网柱高 1.55 米。当球网被拉紧时（“规则”1.10），网柱应与地面保持垂直。

1.5　不论是单打还是双打比赛，网柱都应放置在双打边线上（图 1–1）。网柱及其支撑物不得延伸进入除边线外的场地内。

1.6　球网应由深色优质的细绳编织成。网孔为均匀分布的方形，边长 15～20 毫米。

1.7　球网上下宽 760 毫米，全长至少 6.1 米。

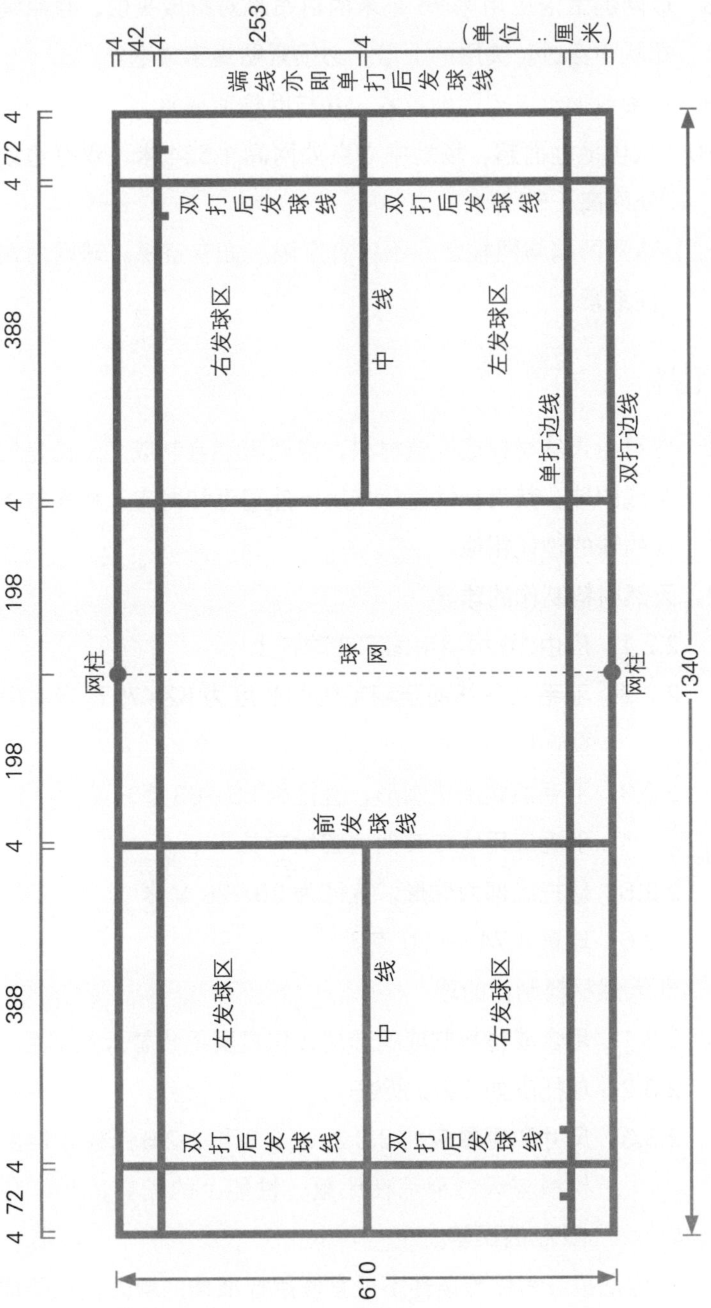

图 1-1

注：双打场地对角线长为 14.723 米，单打场地对角线长为 14.366 米。

1.8 球网的上沿应用宽 75 毫米的白布带对折成夹层，且用绳索或钢丝从中穿过。夹层的上沿，必须紧贴绳索或钢丝。

1.9 绳索或钢丝应牢固地拉紧，并与网柱顶取平。

1.10 从场地地面起，场地中心点处网高 1.524 米，双打边线中心点处网高 1.55 米。

1.11 球网两端与网柱之间不应有空隙。如有空隙，球网两端应与网柱系紧。

2 羽毛球

2.1 球可由天然材料或人造材料，或两者混合制成。无论是何种材料制成的球，其飞行性能应与用天然羽毛和薄皮革包裹软木球托制成的球的性能相似。

2.2 天然材料制作的球

2.2.1 应由 16 根羽毛固定在球托上；

2.2.2 羽毛从球托面至羽毛尖的长度为 62~70 毫米，但每个球的羽毛应等长；

2.2.3 羽毛顶端围成圆形，直径为 58~68 毫米；

2.2.4 羽毛应用线或其他适宜材料扎牢；

2.2.5 球托底部为球形，直径为 25~28 毫米；

2.2.6 球重 4.74~5.50 克。

2.3 非天然材料制作的球

2.3.1 用合成材料制成的球裙或仿真羽毛代替天然羽毛；

2.3.2 球托应如 2.2.5 所述；

2.3.3 尺寸和重量应如 2.2.2、2.2.3 和 2.2.6 所述，但由于合成材料与天然羽毛在比重、性能上的差异，允许有不超过 10% 的误差。

2.4 在因海拔或气候等条件不适宜使用标准球的地方，只要球的一般式样、速度和飞行性能不变，经有关会员协会批准，可以变通以上规定。

3 球速的检验

3.1 验球时，运动员应低手向前上方全力击球，击球点必须在端线上方；球的飞行方向应与边线平行。

3.2 符合标准速度的球，应落在场地距离对方端线外沿 530~990 毫米的区域内（图 1–2）。

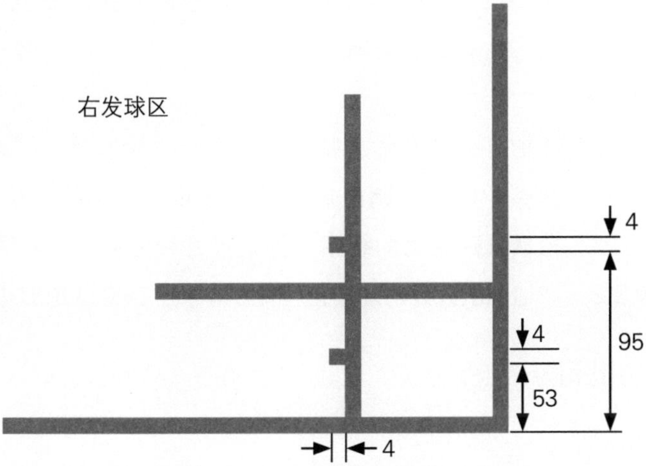

（单位：厘米）

图 1–2

4 羽毛球拍

4.1 球拍长不超过 680 毫米，宽不超过 230 毫米，由 4.1.1 至 4.1.5 所述的各主要部分构成（图 1–3）。

4.1.1 拍柄是击球者通常握拍的部分；

4.1.2 拍弦面是击球者通常用于击球的部分；

4.1.3 拍头界定了拍弦面的范围；

4.1.4 拍杆通过4.1.5所述的部件，连接拍柄与拍头；

4.1.5 连接喉（如有）连接拍杆与拍头。

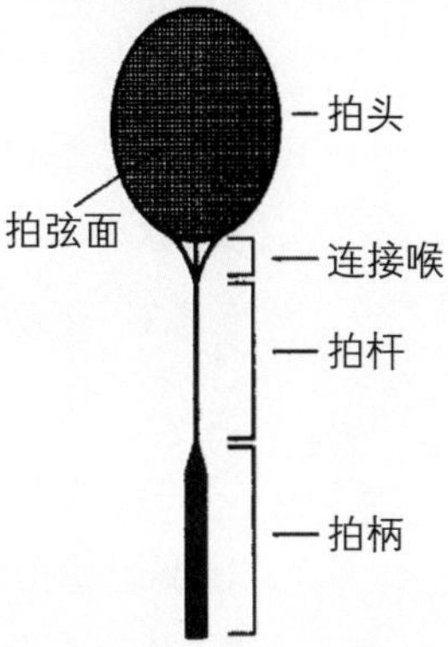

图 1–3

4.2 拍弦面

4.2.1 拍弦面应是平的，用拍弦穿过拍头十字交叉或其他形式编织而成；

4.2.2 拍弦面长不超过 280 毫米，宽不超过 220 毫米。拍弦可延伸进连接喉区域。

4.2.2.1 伸入拍弦区域的宽不得超过 35 毫米；

4.2.2.2 包括拍弦伸入区在内的拍弦面总长不得超过 330 毫米。

4.3 球　拍

4.3.1 球拍不允许有附加物和突起部分，除非是为了防止磨损、断裂、振动或调整重心的附加物，或预防球拍脱手而将拍柄系在手上的绳索，但其尺寸和位置必须合理；

4.3.2 球拍上不允许附加任何可能从本质上改变球拍形式的装置。

5 设备的批准

5.1 审　批

有关球、球拍、设备及试制品能否用于比赛的任何问题，由世界羽联裁定。这种裁定可由世界羽联主动做出，也可根据涉及其正当利益的个人、团体（包括运动员、技术官员、设备厂商、会员协会或其他成员）的申请而做出。

5.2 残疾人羽毛球比赛辅助设备

残疾人羽毛球比赛，可以使用轮椅或拐杖。

5.2.1 运动员的身体可用一弹性带固定在轮椅上；

5.2.2 可在轮椅上安装可延伸至主轮外的支承轮；

5.2.3 运动员的双脚必须固定在轮椅的搁脚板上。

6 挑　边

6.1 比赛开始前应挑边，赢方应在 6.1.1 或 6.1.2 选项中做出选择。

6.1.1 先发球或先接发球；

6.1.2 在一个场区或另一个场区开始比赛。

6.2 输方在余下的一项中选择。

7 计分方法

7.1 除非另有规定（附录 4“礼让比赛”和附录 5“替换规则”），一场比赛应以三局两胜定胜负。

7.2 除“规则”7.4 和 7.5 的情况外，先得 21 分的一方胜一局。

7.3 一方“违例”或球触及该方场区内的地面成“死球”，则另一方胜这一回合并得一分。

7.4 20 平后，领先 2 分的一方胜该局。

7.5 29 平后，先得 30 分的一方胜该局。

7.6 一局的胜方在下一局首先发球。

8 交换场区

8.1 以下情况，运动员应交换场区：

8.1.1 第一局结束；

8.1.2 第二局结束（如果有第三局）；

8.1.3 在第三局比赛中，一方先得 11 分时，“礼让比赛”（附录 4）除外。

8.2 如果运动员未按“规则”8.1 的规定交换场区，一经发现，在“死球”后立即交换，已得比分有效。

9 发 球

9.1 合法发球：发出的球应向上飞行过网，如果未被拦截，球应落在规定的接发球区内（即落在界线上或界线内）；

9.1.1 一旦发球员和接发球员做好准备，任何一方不得延误开始发球；

9.1.2 发球员球拍头的向后摆动一旦停止，任何对发球开始（“规则”9.2）的迟延都是延误；

9.1.3 发球员和接发球员，应站在斜对角的发球区界线以内（图 1–1），脚不得触及发球区和接发球区的界线；

9.1.3.1 残疾人羽毛球轮椅式和站立式半场级比赛场地分别如图 1–4 和图 1–6 所示；

9.1.4 从发球开始（“规则”9.2），至发球结束（“规则”9.3），发球员和接发球员的两脚都必须有一部分与场地的地面接触，不得移动；

9.1.4.1 轮椅式比赛：从发球开始至发球结束，发球员和接发球员的轮椅必须静止不动，发球员的轮椅自然的逆向移动除外；

9.1.5 发球员的球拍，应首先击中球托；

9.1.6 发球员的球拍击中球的瞬间，整个球应低于距场地地面高度 1.15 米；

9.1.6.1 轮椅式比赛，发球员的球拍击中球的瞬间，整个球应低于发球员的腋下；发球替换规则 9.1.6（b）同样适用。

9.1.6.2 残疾人羽毛球站立式比赛，发球替换规则 9.1.6（a）和(b)均适用。

9.1.7 自发球开始（“规则”9.2），发球员挥拍必须连贯向前，直至发球结束（“规则”9.3）；

9.1.8 发球员发球时，应击中球。

9.2 一旦运动员站好位置准备发球，发球员的球拍头开始向前挥动，即为发球开始。

9.3 一旦发球开始（“规则”9.2），发球员的球拍击中或未能击中球，均为发球结束。

9.4 发球员应在接发球员准备好后才能发球，如果接发球员已试图接发球，即视为已做好准备。

9.5 双打比赛发球时（“规则”9.2、9.3），发球员和接发球员的同伴应在各自的场区内。其站位不限，但不得阻挡对方发球员或接发球员的视线。

10 单 打

10.1 发球区和接发球区

10.1.1 一局中，发球员的分数为 0 或双数时，双方运动员均应在各自的右发球区发球或接发球；

10.1.2 一局中，发球员的分数为单数时，双方运动员均应在各自的左发球区发球或接发球；

10.1.3 在残疾人的羽毛球半场级的比赛中，发球员和接发球员应在各自的发球区发球和接发球。

10.2 击球顺序和位置

一回合中，发球员和接发球员在球网各自一边的任何位置交替击球，直至“死球”（“规则”15）。

10.3 得分和发球

10.3.1 发球员胜一回合（“规则”7.3）则得一分，随后发球员再从另一发球区发球；

10.3.2 接发球员胜一回合（“规则”7.3）则得一分，随后接发球员成为新发球员。

11 双 打

11.1 发球区和接发球区

11.1.1 一局中，发球方的分数为 0 或双数时，发球方均应从右发球区发球；

11.1.2 一局中，发球方的分数为单数时，发球方均应从左发球区发球；

11.1.3 接发球方按其上次发球时的位置站位；

11.1.4 接发球员应是站在发球员斜对角发球区的运动员；

11.1.5 发球方每得一分，原发球员则变换发球区再发球；

11.1.6 除“规则”12 的情况外，球都应从与发球方得分相对应的发球区发出。

11.2　击球顺序和位置

发球被回击后，发球方的任何一人和接球方的任何一人在球网各自一边的任何位置交替击球，直至“死球”（“规则”15）。

11.3　得分和发球

11.3.1　发球方胜一回合（“规则”7.3）则得一分，随后发球员继续发球；

11.3.2　接发球方胜一回合（“规则”7.3）则得一分，随后接发球方成为新发球方。

11.4　发球顺序

每局比赛的发球权必须如下传递：

11.4.1　先由首先发球员从右发球区发球；

11.4.2　其次由首先接发球员的同伴从左发球区发球；

11.4.3　然后是首先发球员的同伴；

11.4.4　接着是首先接发球员；

11.4.5　再接着是首先发球员，依此传递。

11.5　运动员在比赛中不应有发球、接发球顺序错误或在一局比赛中连续两次接发球（“规则”12 或出现行为不端被判违例的情况除外）。

11.6　一局胜方的任一运动员可在下一局先发球；一局负方的任一运动员可在下一局先接发球。

12　发球区错误

12.1　以下情况为发球区错误：

12.1.1　发球或接发球顺序错误；

12.1.2　在错误的发球区发球或接发球。

12.2　如果发现发球区错误，应在“死球”后予以纠正，已得比分有效。

13 违 例

以下情况均属“违例”：

13.1 不合法发球（“规则”9.1）。

13.2 球发出后：

13.2.1 停在网顶；

13.2.2 过网后挂在网上；

13.2.3 被接发球员的同伴击中。

13.3 比赛进行中，球：

13.3.1 落在场地界线外（即未落在界线上或界线内）；

13.3.2 未从网上越过；

13.3.3 触及天花板或四周墙壁；

13.3.4 触及运动员的身体或衣服；

13.3.4.1 残疾人羽毛球轮椅式比赛：视轮椅或拐杖为运动员身体的一部分；

13.3.5 触及场地外其他物体或人；

（关于比赛场馆的建筑结构问题，必要时，地方羽毛球竞赛承办机构可以制定羽毛球触及建筑物的补充规定，但其归属的世界羽联会员协会有否决权）

13.3.6 被击时停滞在球拍上，紧接着被拖带抛出；

13.3.7 被同一运动员两次挥拍连续两次击中，但一次击球动作中球被拍框和拍弦面击中不属“违例”；

13.3.8 被同方两名运动员连续击中；

13.3.9 触及运动员球拍，而未飞向对方场区；

13.3.10 在轮椅式比赛中，球：

13.3.10.1 停在网顶；

13.3.10.2 过网后挂在网上。

13.4 比赛进行中，运动员：

13.4.1 球拍、身体或衣服，触及球网或球网的支撑物；

13.4.2 球拍或身体，从网上侵入对方场区（击球时，球拍与球的接触点在击球者网这一方，而后球拍随球过网的情况除外）；

13.4.3 球拍或身体，从网下侵入对方场区，导致妨碍对方或分散对方的注意力；

13.4.4 妨碍对方，即阻挡对方球拍随球过网的合法击球；

13.4.5 故意分散对方注意力的任何举动，如喊叫、做手势等；

13.4.6 在轮椅式比赛中，

13.4.6.1 运动员击中球的瞬间，其躯干无任何部位与轮椅座面接触；

13.4.6.2 脚未固定在搁脚板上；

13.4.6.3 比赛进行中，运动员双脚的任何部位触及地面。

13.5 运动员严重违犯或屡犯“规则”16 的规定。

14 重发球

14.1 由裁判员或运动员（未设裁判员时）宣报“重发球”，用以中断比赛。

14.2 以下情况为“重发球”：

14.2.1 发球员在接发球员未做好准备时发球（“规则”9.4）；

14.2.2 发球过程中，发球员和接发球员都被判违例；

14.2.3 发出的球被回击后的对击中，

14.2.3.1 球停在网顶；

14.2.3.1.1 轮椅式比赛中为“违例”的情况除外。

14.2.3.2 球过网后挂在网上；

14.2.3.2.1 轮椅式比赛中为“违例”的情况除外。

14.2.4 比赛进行中，球托与球的其他部分完全分离；

14.2.5 裁判员认为比赛被干扰或教练员分散了对方运动员的注意力；

14.2.6 司线员未看清，裁判员或即时回放系统也不能做出裁决时；

14.2.7 意外情况。

14.3 “重发球”时，该次发球无效，原发球员重新发球。

15 死 球

以下情况为“死球”：

15.1 球撞网或网柱后，开始向击球者网这方的地面落下；

15.2 球触及地面；

15.3 宣报了“违例”或“重发球”。

16 比赛连续性、行为不端及处罚

16.1 除“规则”16.2、16.3 和 16.5.3 允许的情况外，比赛自第一次发球开始至该场比赛结束应是连续的。

16.2 间 歇

16.2.1 每局比赛，当一方先得11分时［“礼让比赛”（附录4）除外］，允许有不超过60秒的间歇；

16.2.2 所有比赛中，局与局之间允许有不超过 120 秒的间歇（有电视转播的比赛，裁判长可在该场比赛前决定变更 16.2 规定的间歇时间）。

16.3 比赛的暂停

16.3.1 遇不是运动员所能控制的情况，裁判员可根据需要暂停比赛；

16.3.2 遇特殊情况，裁判长可要求裁判员暂停比赛；

在残疾人羽毛球比赛中，修理运动员辅助设备（“规则”5.2）可视为特殊情况。

16.3.3 如果比赛暂停，已得比分有效，恢复比赛时由该比分计起。

16.4 延误比赛

16.4.1 不允许运动员为恢复体力、喘息或接受指导而延误比赛；

16.4.2 裁判员是延误比赛的唯一裁决者，发球时除外。

16.5 指导和离开场地

16.5.1 一场比赛中，仅在“死球”（“规则”15）期间，允许运动员接受指导，直至运动员站好位置准备发球和接发球为止；

16.5.2 一场比赛中，运动员未经裁判员允许不得离开场地（未延误比赛和“规则”16.2规定的间歇除外）；

16.5.3 轮椅式比赛中，允许运动员在一场比赛中因需离开场地导尿而有一次额外间歇。该运动员应由世界羽联委派的任一技术官员陪同。

16.6 运动员不得有下列行为：

16.6.1 故意延误或中断比赛；

16.6.2 故意改变或损坏球，以此影响球的速度或飞行；

16.6.3 举止无礼或不当；

16.6.4 “规则”未述的其他不端行为。

16.7 对违犯者的处罚

16.7.1 对违犯“规则”16.2、16.4.1、16.5.2 或 16.6 的运动员，裁判员应执行：

16.7.1.1 警告；

16.7.1.2 对已被警告过的一方判违例；或

16.7.1.3 对严重违犯方判违例。

16.7.2 在判违犯方违例时（“规则”16.7.1.2 或 16.7.1.3），裁判员应立即报告裁判长；裁判长有权取消其该场比赛资格。

17 技术官员职责和申诉受理

17.1 裁判长对比赛全面负责。

17.2 裁判员主持一场比赛，并管理该比赛场地及其紧邻区域；裁判员对裁判长负责。

17.3 发球裁判员负责宣判发球员的发球违例（“规则”9.1.2 至 9.1.8）。

17.4 司线员负责宣判球在其分管线的落点是“界内”或“界外”。

17.5 技术官员对其所分管职责内事实的宣判是最终的裁决，以下情况除外：

17.5.1　当裁判员确认司线员明显错判时，应予以纠正；

17.5.2　当有即时回放系统时，由该系统（第一章 附录2）对球落点宣判的挑战予以裁决。

17.6　裁判员应：

17.6.1　维护和执行“羽毛球比赛规则”，及时宣判“违例”或“重发球”；

17.6.2　对在下一次发球前提出的申诉做出裁决；

17.6.3　确保运动员和观众能随时了解比赛进展情况；

17.6.4　与裁判长磋商后指派或撤换司线员或发球裁判员；

17.6.5　在技术官员不足时，对无人执行的职责做出安排；

17.6.6　在技术官员未看清时，执行其职责或判“重发球”；

17.6.7　记录并向裁判长报告与“规则”16有关的所有情况；

17.6.8　仅将与“规则”有关的申诉提交给裁判长（此类申诉必须在下次发球击出前提出；如果该场比赛结束，则应在申诉方离开场地前提出）。

注：在下列各图中 ▭ =比赛场区 ▬ =发球区

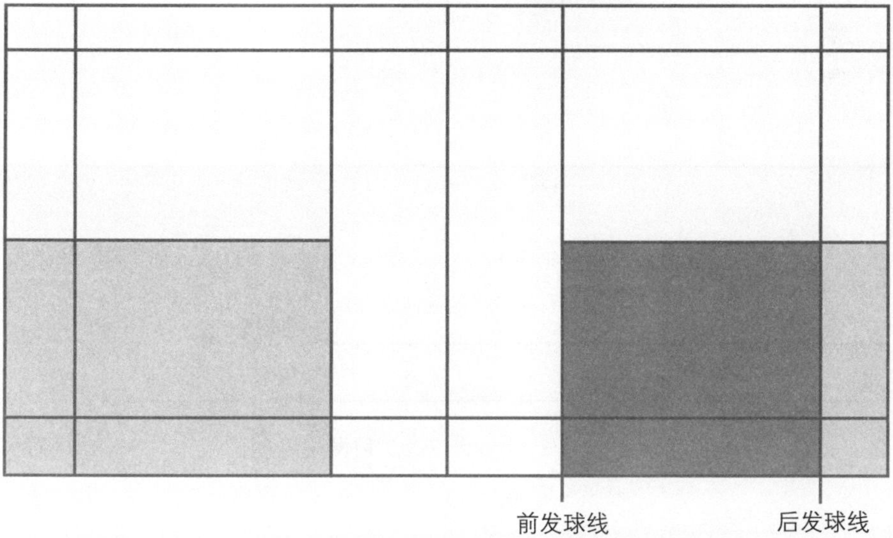

图 1–4

残疾人羽毛球轮椅式比赛单打比赛场区和发球区

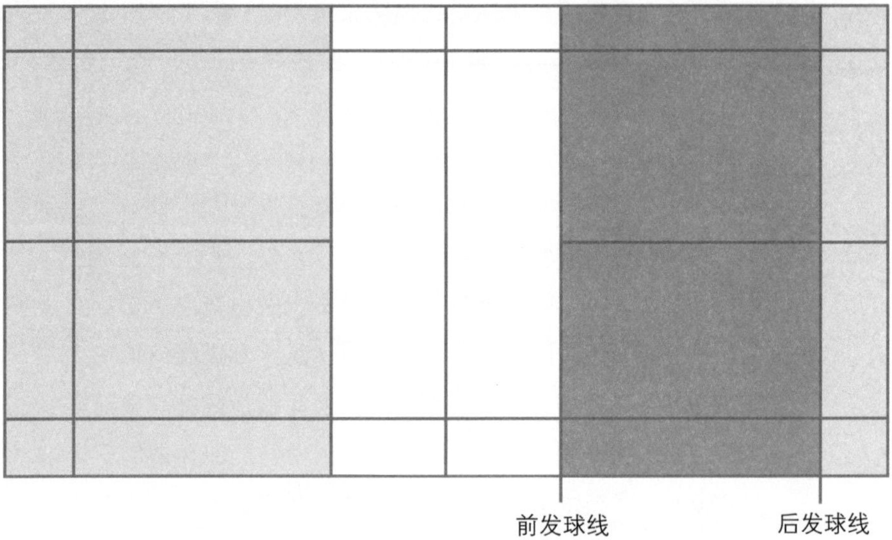

图 1-5

残疾人羽毛球轮椅式比赛双打比赛场区和发球区

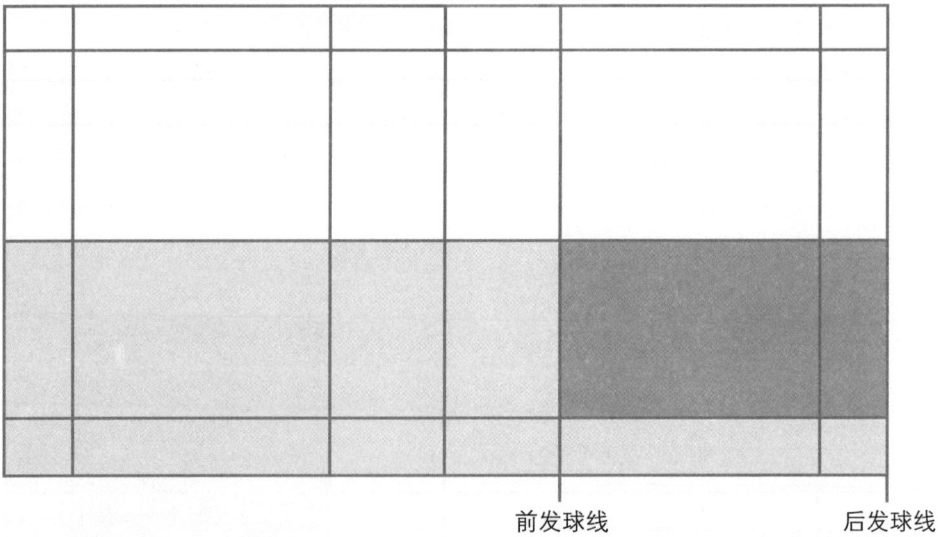

图 1-6

残疾人羽毛球站立式半场级场地单打比赛场区和发球区

所有其他站立式比赛均使用羽毛球比赛单打和双打标准场地（图 1-1）

二、技术官员工作指南

1 引 言

1.1 “技术官员工作指南”（下称“指南”）由世界羽联制定发布，以在世界各地依据“世界羽联法规”规范羽毛球比赛的技术官员工作。

1.2 本“指南”旨在向技术官员提出，在保证遵守“羽毛球比赛规则”（下称“规则”）和“世界羽联法规”其他规定的同时，如何严格、公正、符合常识、不滥用职权地控制好比赛。

1.3 所有技术官员都必须记住，比赛是为运动员的。

1.4 “指南”中所有指代男性性别的词语均包括了女性和中性，反之亦然。对“指南”的出处标注是本“指南”对应的单独条款，而对“规则”的出处标注则是“规则”（第一章 一）对应的单独条款。

1.5 总体而言，本“指南”也适用于残疾人羽毛球比赛。但“残疾人羽毛球技术官员工作指南”一经通过，则以残疾人羽毛球赛事的特用条款代替本“指南”。

2 技术官员及其裁决

2.1 世界羽联批准的所有一类和二类 1 至 6 级赛事的裁判长均由世界羽联指派，世界羽联批准的三类赛事的裁判长则由各洲联合会指派。裁判长对比赛全面负责（“规则”17.1）。被选派的副裁判长具有与裁判长相同的任务和责任。

2.2 一场比赛的裁判员由裁判长指派，在裁判长领导下工作，并向裁判长负责（“规则”17.2）。

2.3 一场比赛的发球裁判员和司线员一般由裁判长指派，裁判长可予以撤换或经裁判员与裁判长商议后予以撤换（“规则”17.6.4）。

2.4 技术官员对其所分管职责内事实的宣判是最终的裁决，以下情况除外：

2.4.1 当裁判员确认司线员明显错判时，应予以纠正（“规则”17.5.1）；

2.4.2 当有即时回放系统时，由该系统对球落点宣判的挑战予以裁决（“规则”17.5.2）。

2.5 当其他技术官员未能做出裁决时，由裁判员裁决。若裁判员也不能做出裁决时，则判“重发球”（“规则”17.6.6），除非使用了即时回放系统，则由该系统对球的落点进行裁决（第一章 附录2、1.2）。

2.6 裁判员主持一场比赛，并管理该比赛场地及其紧邻区域（“规则”17.2）。

2.7 裁判员的管理时限从该场比赛前裁判员进入竞赛场区（FOP）开始，直至该场比赛结束离开竞赛场区（FOP）为止。竞赛场区是指铺设有比赛场地而观众不允许进入的整个竞赛区域。

3 裁判长工作指南

3.1 总 则

3.1.1 裁判长对比赛全面负责（“规则”17.1）。裁判长在做出重大决定前，尤其在最高级别赛事中与合同相关的问题上，必须与现场的世界羽联（或洲联合会）赛事官员及组委会商议。

3.1.2 裁判长可将指派各场比赛的裁判员、发球裁判员和司线员的职责（“指南”2.2 和 2.3）委托给副裁判长或其他技术官员（如裁判员协调），但整体责任还是由裁判长负责。尽可能在比赛中安排中立的技术官员。

3.1.3 裁判长须领导和管理本赛事的技术官员，确保他们知晓自己的职责并按“规则”和世界羽联（或洲联合会，如适用）的相关规程和准则履行各自职责。裁判长应召开常规赛前会议，确保所有技术官员及其他的利益相关方（领队、主办方等）都清楚各自职责，并知道如何最好地履行这些职责，同时确保让他们知晓已做出的任何相关决定。如需要，裁判长应准备文字或其他资料并予以分发。

3.1.4 按赛程安排，从比赛开始前至比赛结束，裁判长（或副裁判长）都应始终在竞赛场区（FOP）。裁判长应观察场上的比赛，并采取一切必要的措施以确保比赛对运动员和技术官员都是公平和安全的。

3.1.5 裁判长负责将赛事每天的比赛成绩报告世界羽联（或相关洲联合会）。赛事中发生的任何重大事件都应尽早随同现有证据和相关技术官员的情况说明一并报告。赛事结束后，在规定的时间内，将用标准模板写好的完整报告上报世界羽联（和 / 或洲联合会）。

3.2 到达赛区前

3.2.1 接受指派后，裁判长应联系竞赛主任、副裁判长、当地副裁判长、被指派到该赛事的世界羽联或洲联合会的赛事工作人员等相关人员，介绍自己并开始沟通，为建立一个富有成效的工作关系打下基础。裁判长应与世界羽联或洲联合会的赛事工作人员就互相间沟通的渠道和责任进行协调并达成共识。

3.2.2 裁判长应清楚赛事前期相关活动的时间节点（如发布赛事规程、确定正赛和预赛报名排名表、抽签等）（“世界羽联法规” 5.3.2），并与世界羽联或洲联合会的赛事工作人员联系，确保按时完成这些活动。

3.2.3 若上一届赛事裁判长报告未提供给裁判长，则裁判长应在赛事前期提前与世界羽联或洲联合会办公室联系，要求提供该份裁判长报告。裁判长应熟悉在上一届的裁判长报告中所强调的所有重大问题。整体而言，该报告应视为机密，不应转发给裁判长团队以外的人员。

3.2.4 在世界羽联或洲联合会工作人员的协助下，裁判长应在赛事规程发布前审批该规程。

3.2.4.1 裁判长应核对赛事规程是否包含了所有必要的信息（“世界羽联法规”5.1“竞赛通用规程”10）。

3.2.4.2 裁判长应确保赛事规程所含的赛程方案（比赛时间、每天的轮次、场地数）既对运动员公平，又符合他们的实际情况且考虑了赛事的需求，同时（如适用），也考虑了世界羽联或洲联合会对应等级赛事的规程规定，如“世界羽联世界巡回赛规程”（“世界羽联法规”5.2.2，第 6.7 规定）。

3.2.4.3 未经批准不得发布赛程方案。

3.2.5 赛事之前，裁判长应提前将检查清单发给赛事组织者，要求对方提供清单所需的相关信息，确保成功、顺利举办赛事所需的关键要素都已到位，并且有查漏补缺的计划。

3.2.5.1 为避免重复工作，应精心拟就检查清单，且清单应与赛事级别及组委会的经验相适应。

3.2.5.2 首次的检查清单应重点关注那些需要裁判长到达比赛场馆前确认的事项，如确保充足的符合赛事等级要求的训练设施、所有与健康和安全相关的措施都在落实，以及上一届裁判长报告所述的有关组织方面的主要问题。

3.2.5.3 裁判长应要求对方提供一份竞赛场区（FOP）及其相邻的运动员区域的流线图。对于较高级别的世界羽联赛事，还要获取竞赛场区（FOP）外与比赛场馆相关的其他信息。

3.2.5.4 裁判长应要求对方提供一份涵盖酒店、场馆和其他训练场所的交通安排表。

3.2.5.5 裁判长应适时与组织者联系，对已确认事项的任何更新予以跟进，确保所有的主要问题都在到达赛区前得到解决。如果该赛事指派有世界羽联或洲联合会赛事工作人员，裁判长应就此类跟进活动与该赛事工作人员进行协调。

3.2.5.6 二次检查清单涉及例行工作、非关键事项，以及较短时间可解决问题的事项，裁判长可在赛前几周将该清单发给组织者，如必要，则单独与组织者讨论。

3.2.5.7 根据需用场地数，以及与赛事级别相适应的相关规程和指导原则的规定，裁判长须确保该赛事安排或指派有合适数量，具有适当经历和中立的裁判员和司线员。

3.2.6 在世界羽联或洲联合会工作人员的协助下，裁判长应在首份正赛和预赛报名排名表发布前，及时对其予以审批。

3.2.6.1 裁判长应仔细检查首份正赛和预赛报名排名表，核对其所采用的世界排名日期（“世界羽联法规”5.3.2）、调整排名和参数排名的计算（世界羽联“竞赛通用规程”11.6）、保护排名（第三章 四）、每个协会在每个项目的可报名数（如适用）、正赛和预赛报名名单或候补名单等是否准确。

3.2.6.2 裁判长应检查对首份正赛和预赛报名排名表所作的更新，核对其是否准确反映了最新更新前已收到的所有的退赛情况。

3.2.6.3 一旦收到种子报告，裁判长即应依据适用的世界排名（“世界羽联法规”5.3.2），以及调整排名或参数排名的使用要求（世界羽联“竞赛通用规程”11.6），检查正赛和预赛（如适用）中提供的种子是否正确。

3.2.7 裁判长应在抽签结果发布前，及时对其予以审批。

3.2.7.1 裁判长应仔细检查抽签结果，确保种子位置、轮空位置和预赛出线位置都正确（世界羽联“竞赛通用规程”11.9、11.13），同协会参赛运动员也已按世界羽联“竞赛通用规程”11.11 至 11.14 规定或该赛事规程的规定分开。

3.2.8 裁判长应保存抽签结果发布后收到的所有退赛名单，核对赛事组织者是否准确地通知到将晋级的运动员所属协会并收到回复。所有此类往来函件均应抄送裁判长。

3.2.9 裁判长应确保抽签结果首次发布后，含有退赛等信息的抽签结果不可在领队会结束前再次发布。

3.3 到达赛区

3.3.1 裁判长应按照世界羽联或洲联合会邀请函的详细规定，或后来与世界羽联或洲联合会的商定安排行程，按时到达赛区。

3.3.2 到达赛区后，裁判长应尽快与竞赛负责人（竞赛主任或组委会主席，视情况而定）会面，再次检查全部竞赛服务和保障工作的细节，并解决在赛前沟通期间出现的突出问题。

3.3.3 必要时，裁判长应在赛事开始前与其他主要的相关人员［如世界羽联或洲联合会赛事官员、竞赛场区（FOP）协调、裁判员协调、司线长、裁判员考委、裁判长考委、安保负责人和转播协调员等］会面。

3.3.4 裁判长应检查交通安排表，确保酒店与比赛馆和训练馆（如不在同一地方）之间有足够的班次。

3.3.4.1 裁判长尤其要确保：

3.3.4.1.1 每天的第一趟班车要有充足的座位，且其时间安排要在考虑了当地的交通条件的情况下，保证将运动员和技术官员送达比赛场馆后，离比赛开始还有充足的时间。

3.3.4.1.2 当天最后一趟班车的时间安排要有足够的灵活性以应对比赛结束时间的不

确定性。

3.3.5 裁判长应熟悉竞赛场区（FOP）外所有与比赛场馆相关的情况，尤其要：

3.3.5.1 尽量确保比赛场馆的基础设施对运动员、技术官员、其他相关人员和观众是安全的。

3.3.5.2 确保安排有足够的安保人员，有可行的应急预案。

3.3.5.3 确保指定的兴奋剂检查室合乎隐私、安全和舒适方面的要求。

3.3.5.4 确保所有辅助医疗设施（如理疗室）清洁，并合乎赛事级别的要求。

3.3.5.5 检查洗手间和更衣室的数量及其功能是否满足需要。

3.3.5.6 确保所有的媒体设施和混合采访区的大小及外观与赛事级别相适应。

3.3.5.7 确定运动员、技术官员和贵宾的座席区。

3.3.5.8 确认运动员和技术官员休息室的位置。

3.3.5.9 确认穿线服务的安排（地点和费用等）。

3.3.6 裁判长应对竞赛场区（FOP）进行初次检查，并将最终全面检查前采取的所有补救措施告知赛事工作人员。尤其注意：

3.3.6.1 检查比赛场地质量是否良好，对运动员是否安全。

3.3.6.2 检查每个比赛场地的四周是否有足够空间，背景是否无其他光源，尽量少用浅色背景。

3.3.6.3 检查场地端线和边线外的地胶宽度是否符合要求（第二章 七，2.1.2.1）。

3.3.6.4 检查每个比赛场地上方的灯光是否合乎要求，分布是否均匀，安放的位置是否最佳。必要时，检查灯光是否满足电视转播的最低要求（第二章 七，5）。

3.3.6.5 确定竞赛场区（FOP）内所有设施的放置［如

裁判椅、发球裁判椅、司线椅、教练椅和场地助理椅、发球测高仪、供球器（如有）、废球箱、间歇标、A 型广告板、记分显示屏，以及电视（摄像机或麦克风）等的摆放]。

3.3.6.6 检查技术官员座椅是否设计合理，适合他们在连续的比赛中以及多天的比赛里长时间就座。

3.3.6.7 确定竞赛场区（FOP）内的摄影区域及进入这些区域的方式。

3.3.7 裁判长应确定比赛控制、用球管理、竞赛场区（FOP）主管、信息技术（IT）主管、裁判长及医务人员等的工作台位置。

3.3.8 如有即时回放系统，裁判长应检查即时回放系统操控台的位置。确保有一套备用系统，并对其进行测试，以备即时回放系统操控台与挑战结果显示或竞赛场区（FOP）的沟通被中断时使用。

3.3.9 裁判长应与用球管理确认每场比赛前后的供球及回收的程序。

3.3.10 裁判长应检查并批准训练安排表，尤其要：

3.3.10.1 确保赛前训练安排对所有运动员（队）公平，并已考虑各会员协会参赛队员的人数。

3.3.10.2 检查分配的赛前训练时间是否与已知的运动员到达时间相符。

3.3.10.3 确定比赛馆与酒店之间的交通安排考虑了训练需求。

3.3.10.4 检查训练场地和热身场地，确保场地安全，场地数量和可用时数尽可能符合第二章 九的要求。

3.3.10.5 确保每天在比赛馆场地的训练时间已按该赛事级别规定安排。

3.3.10.6 确保训练用球已按赛事级别要求和赛事规程

规定备好可提供给运动员。

3.3.11 裁判长应与相关各方沟通，并决定全程负责对赛事软件（TP）文档的处理和维护的人选。

3.3.12 裁判长应确定每场比赛前的运动员集结地点，并就比赛的宣报、运动员和技术官员的进退场流程做出决定。

3.3.13 裁判长应确保，第一天比赛的赛程方案在领队会上因退赛和晋级可能带来的更改前就已经做好（但未发布）。

3.3.13.1 若未事先确定（世界羽联较高级别的赛事通常未事先确定），裁判长应决定前面轮次的比赛是安排到指定场地，还是采用“调度”制，或是两者相结合的方式进行（当某些场地的比赛有网络直播和/或电视直播时）。

3.3.13.2 裁判长应决定裁判员的工作是采用轮班制，还是分组固定到指定场地，或者是在赛事的最初几天按轮转式安排。确保所有这些安排的细节都在第一次裁判员会议前定案。

3.3.14 裁判长随同副裁判长及其他主要相关人员，应按预先安排好的时间对竞赛场区（FOP）进行最终的全面检查，并核实在最初检查中提出的所有要求和改正措施是否都已落实。

3.4 会 议

领队会议

3.4.1 领队会议前，裁判长应：

3.4.1.1 检查会议室，确保其大小合适，有必需设备（如投影仪、屏幕、笔记本电脑连接电缆、麦克风等）。

3.4.1.2 核实会议时间和地点是否已经通知到各队领队。

3.4.1.3 确保签到表已准备好。

3.4.1.4 检查作为会议资料发放的抽签结果复印件和其

他资料（如退赛表、录像许可、训练需求表、交通安排表等）是否已经准备好。

3.4.1.5 与副裁判长一起复核会议需涵盖的内容，包括核对现有的退赛名单和检查晋级操作时需用到的物品。

3.4.2 裁判长应以专业但轻松的方式召开领队会议，既蕴含权威又具亲和力。尤其注意：

3.4.2.1 说话清晰、语速舒缓、用语简单。

3.4.2.2 如需要，启用口译。

3.4.2.3 每部分之后稍作停顿，让大家有机会提问题。

3.4.3 裁判长应使用提供的模板并根据当次赛事的具体情况量身定制演示文稿，尽可能将重点集中在与本次赛事相关的细节和后勤方面，包括赛事期间的联系方式，以及有关“规则”或“规程”的最新修改。

3.4.3.1 在涉及较为通用的内容时，应根据参会领队的经历来调整语速和深度。

3.4.3.2 确保演示文稿涵盖了世界羽联或洲联合会办公室规定必须执行的全部内容（如有关道德或诚信方面的内容）。

3.4.3.3 提醒领队在本次赛事所采用的是固定高度发球规则还是发球替换规则。

3.4.4 会议结束时，裁判长应完成对正赛和预赛的退赛、强制退赛、晋级，以及替补的相关操作。

3.4.4.1 领队会议前，把“运动员退赛表”发给各领队填写之前未提出的退赛。

3.4.4.2 把会上提出的所有退赛添加到抽签结果发布后收到的退赛中。确认退赛运动员是否已到赛区。

3.4.4.3 如果拟从候补名单中晋级的运动员的领队不能立即确定该运动员是否到赛区参赛，则不要将该运动员晋级，而以候补名单中的下一位运动员取而代之。

3.4.4.4 当多于一名（对）运动员需晋级到正赛或预赛时，则采取同时抽运动员姓名和位置的方式决定晋级运动员的位置。

3.4.5 在该项目的比赛还未开始前，出现如下任一情况时，裁判长应重新抽签：

3.4.5.1 在控制报名时或抽签时出错；

3.4.5.2 正赛抽签结果出现严重不平衡的特殊情况，且该项目无预赛；

3.4.5.3 在退赛和晋级之后，预赛的抽签结果出现严重不平衡。

3.4.5.3.1 如果在退赛和晋级之后，出现多于一个预赛出线位置（Q1、Q2 等）空置，则视该预赛抽签结果为严重不平衡（世界羽联“竞赛通用规程”15.3.2）。

3.4.6 在会议结束时，裁判长应对第一天的比赛安排表在因运动员的退赛、强制退赛、晋级，以及替补后所做的修改予以审批。尤其注意：

3.4.6.1 确保已经执行的退赛、强制退赛、晋级、替补，以及重新抽签，连同已经更改的比赛时间，都已正确输入赛事软件（TP）文档，并已正确存档。

3.4.6.2 确保更新的赛事软件（TP）文档已经发布，备份的副本也已经以邮件方式报送世界羽联或洲联合会办公室。

3.4.6.3 确保尽快在网上发布已经更新的抽签结果表和赛程安排表。

3.4.7 对无人代表其运动队或运动员出席领队会议的会员协会，裁判长应在其报告中予以记录并提供文档证明。

裁判员会议

3.4.8 裁判员会议前，裁判长应：

3.4.8.1 检查会议室，确保其大小合适，有必需设备（如投影仪、屏幕、笔记本电脑连接电缆、麦克风）。

3.4.8.2 核实会议时间和地点是否已经通知到所有裁判员。

3.4.8.3 核实是否需要针对当地场馆情况制定关于羽毛球触及障碍物时判罚“重发球”还是“违例”的补充规定。

3.4.8.4 与副裁判长一起复核会议需涵盖的内容。

3.4.9 裁判长应以专业但轻松的方式召开裁判员会议，既蕴含权威又具亲和力。尤其注意：

3.4.9.1 说话清晰、语速舒缓、用语简单。

3.4.9.2 每部分之后稍作停顿，让大家有机会提问题。

3.4.10 裁判长应使用标准的模板并根据当次赛事的具体情况制作演示文稿，尽可能将重点集中在本次赛事与裁判员相关的细节和后勤保障（如集合地点、进退场流程、司线员数量、是否需要针对当地场馆情况制定关于羽毛球触及障碍物时判“重发球”还是“违例”的补充规定）。尤其注意：

3.4.10.1 提醒裁判员有关“规则”和“指南”的最新修改。

3.4.10.2 在涉及较为通用的内容时，应根据裁判员的整体经历来调整语速和深度。

3.4.10.3 如适用，传达可能用于电视场地的特别规定（如间歇是必需的，使用即时回放系统等）。

3.4.10.4 如必要，复述对将使用的计分设备的操作。

3.4.10.5 如本次赛事使用固定高度发球规则，则要确保所有裁判员都熟悉正确使用发球测高仪，如需要，提供培训机会。

3.4.10.6 如赛事使用即时回放系统，则要提醒裁判员熟悉即时回放系统规定（第一章 附录 2）和相关的规范用语。

3.4.10.7 提醒裁判员，他们有义务遵守世界羽联“道德规范”（第三章 一），特别是有关赌博、投注，以及使用社交媒体的相关规定。

3.4.11 裁判长须将赛事最初几天的裁判员工作安排详细告知裁判员，包括回避（如裁判员的工作是采用轮班制，还是分组固定到指定场地，或者是采用轮转式安排）。

3.4.12 如有裁判员考委在场，裁判长应在会议结束时，留出充足时间让考委给裁判员讲话。

司线员会议

裁判长应：

3.4.13 在赛前与司线员见面。

3.4.14 以蕴含权威又具亲和力的方式与司线员讲话，让他们感到放松。尤其注意：

3.4.14.1 说话清晰、语速舒缓、用语简单。

3.4.14.2 如需要，启用口译。

3.4.15 向司线员强调，他们是技术官员队伍的重要组成部分。

3.4.16 简要复述司线员的工作职责、对他们的期望，并解答所提出的任何问题。

3.4.17 确保已向司线长介绍了进退场流程。

3.5 比赛期间的竞赛管理

总 则

3.5.1 无论是否属于其直接职责范围内的事项，裁判长都应始终了解赛事各方面的进展情况，尤其注意：

3.5.1.1 随着赛事的进展及具体问题的出现，必要时要与组委会成员会面。

3.5.1.2 将裁判长直接管辖范围之外的任何疑问或问题转交相关人员，但一定要适时跟进，确保问题得到圆满解决，并将结果告知问题提出者。

3.5.1.3 为提升士气和促进团队精神，在每天比赛的开始和结束，都与赛事工作人员和志愿者交谈，并感谢他们为整个赛事顺利进行所做出的贡献。

3.5.1.4 在赛事的第一天，观察竞赛场区（FOP）流线的整体运行、进退场、播音和播音内容是否恰当等情况，如有必要，做出调整。

3.5.1.5 比赛进行中，只要有可能，应确保裁判长团队的位置能便利地观察到所有的比赛场地（即在有多片场地同时进行比赛的情况下，裁判长和副裁判长尽可能不要持续待在同一位置）。

3.5.1.6 如必要，在裁判员未召唤的情况下进入场地。

3.5.1.7 如有即时回放系统，尽可能确保裁判长或副裁判长观察裁判员是否对所有的挑战都已正确执行，如必要，随时介入干预，确保在下一回合开始前，所有的错误都得到纠正。

每天的开始

3.5.2 裁判长每天都应提早到比赛场馆，完成职责要求的全部工作，确保比赛按时开始。尤其注意：

3.5.2.1 对竞赛场区（FOP）进行全面检查，查看比赛场地是否干净、所有的设备是否都正确放置（如司线椅、教练椅、发球测高仪、间歇标、毛巾或拖把放置的位置等）。检查网高是否已测量、发球测高仪是否已校准。

3.5.2.2 确保所有信息技术（IT）功能都正常运作（如广播系统、裁判员记分设备、记分显示屏、即时回放系统等）。

3.5.2.3 确保关键人员［如比赛控制、用球管理、竞赛场区（FOP）工作人员、赛会医生或医护人员等］都已到位。

医务人员

3.5.3 第一天的赛前及每当医务人员有新变化时，裁判长都应与赛会医生/医务官短暂会面。

3.5.3.1 如需要，可用口译。

3.5.3.2 裁判长应确保赛会医生知道：他在裁判长指导下工作，如被召唤进入场地，赛会医生的主要任务是告知运动员其受伤的严重程度，不要进行任何可能导致延误比赛的治疗。

3.5.3.3 裁判长应确保赛会医生的便携箱里备有基本的医药用品（如护创胶布、剪刀、手套等）。

3.5.3.4 每天第一场比赛开始前，赛会医生（或经过医学培训的其他人员）都必须提前到位，在场地边的位置或与裁判长能直接联系的位置就座，并在比赛进行中时，始终在场，以便当运动员出现伤、病时，可在比赛场地协助裁判长。

测 球

3.5.4 第一天比赛开始前，裁判长应监督测球。

3.5.4.1 测球应由参加当次赛事的现役运动员进行，最好为男性运动员。

3.5.4.2 应分别在比赛场地的两端，对不同球速的球进行测试。

3.5.4.3 如必要，在测球过程中，指导测球者以保证正确测试球速。

3.5.4.4 在评估测球结果时，要考虑击球方式（击球力度和球的飞行轨迹），以及击球位置是否正确

（在端线上方）（“规则”3）。

3.5.4.5 把选定使用的球速告知用球管理。

3.5.4.6 不得把选定使用的球速告知测球者或询问其意见。

3.5.4.7 如果比赛条件（如温度和湿度）变化显著，或依据目测和/或裁判员的反馈证明有必要，可在同一天重新测球。

3.5.4.8 如果比赛条件无明显变化，且每一筒的球速都一致，则没有必要在随后的每一天都测球。

退赛和晋级

3.5.5 对领队会议后出现的所有退赛、未出场比赛及强制退赛，裁判长应依据世界羽联“竞赛通用规程”13 规定予以处理。

3.5.5.1 为执行晋级到正赛的操作，如必要，裁判长可终止正在进行的一场预赛的比赛（世界羽联“竞赛通用规程”13.1.1）。

3.5.5.2 对无预赛的项目，在第一天的比赛顺序发布前，候补名单中的运动员均可晋级到正赛（世界羽联“竞赛通用规程”13.1.2）。

3.5.5.3 对有预赛的项目，在预赛的比赛顺序发布前，候补名单中的运动员均可晋级到预赛（世界羽联“竞赛通用规程”13.1.3）。

3.5.5.4 确保所有的晋级［从预赛的晋级（PFQ）或从候补名单的晋级（PFR）］、退赛（WDN）、未出场比赛（DNS）、强制退赛（FWDN）、替补（SUB）、弃权及不战而胜，都以正确的缩写，准确存入赛事软件（TP）文档。

3.5.5.5 把全部将受到罚款的退赛列入退赛报告中（世界羽联“竞赛通用规程”14.1.2）。当运动员因健康问题而退赛或弃权时，尽可能获得他们的医疗证明。

技术官员管理

裁判长应：

3.5.6 关心裁判员和司线员在整个赛事期间的常规保障（确保有，如水、食物、茶、咖啡等），以保证他们有效地履行职责。

3.5.7 加强团队合作，公平对待团队成员。

3.5.8 确保技术官员都遵守“技术官员行为规范”（第三章 五）。

3.5.9 如必要，每天召开裁判员赛前会。赛前会应重点集中于在前一天比赛基础上所作的调整，并告知裁判员当天比赛在运行方面的变化（如进退场流程的变化、司线员人数的变化等），同时，留出答疑时间，如有裁判员考委在场，留出时间给考委点评。

3.5.10 根据自己的观察，或应裁判员的要求，在合适的时候，对其临场表现提出建设性的反馈意见。尤其注意：

3.5.10.1 每当裁判员的临场表现需要调整，以使其达到要求时，要在该场比赛结束后立即给予其此类反馈。

3.5.10.2 要在能保护隐私且不受干扰的地方提供此类反馈。

3.5.10.3 确保裁判员理解裁判长的指令，随后观察该裁判员，确保指令得到执行。

3.5.11 确保公平、合理安排裁判员和发球裁判员的任务。

3.5.11.1 确保裁判员和发球裁判员尽可能中立。

3.5.11.2 如果无法实现裁判员和发球裁判员完全中立，则最低限度优先考虑电视场地的裁判员和发球裁判员中立，然后，如有可能，在其他场地也使用中立裁判员。

3.5.11.3 关注所有在裁判员或发球裁判员与运动员之间出现明显紧张气氛的比赛，如必要，避免安排该裁判员或发球裁判员执裁相同运动员随后轮次的比赛。

3.5.11.4 确保所有技术官员在其各场任务之间有合理的轮换。

3.5.12 如有裁判员考委在场，应时常与他们沟通。

3.5.12.1 裁判长应征求裁判员考委对裁判员临场表现的意见，作为赛事后期安排裁判员的参考依据。

3.5.12.2 为便于考试或考核，在裁判员和发球裁判员的安排上，裁判长应尽可能满足裁判员考委的要求。

3.5.12.3 裁判长对所有技术官员的任务安排具有最终决定权。

3.5.13 根据赛事进展，及时对司线员进行指导，尤其注意：

3.5.13.1 就司线员的临场表现提供反馈意见，通过司线长落实需作的任何调整。

3.5.13.2 把裁判员和裁判长团队就司线员临场情况，反馈给司线长，便于其在赛事后期合理安排他们的任务。

3.5.13.3 如有国际司线员，要确保把他们安排到竞争最激烈的比赛，且负责端线和边线，尤其赛事后几轮，安排在有东道协会运动员的所有比赛。

运动员和教练员管理

3.5.14 裁判长应果断、公平地处理运动员、教练员和领队的投诉。

3.5.15 当有要求时，裁判长应对运动员或教练员服装是否符合规定做出裁决。

3.5.15.1 如不确定，裁判长应准许运动员穿该服装上场比赛，并在赛后将该服装照片提交世界羽联审查。

3.5.15.2 需清楚检录处与竞赛场区（FOP）之间的灯光差异对运动上衣颜色可能带来的变化。

3.5.15.3 裁判长在裁定对方运动员是否穿着颜色明显不同的服装时，应同时考虑短袖运动上衣和运动短裤（或类似服装）。如双方运动员穿着相同颜色的短袖运动上衣，但运动短裤的颜色明显不同，则应视为穿着颜色不同的服装。

3.5.15.4 由裁判长自行决定，是否将运动员或教练员服装不符合规定的情况报告世界羽联（或洲联合会）以评估罚款。

3.5.16 比赛时，裁判长应确保坐在竞赛场区（FOP）教练椅上的任何人，都遵守“教练员和教育者行为规范”（第三章 三）。

3.5.16.1 如果教练员位置遮挡广告，裁判长应立即采取行动。

3.5.16.2 如必要，裁判长可视教练员、领队/随队官员再次违犯行为规范的严重程度，禁止违犯者在相应的时间内（如一场比赛、一节或一天的余下时间）进入竞赛场区（FOP）。

3.5.16.3 任何严重或公然违犯“教练员和教育者行为规范”（第三章 三）的行为，裁判长都应通过裁判长报告（或，如必要，事件报告）的方式向世界羽联（或洲联合会）报告。

比赛安排表

3.5.17 裁判长应对次日比赛的比赛安排表在发布前予以审批。

3.5.17.1 次日的比赛安排应在前一天尽早发布（尽管发布时一些运动员出线情况不明），但须等到比赛顺序确定和场地安排后才发布。记录发布次日比赛安排的时间，并检查该对外发布的比赛安排是否与赛事软件中输入的一致。

3.5.17.2 在确定次日比赛安排时，征求相关人员（如世界羽联或洲联合会赛事官员、转播协调员、竞赛主任等）的意见。

3.5.17.3 如可能，只要运动员不超负担量，应满足电视转播就比赛顺序和场地安排提出的要求。

3.5.17.4 运动员有权在其两场比赛之间至少休息 60 分钟。特殊情况下，裁判长可将该休息时间缩短至不少于 30 分钟（世界羽联“竞赛通用规程”11.3）。青年赛事、残疾人赛事及其他赛事的预赛，运动员有权在其两场比赛之间至少休息 30 分钟。但裁判长应尽量为同一运动员在两场比赛之间提供更长的休息时间，尤其是同一项目两场比赛之间的休息时间。

3.5.17.5 确保一场比赛的双方运动员，从其前一轮同项目比赛起，享有相同比例的休息时间。

3.5.17.6 如可能，在同一时间段内考虑安排各种不同项目的比赛，以充分满足观众的观赛需求，提高整体赛事的观赏性。

3.5.17.7 裁判长应制定或在发布前检查和审定次日的训练安排。

赛事的最后阶段

3.5.18 裁判长应确定在半决赛和决赛阶段的安检程序或身份认证要求等是否有变化。如有变化，应告知执裁的技术官员。

3.5.19 裁判长应对竞赛场区（FOP）因半决赛和决赛等原因所作的调整予以审批。

3.5.19.1 由于场地数的减少，对竞赛场区（FOP）安排的任何调整都应本着为观众和电视转播提供最佳的赛事展示为目的，并充分利用空间。

3.5.19.2 把进退场的变化告知裁判员、司线员及广播员。

3.5.20 在决定半决赛和决赛的比赛顺序时，裁判长要特别注意和考虑诸如电视要求、观众兴趣、兼项运动员的问题（即休息时间，通常先单打，后男双和女双），以及东道协会运动员等因素。征求所有相关人员的反馈意见，特别是世界羽联（或洲联合会）赛事官员（如在场）对有关必须履行的合同义务方面的反馈意见。

3.5.21 半决赛和决赛的裁判员和发球裁判员的安排必须认真考虑，且应在考虑了中立因素之后，根据诸如观察到的整个赛事期间的临场表现、经验水平、临场呈现技巧、整个赛事期间表现出来的团队合作精神等因素予以安排。如有裁判员考委在场，征求他们的意见。

3.5.22 裁判长应向赛事组织者了解颁奖安排，如有要求，应出席颁奖仪式。裁判长应确保参加颁奖仪式的运动员着装得体，且未携带不允许带上领奖台的任何物品［如旗帜（一类团体赛事除外）、球拍］（第三章 四，1.10）。确保参加颁奖仪式的运动员无家人或其他人员陪同上领奖台。

每日比赛结束

3.5.23 每天比赛结束，裁判长和副裁判长及（如合适）其他主要的相关人员（如竞赛主任）应相互了解情况。

3.5.24 从赛事软件（TP）文档和人工记录两处，获取一天比赛的已用球数及剩余球数，确保余下比赛有足够、适当球速的比赛用球。

3.5.25 确保每天比赛结束时发布赛事软件（TP）文档，并将备份发送世界羽联（或洲联合会）办公室和裁判长团队。

3.5.26 记录当天比赛结束的时间。

3.6 伤、病和事件

3.6.1 处理伤、病或事件（如球速问题），裁判长应在裁判员召唤时进入比赛场地，必要时主动介入。

3.6.1.1 当裁判员因运动员的伤、病召唤裁判长时，裁判长和赛会医生应立即进入比赛场地。裁判长应向裁判员了解相关事实，提醒裁判员记录因伤延误的时间。

3.6.1.2 赛会医生的职责是检查运动员的受伤情况，并迅速从医学角度决定是否建议运动员停止比赛，但最终取决于运动员自己尽快做出的决定。赛会医生可给予快速的缓解处理，如用绷带包扎出血的伤口或使用喷剂，但不允许因治疗延误比赛，常规的间歇除外［仅限当赛会医生判断在间歇结束前可以完成治疗（或接近完成）的情况］。一名运动员在一场比赛中，只允许召唤赛会医生使用喷剂一次，在规定的间歇期间使用喷剂除外。

3.6.1.3 在二类 2 至 4 级的赛事或世界锦标赛中，如赛会医生认定运动员不宜继续比赛，则裁判长有权让其弃权或退赛。

3.6.1.4 裁判长可允许最多两人进入比赛场地以协助受伤运动员，给其建议和翻译。为公平起见，裁判长可给予对方同样的处理。

3.6.1.5 裁判长应尽快处理受伤问题，以便恢复或中止比赛。如果运动员有利用受伤恢复体力的嫌疑，或出现运动员屡次对是否继续比赛犹豫不决，裁判长应对其表明有被取消比赛资格的可能。

3.6.1.6 裁判长应确保有可用的急救服务（救护车和医院），并知晓如何启动紧急医疗救助。须让领队们知悉所有可用医疗救助的详情。

3.6.1.7 如出现运动员明显无法继续比赛的重伤情况，则不考虑常规做法（“指南”3.6.1.2 至 3.6.1.5），赛会医生应实施必要的急救，直至运动员被送往医院。

3.6.1.8 裁判长应了解为赛事提供的理疗服务信息，包括理疗师可用设备等，并告知领队。

3.6.1.9 由于赛会医生可能不具备在东道国行医资质，因此任何时候都应有当地的医疗服务，以满足运动员和技术官员所需。裁判长应将相关信息告知领队。

3.6.2 事件和不端行为：

比赛场地出现严重违犯或其他处以红牌的不端行为（“规则”16.7），以及裁判员需要裁判长协助解决其他问题时，裁判长须在裁判员召唤时进入比赛场地，也可在出现严重违犯行为时主动介入。

3.6.2.1 进入比赛场地后，裁判长应先向裁判员（必要时，向发球裁判员）了解有关情况，然后告知运动员。如要从其他渠道获得信息解决问题，则召唤相关人员进入比赛场地。通常裁判长须继续留在比赛场地直至事件处理完毕。裁判长在比赛场地上或比赛场地附近处理问题时，即视为比赛暂停，除非裁判长对裁判员、运动员另有通知。

3.6.2.2 如裁判长决定取消一名运动员的比赛资格，则该运动员将被取消该赛事所有项目的比赛资格，如在团体赛中，则将取消其在该团体赛事所有后续比赛的资格；且裁判长可以在报告中建议启动纪律程序。但被取消比赛资格的双打运动员的同伴可在赛事的其他项目中继续比赛（世界羽联“竞赛通用规程”31.5）。

3.6.2.3 裁判长应尽快解决问题，将决定清晰、简要并富有说服力地向裁判员、运动员解释，然后离开比赛场地，比赛继续。不得进一步讨论或申诉。

3.6.3 球 速

比赛时，裁判长应始终判断对比赛开始前所选定的球速是否依然合适。

3.6.3.1 由于双方运动员希望更换球速，裁判长被裁判员召唤进入比赛场地时，应在决定是否更换球速前，先询问裁判员的意见，允许运动员试球，但不提供其他信息。

3.6.3.2 当没有正确球速的羽毛球可用时，可允予折羽毛（最好由发球裁判员或其他中立人员操作），但仅作为使比赛继续而不得已采取的手段。

3.7 赛事结束后

3.7.1 最后一场比赛结束后，裁判长有责任继续监督赛后工作。

3.7.2 离开竞赛场区（FOP）前，裁判长应安排充足的时间确定比赛结果，并按时报告世界羽联（或洲联合会），同时感谢留下来的技术官员、组委会及其他相关人员对赛事所做的贡献。裁判长应确保离开场馆之前，所有比赛结束后仍在进行的兴奋剂检查能顺利完成，运动员回酒店的交通已安排。

3.7.3 赛事结束，裁判长应立即把可能需作进一步处罚的运动员退赛和被判红、黄牌的报告上报世界羽联（或洲联合会）。

3.7.3.1 如果裁判长或副裁判长目睹了裁判员出示了红、黄牌判决的事件，并决定不应如此判罚，则裁判长可以不予报告。

3.7.4 裁判长应在赛事结束后两周内，用标准模板将裁判长报告上报世界羽联（或洲联合会）。

3.7.4.1 裁判长报告应包含全部相关细节，但重点集中于该赛事有价值的、可能与未来在同一比赛场馆或由同一组织者组织的赛事相关的信息。裁判长报告应包含对世界羽联的“法规”或“指导原则”提出的建议。

3.7.4.2 草拟裁判长报告时，裁判长应咨询副裁判长的意见。但报告内容及上报仍由裁判长负责。

3.8 团体赛事

3.8.1 团体赛事通常按世界羽联（或洲联合会）颁布的专用规程进行管理，这些规程描述了报名条款和条件、竞赛办法、抽签及团体赛事的其他特点。如果不是专用规程特定的赛事，则规程应包含此类条款和条件。

3.8.1.1 团体赛常以循环赛和小组赛的方式进行，至少在最初阶段如此，并按世界羽联“竞赛通用规程”有关小组赛和循环赛的规定（世界羽联“竞赛通用规程”16）进行比赛，除非另有规定。

3.8.2 裁判长有责任确保参加团体赛的各队报名名单和运动员出场名单，都符合赛事规程的规定。

3.8.3 裁判长负责审定团体排名、种子、抽签（或核实抽签结果），以及整个赛事各场团体比赛的赛程安排。

3.8.4 除非规程有规定，裁判长应定出各次团体赛运动员出场名单的交换时间和方式，并将该决定在领队会上公布。

3.8.5 根据双方运动员出场名单，裁判长应按照团体赛规程规定，决定该次团体赛的比赛顺序。

3.8.5.1 裁判长在决定该次团体赛的比赛顺序时，尽可能做到：

- 运动员不连场；
- 兼项男双或女双的单打运动员先打单打。

3.8.5.2 一旦决定了比赛顺序，裁判长应将该决定告知参赛队和组委会负责信息发布的工作人员。

3.8.6 除非团体赛事的专有规程有不同规定，在一次团体赛中，一名运动员的第一场比赛开始前，如果裁判长认为该名运动员因伤、病，或其他无法避免的原因不能比赛，裁判长可允许该名运动员被替补，但替补的运动员（对）的排名（按该团体赛的赛事规程所规定日期的世界排名）应低于被替补的运动员（对）。

3.8.6.1 未受该替补影响的任何配对应保持不变。

3.8.6.2 被替补的运动员不得再参加该次团体赛的比赛，但可以重新参加该团体赛事随后其他场次的团体赛。

3.8.7 裁判长可以在一个团体赛事的任何阶段取消以下运动队的比赛资格：

- 未按规定时间报到的运动队；
- 未按要求完成规定事项的运动队；
- 未履行自身义务或违犯世界羽联（或洲联合会）规章制度的运动队。

4 裁判长工作基本要求

4.1 裁判长职责和与其他相关人员的关系

4.1.1 裁判长应通晓“羽毛球比赛规则”。

4.1.1.1 裁判长应始终保持对世界羽联“道德规范”（第三章 一）、“竞赛通用规程”（GCR）（“世界羽联法规”5.1）及相关文件的更新，尤其是对“技术官员行为规范”（第三章 五）和由世界羽联（和洲联合会）正式通知的、与赛事相关的其他官方文件的更新。

4.1.1.2 裁判长应熟悉世界羽联信息技术（IT）工具及其操作。

4.1.2 裁判长对比赛负全责，领导、管理技术官员，并调动他们的积极性。

4.1.2.1 裁判长应与副裁判长、裁判员考委、组委会、领队（代表运动员），以及指派到该赛事的世界羽联（或洲联合会）的任何代表，或工作人员建立有建设性的工作关系。

4.1.2.2 裁判长代表世界羽联（或洲联合会），应以身作则，如应守时、衣着得体等，并如此要求有关人员。

4.1.3 裁判长应关注比赛，采取一切必要措施确保比赛公平、公正。

4.1.3.1 裁判长可以把任务分派给其他技术官员。但应对所分派的任务予以跟进，且负最终责任。

4.1.3.2 副裁判长的决定应视为裁判长的决定，不得对此类决定向裁判长提出申诉。

4.1.4 在组委会和世界羽联（或洲联合会）的配合下，裁判长负责跟进落实赛事举办条件。

4.1.4.1 为运动员提供安全和良好的比赛条件。

4.1.4.2 为全体技术官员提供能让他们安全、有效履行各自职责的条件。

4.1.4.3 协助组委会和世界羽联（或洲联合会），为现场观众及各类媒体受众呈现精彩赛事。与世界羽联（或洲联合会）工作人员密切合作，遵守世界羽联（或洲联合会）的合同义务（如对电视和赞助商的合同义务）。

4.1.5 裁判长必须始终保持公平和镇定，并有做出一切决定的准备。

4.1.5.1 采取重大决定前，核对任何相关的规程或法规，如有疑问，可咨询副裁判长、世界羽联（或洲联合会）、组委会和裁判长考委。

4.1.5.2 采取决定时，将该决定清楚地通知对方，并确保对方完全明白。

4.1.5.3 如出错，则承认错误、纠正错误，并道歉。

4.2 处理问题和投诉

4.2.1 裁判长应平易近人，便于联络，以便领队（代表其运动员）、技术官员和其他相关人员向其提出问题、评论或投诉，且有助于完善裁判长的决策。

4.2.2 当领队或运动员请求裁判长对某一具体事件做出裁决时，裁判长应：

4.2.2.1 仔细听取对该事件的描述及所提出的异议；

4.2.2.2 问清情况，并确保掌握全部事实，必要时借助口译；

4.2.2.3 必要时梳理事件，查阅相关法规、规程及其他信息；

4.2.2.4 注意，申诉者代表其队伍或运动员的利益；

4.2.2.5 考虑该裁决的重要性和紧迫性，决定优先次序，以及是否应由裁判长裁决或应转交有关部门；

4.2.2.6 考虑该裁决的结果是否会产生后续不良影响；

4.2.2.7 一旦准备就绪，即应尽快裁决；

4.2.2.8 将该裁决通知申诉者，以及可能直接或间接受该裁决影响的其他人。

4.2.3 为尽量减少投诉，裁判长应提前预判和避免潜在问题的发生，并在问题成形或升级前抢先采取行动予以解决。

4.2.4 因涉及“规则”或“规程”，未能在赛事期间解决的投诉和问题，裁判长应对此通过裁判长报告或其他方式报告世界羽联（或洲联合会）。

4.3 反兴奋剂和操控比赛

4.3.1 裁判长及所有其他技术官员，都应始终遵守世界羽联“道德规范”（第三章 一）、“技术官员行为规范”（第三章 五）

及其相关规定。尤其是裁判长有义务向技术官员宣传赌博、投注带来反常比赛结果的有关规定，并督促他们遵守。

4.3.2 关于反兴奋剂，裁判长有责任：

4.3.2.1 核实组委会是否提供了满足兴奋剂检查要求的工作条件；

4.3.2.2 让领队知晓，在赛事期间和结束后，可能进行兴奋剂的随机抽查和/或目标检查；

4.3.2.3 知晓世界羽联与相关国家反兴奋剂组织可能已安排的兴奋剂检查，并（如有要求）协助该国家反兴奋剂组织官员执行其任务；

4.3.2.4 关心运动员的健康和安全，并首先确保公平竞赛（如必要，可更改赛程以照顾被抽到将要接受或正在接受兴奋剂检查的运动员）。

4.3.3 关于操控比赛，裁判长有责任：

4.3.3.1 让领队知晓世界羽联有关运动员消极比赛的有关规定和措施，尤其是关注同协会运动员之间的比赛；

4.3.3.2 密切关注场上的比赛，包括比赛馆内的观众，以及围绕赛事可能发生的事情，更要考虑到操控比赛正在发生的可能；

4.3.3.3 如观察到有任何可疑行为，应立即采取适当措施，并立即报告世界羽联。

4.4 媒 体

4.4.1 媒体对赛事宣传起着重要作用，裁判长应协助完善为新闻记者、摄影记者、电视工作人员提供的工作条件，但不得危及运动员的健康和安全，不得干扰比赛和技术官员的工作。

4.4.2 裁判长应知晓世界羽联（或洲联合会）有关媒体工作人员的指导原则，并在竞赛场区（FOP）协助维护这些指导原则。

4.4.3 代表所有技术官员，裁判长应协助世界羽联（或洲联合会）媒体联络人员，回应媒体提出的有关赛事方面的技术问题，或在这些联络人员不在场时，回答此类问题。

5 裁判员工作指南

5.1 比赛开始前 — 进入比赛场地前

裁判员应：

5.1.1 领取记分表；

5.1.2 确保规定数量的司线员、场地助理（如有）都在场；

5.1.3 确保运动员的服装（运动员姓名、文字、广告、颜色和款式）及装备符合裁判长指出的“竞赛通用规程”的有关规定；

5.1.4 确保所有运动员的手机都已关闭；

5.1.5 确保运动员按记分表上的姓名顺序或按裁判长要求的顺序列队。

5.2 比赛开始前 — 进入比赛场地后

裁判员应：

5.2.1 公正地执行“挑边”，记录赢方和输方所作的选择（“规则”6）。该选择一旦作出，不得更改；

5.2.2 “挑边”结束后尽快上裁判椅、启动秒表，随后：

5.2.2.1 记录热身时间。除非裁判长另有不同要求，否则，两分钟热身时间从裁判员在裁判椅上坐下开始，至宣报“比赛开始，0比0”。在两分钟热身时间到达 90 秒时，裁判员应宣报“准备比赛”，以要求运动员做好准备开始比赛，除非裁判长另有不同要求；

5.2.2.2 如使用记分表，在双方的记分栏处写上“0”，在发球员的记分栏处写上“S”，如是双打比赛，需在接发球员记分栏处写上“R”；

5.2.2.3 检查所有计分设备是否正常工作；

5.2.2.4 检查司线员和教练员的位置是否正确。

5.3 **比赛开始**

5.3.1 裁判员应按以下对应形式宣报，并相应地将手指向右边或左边。

W、X、Y、Z 表示运动员姓名，A、B、C、D 表示队名。

单 打

单项赛

“女士们、先生们，在我右边‘X、A’，在我左边‘Y、B’。‘X’发球，比赛开始，0比0。”

团体赛

“女士们、先生们，在我右边‘A’‘X’，在我左边‘B’‘Y’。‘A’发球，比赛开始，0 比 0。”

双 打

单项赛

“女士们、先生们，在我右边‘W、A’‘X、B’，在我左边‘Y、C’‘Z、D’。‘X’发球，‘Y’接发球，比赛开始，0 比 0。”

（如果两名配对的双打运动员代表同一个队，则先宣报该两名运动员的姓名后，再报其队名，如“W、X，A”。）

团体赛

“女士们、先生们，在我右边‘A’，‘W’‘X’，在我左边‘B’，‘Y’‘Z’。‘A’‘X’发球，‘Y’接发球，比赛开始，0比0。”

5.3.2 裁判员宣报“比赛开始，0 比 0”，即为一场比赛的开始。

5.3.3 在宣报“比赛开始”和“0比0”之间，迅速点击计分器上的“比赛开始”（Play）键，如使用记分表，则在表上迅速记下比赛开始时间。

5.4 比赛中

裁判员应：

5.4.1 使用第一章 附录1“技术官员规范用语”（下称“规范用语”）；

5.4.2 记录和报分。报分时，总是先宣报发球方的分数。有即时回放系统时，在宣报比分之前，观察运动员是否提出挑战；

5.4.3 如果指派了发球裁判员，发球时，裁判员主要关注接发球员，裁判员也可以宣报“发球违例”；

5.4.4 随时注意计分器的显示是否正确，如有问题，则通知裁判长；

5.4.5 需裁判长进入比赛场地时，将右手高举过头；

5.4.6 当一方输了一回合而失去发球权时（“规则”10.3.2和11.3.2），宣报“换发球”，随后先宣报新发球方的分数，接着报新接球方的分数；

5.4.7 “比赛开始，0比0”或“继续比赛”应由裁判员宣报，以表明：

5.4.7.1 开始比赛（一场或一局的比赛）、间歇后继续比赛、交换场区后继续比赛或挑战后恢复比赛或中断后恢复比赛；

5.4.7.2 要求运动员继续比赛。

5.4.8 当违例发生时，裁判员应宣报“违例”，以下情况除外：

5.4.8.1 发球裁判员根据“规则”13.1宣报了“规则”9.1的发球违例，对此，裁判员应先宣报“发球违例”，随后使用对应的“规范用语”（第一章 附录1、4）说明何种违例；（“规则”9.1.1的违例由裁判员宣判）。

5.4.8.2 裁判员对发球时的违例做了宣报，对此，裁判员应使用相应的“规范用语”（第一章 附录1、4）宣报发球违例或接发球违例；

5.4.8.3 属“规则”13.2.1、13.2.2（明显的情况）、13.3.1（司线员已宣报或出示了手势）或13.3.2、13.3.3、13.3.4、13.3.5所述的“违例”情况，必要时，才宣报“违例”。

5.4.9 当一局比赛一方先得11分时（或在使用第一章 附录4“礼让比赛”和附录5所述的“替换规则”的比赛中，当一局比赛领先方得相应分数时），裁判员应立即宣报该比分，随后立即宣报“间歇”，或“换发球”、比分、“间歇”。

5.4.10 “规则”16.2.1规定的间歇时间从相应的回合已裁决或即时回放系统对挑战做出了相应裁决时算起，不受观众任何喝彩的影响。

5.4.11 在每次间歇（“规则”16.2.1）的开始，均要求场地助理或司线员擦地。

5.4.12 所有局中间歇，到40秒时，重复宣报“…… 号场地（多于一片场地时）20秒”。仅有一片场地时，只重复宣报“20秒”。

5.4.13 在所有这些间歇（“规则”16.2.1）中，允许双方各有不超过两名持证教练员进入比赛场地。当裁判员宣报“20秒”时，这些人员必须离开比赛场地。

5.4.14 间歇后恢复比赛时，宣报“继续比赛”，并再次宣报比分。

（间歇期间出现行为不端违例的情况除外）

5.4.15 如双方运动员均无意愿按“规则”16.2的规定间歇，则该局或该场比赛应继续比赛，不间歇，裁判长要求必须间歇的情况除外。

5.5 延伸比赛

5.5.1 在每局比赛一方先得20分时，对应宣报“局点”或“场点”；

5.5.2 每局比赛中任何一方分数到达 29 分时，均应对应宣报“局点”或“场点”；

5.5.3 在宣报比分之前，要先宣报“指南”5.5.1 或 5.5.2 所述的“局点”或“场点”。用英文宣报时，“局点”或“场点”必须总是在发球方分数后，接发球方分数前。

5.6 每局结束

5.6.1 每一局最后一个回合一经裁决，必须立即宣报“……局比赛结束”，而不受鼓掌、喝彩的影响。有挑战或裁判员纠正司线员宣判的情况除外（有挑战则先按“指南”5.8.5 的规定宣报，随后对应按“指南”5.8.7.1、5.8.8.1 或 5.8.9.3 的规定宣报；如裁判员纠正司线员的宣判，则按“指南”5.8.2 宣报，随后再宣报“……局比赛结束”）。“规则”16.2.2 规定的间歇时间从“……局比赛结束”的宣报开始算起。

5.6.2 第一局比赛结束后，宣报：

“第一局比赛结束，……［运动员姓名或队名（团体赛）］胜……（比分）”。

5.6.3 第二局比赛结束后，宣报：

“第二局比赛结束，……［运动员姓名或队名（团体赛）］胜……（比分）；局数1比1”。

5.6.4 每局结束，裁判员均应要求场地助理或司线员擦地。如有发球裁判员，则发球裁判员应在裁判员宣报了“……局比赛结束”以及后续的宣报后再起立，将间歇标（如有）放置网下方场地中央（另见“指南”7.9）。

5.6.5 如果胜这一局即胜该场比赛，裁判员应宣报“比赛结束”，并在运动员与对方、裁判员和发球裁判员握手后宣报：

“……［运动员姓名或队名（团体赛）］胜……（各局比分）”。

5.6.6 各局间的间歇，到100秒时，应重复宣报：
“……号场地(多于一片场地时)20秒”。仅有一片场地时，只重复宣报“20秒”。

5.6.7 在这些间歇（“规则”16.2.2）中，允许双方各有不超过两名持证教练员在运动员交换场区后进入比赛场地。当裁判员宣报“20秒”时，这些人员必须离开比赛场地。

5.6.8 第二局比赛开始时，宣报：
“第二局，比赛开始，0比0。”
（间歇期间出现行为不端违例的情况除外）

5.6.9 有第三局时，则宣报：
“决胜局，比赛开始，0比0。”
（间歇期间出现行为不端违例的情况除外）

5.6.10 第三局或只进行一局的比赛，当一方先得11分的回合一结束（或在使用第一章 附录4“礼让比赛”和附录5所述的“替换规则”的比赛中，一方先得相应分数的回合一结束），裁判员应宣报比分，紧接着宣报“间歇、交换场区”或“换发球”、比分、“间歇、交换场区”。

5.6.11 在此间歇中，允许双方各有不超过两名持证教练员在运动员交换场区后进入比赛场地。当裁判员宣报“20秒”时，这些人员必须离开比赛场地。

5.6.12 间歇后恢复比赛时，宣报“继续比赛”，并再次报分。

5.7 比赛结束后

5.7.1 比赛结束后，裁判员应在记分表上（如使用）记录比赛结束时间、比赛用时和所用球数。

5.7.2 若比赛场地有出现在赛后裁判长可能要上报的任何事件，裁判员必须把对事件的解释（如需要，以第一章 附录1、

7 为例）写在打印的或手写完整的记分表上，并立即交给裁判长。赛后无须裁判长跟进的事件，包括运动员或教练员已纠正的服装违规、未致弃权的受伤、因场地或其紧邻区域进行小修补的暂停比赛等除外。

5.8 球落点的宣判

5.8.1 球落在界线附近或无论界外多远，裁判员均应看司线员。司线员对其裁决负全责（“指南”5.8.2、5.8.3 和 5.8.4 所述情况除外）。

5.8.2 若裁判员确认司线员明显错判，则应立即宣报：

5.8.2.1 “纠正，界内”（如球落在界内）；或

5.8.2.2 “纠正，界外”（如球落在界外）。

5.8.3 若未设司线员或司线员未看清，裁判员则应立即宣报：

5.8.3.1 “界外”（球落在界外），随后宣报比分，或“换发球”、比分；

5.8.3.2 比分（球落在界内），或“换发球”、比分；

5.8.3.3 “重发球”（裁判员也未看清），接着宣报比分，有即时回放系统时，裁判员则应宣报“未看清”，并将左手高举过头，要求即时回放系统的裁决。

5.8.3.3.1 依照即时回放系统的显示，裁判员应对应宣报：“界内”或“界外”，随后宣报比分或“换发球”、比分，然后宣报：“继续比赛”。

5.8.3.3.2 如果即时回放系统显示“无结论”，裁判员应宣报：“重发球”，接着宣报比分，然后宣报：“继续比赛”。

5.8.3.3.3 如果即时回放系统的裁决结束了该局比赛，裁判员应对应宣报：“比赛结束”或“……局比赛结束”，随后

按“指南”5.6.2、5.6.3 或 5.6.5 的规定对应宣报。

5.8.4 有即时回放系统时，如果司线员的宣判（“指南”8.3和8.4）或裁判员的宣判或纠正（“指南”5.8.2 和 5.8.3）受到运动员的挑战（“规则”17.5.2 和第一章 附录 2），裁判员应先确认该运动员仍有挑战权。运动员必须清楚地向裁判员说“挑战”和 / 或举起手臂，明确示意。任何此类挑战都必须由运动员在注意到了裁判员或司线员所作的宣判后立即提出。如果司线员更改其宣判或裁判员纠正司线员的宣判，裁判员应让运动员知晓并允许运动员随即提出挑战。

5.8.5 单项赛中，如果运动员仍有挑战权，裁判员应宣报：“……[提出挑战的运动员姓名（不管单打还是双打）] 挑战宣判‘界内’（或‘界外’）”，同时将左手高举过头。

团体赛中，如果运动员仍有挑战权，裁判员应宣报：“……（提出挑战的运动队队名）挑战宣判‘界内’（或‘界外’）”，同时将左手高举过头。

图 1–7

5.8.6 即时回放系统将对球的最初落点进行回放，并将挑战的最终裁决“界内”“界外”或“无结论”告知裁判员。

5.8.7 如果挑战成功，裁判员应对应宣报：

“纠正，界内”或“纠正，界外”，随后依情况宣报比分，或“换发球”、比分，然后宣报“继续比赛”。

5.8.7.1 如果挑战成功，并因此结束该局比赛，裁判员应对应宣报：

“纠正，界内”或“纠正，界外”，“比赛结束”或“……局比赛结束”,随后按“指南”5.6.2、5.6.3或 5.6.5 的规定对应宣报。

5.8.8 如果挑战失败，裁判员应宣报：

“挑战失败”，依情况对应宣报“还有一次挑战权”或“已无挑战权”，随后依情况宣报比分，或“换发球”、比分，然后宣报“继续比赛”。

5.8.8.1 如果挑战失败，并因此结束该局比赛，裁判员应对应宣报：

“挑战失败”,“比赛结束”或“……局比赛结束”,随后按“指南”5.6.2、5.6.3 或 5.6.5 的规定对应宣报。

5.8.9 如果挑战的最终裁决是“无结论”，则对原宣判为“未看清”的判“重发球”，否则，被挑战的原裁决有效。裁判员应宣报：

5.8.9.1 “重发球”（仅限于原宣判为“未看清”的情况）；或

5.8.9.2 比分，或“换发球”、比分，随后宣报“继续比赛”（被挑战的原裁决有效时的宣报）。

5.8.9.3 “比赛结束”或“……局比赛结束”，随后按“指南”5.6.2、5.6.3或5.6.5的规定对应宣报（被挑战的原裁决有效，并因此结束该局比赛时的宣报）。

5.9 比赛中的特别情况

5.9.1 裁判员应仔细观察以下情况，并按规定予以处理：

5.9.1.1 运动员将球拍掷入对方场区或从网下滑入对方场区，并据裁判员判定因此明显妨碍或分散对方注意力，应分别根据“规则”13.4.2或13.4.3，判“违例”；

5.9.1.2 球从邻场飞入场区时，不应机械地判“重发球”，如果裁判员认为飞入场区的球并未妨碍或分散运动员的注意力，则不判“重发球”；

5.9.1.3 对正在击球的同伴大声喊叫，不应视为故意分散对方注意力（“规则”13.4.5）；

5.9.1.4 击球时，或在对方击球后，冲对方喊叫“违例”等，应视为故意分散对方注意力（“规则”13.4.5）；

5.9.1.5 对试图以任何方式干扰、威吓发球裁判员或司线员的运动员，应提醒其此类行为不可接受，必要时执行“规则”16.7的规定；

5.9.1.6 对通过甩汗或其他方式弄脏比赛场地及其紧邻区域的运动员，应提醒其此类行为不可接受，必要时执行“规则”16.7的规定；

5.9.1.7 一个回合结束后，运动员过度庆贺或有冒犯行为（如朝对方举拳或尖叫，或过度尖叫，或脱衣服），应提醒其不符合体育道德的行为和冒犯行为均不可接受（“规则”16.6.3和16.6.4），必要时执行“规则”16.7的规定。

5.10 运动员离开比赛场地

5.10.1 除“规则”16.2 规定的间歇，或离开比赛场地未延误比赛的情况外，裁判员应确保运动员未经裁判员同意，不得离开比赛场地（“规则”16.5.2）。允许运动员在对击中到场边更换球拍。

5.10.2 应提醒违犯方，离开比赛场地必须经裁判员同意（“规则”16.5.2），必要时执行“规则”16.7 的规定。

5.10.3 比赛中，如果比赛未被不当中断，裁判员可允许运动员：

5.10.3.1 仅限快速擦汗；或

5.10.3.2 擦汗并喝水（由裁判员决定）。

5.10.4 如需擦地，运动员应指出需要擦哪里。擦地一结束，在场地助理离开场地前即回到比赛场地内。

5.11 延误和暂停比赛

5.11.1 裁判员应确保不允许运动员故意延误比赛（“规则”16.4）。应制止回合之间所有不必要的兜圈走动，以及更换新球拍后在场地上试拍，必要时执行“规则”16.7 的规定。

5.11.2 如果比赛条件受到影响而必须暂停比赛时，裁判长或裁判员可以暂停比赛。

5.11.3 比赛中，如果比赛场地或其紧邻区域需要修补，或暂时不适宜比赛，裁判员应召唤裁判长（或裁判长应主动进入比赛场地），比赛将视为暂停，直至比赛场地及其紧邻区域重新适宜比赛为止。

5.11.4 比赛暂停时，裁判员应宣报：

“比赛暂停”，并在计分器或记分表上（如使用）记录“S”。

5.11.5 恢复比赛时，裁判员应记录暂停所用时间，并确认运动员站在正确的场区和正确的发球区，然后询问“准备好了吗？”，接着宣报“继续比赛”和比分。

5.12 场外指导

5.12.1 一旦双方运动员站好位置准备发球和接发球，以及比赛进行中都不允许场外指导。

5.12.2 比赛中，教练员必须坐在指定的椅子上，不得站在场边（“规则”16.2允许的间歇除外）。如果教练员需到另一场地，必须在“死球”后方可走动（第三章三）。

5.12.3 未经裁判长同意，教练员不得将椅子移离指定位置。裁判员应特别注意，要确保教练员移离椅子未干扰司线员，也未遮挡商业广告。

5.12.4 教练员不得分散运动员的注意力或使比赛中断。

5.12.5 比赛中，教练员不得在场边试图以任何方式与对方运动员、教练员、随队官员或临场技术官员交流。

5.12.6 教练员不得在场边以任何目的使用电子设备。

5.12.7 如果裁判员认为比赛被干扰，或教练员分散了对方运动员的注意力，则判“重发球”（“规则”14.2.5）。再次出现该情况时，立即召唤裁判长。

5.12.8 场边的教练员必须按裁判长的要求衣着得体（世界羽联“竞赛通用规程”20和24）。

5.13 换 球

5.13.1 比赛时，换球必须公正。裁判员应对是否换球作出决定。

5.13.2 球的速度或羽毛受到故意干扰时，应换球。必要时执行“规则”16.7。

5.13.3 裁判长是决定球速的唯一裁决者。如果比赛双方均要求更换球速，应立即召唤裁判长。

5.14 比赛时的伤、病处理

5.14.1 裁判员必须谨慎、灵活地处理比赛时运动员的伤、病，迅速判定伤、病的严重程度。必要时召唤裁判长。由裁判长决定是否需要赛会医生或其他人员进入比赛场地（“指南”3.6）。赛会医生应对运动员进行检查，并告知伤、病的严重程度。不得因治疗而延误比赛。一名运动员在一场比赛中，只允许召唤赛会医生使用喷剂一次，在规定的间歇期间使用喷剂除外。裁判员应记录伤病所延误的时间。

5.14.2 遇受伤流血，应暂停比赛，直至止血或伤口得到妥善处理为止，或按裁判长的其他建议处理。

5.14.3 如果运动员因伤、病向裁判员表达弃权的意愿，裁判员应询问运动员“你要弃权吗？”如果回答是肯定的，裁判员应作对应的宣报（第一章 附录 1、6.6）。

5.14.3.1 如果裁判员不能肯定运动员伤、病的真实性，应召唤裁判长进入场地。

5.15 手 机

5.15.1 比赛中，运动员的手机在比赛场地或其紧邻区域响铃，应视为违犯“规则”16.6.4 的规定，并按“规则”16.7 的对应条款进行处理。

5.16 被裁判长终止的比赛

5.16.1 预赛中，当裁判长进入正在进行比赛的某块场地通知当值裁判员，该场比赛的一名（或不止一名）运动员需晋级到正赛，裁判员应宣报：

5.16.1.1 “裁判长终止了比赛。……（运动员姓名）晋级到正赛”；

5.16.1.2 “……（运动员姓名）进入下一轮比赛（或正赛）”（视具体情况宣报）。

5.17 行为不端

5.17.1 裁判员应确保运动员在场上的举止符合运动员行为规范。任何违犯“运动员行为规范”3.2.2至3.2.3和3.2.6至3.2.15的行为，均视为违犯“规则”16.6.4。

5.17.2 记录并向裁判长报告任何不端行为及其处理。

图 1-8

5.17.3 当裁判员对违犯“规则”16.2、16.4.1、16.5.2或16.6的违犯方警告（“规则”16.7.1.1）时，应召该违犯运动员：

“到这里来。”并宣报：

“警告，……（运动员姓名）行为不端。”随后宣报对该不端行为的确切解释（第一章 附录1、5），同时右手持黄牌高举过头。

5.17.3.1 裁判员应使用“规范用语”（第一章 附录1、5）解释具体的不端行为。

5.17.4 当裁判员判一方违例时（“规则”16.7.1.2或16.7.1.3），应召该方违犯运动员：

“到这里来。”并宣报：

“违例，……（运动员姓名）行为不端。”随后宣报对该不端行为的确切解释（第一章 附录1、5），同时右手持红牌高举过头。裁判员必须立即召唤裁判长并向其报告该不端行为。

5.17.4.1 裁判员应使用“规范用语”（第一章 附录1、5）解释具体的不端行为。

5.17.5 当裁判长决定取消该违犯运动员（对）的比赛资格时，将黑牌交给裁判员。裁判员随后必须召该违犯运动员（对）：

“到这里来。”并宣报：

“……（运动员姓名）行为不端”，随后宣报对该不端行为的确切解释（第一章 附录1、5），接着宣报：“取消比赛资格。”同时右手持黑牌高举过头。

5.17.5.1 裁判员应使用“规范用语”（第一章 附录1、5）解释具体的不端行为。

5.17.5.2 裁判员随后应宣报：“……［运动员姓名或队名（团体赛）］胜”和（各局）比分。

5.17.6 间歇（“规则”16.2）期间的行为不端，按一局中的行为不端处理方式处理。发生行为不端时，应马上按“指南”5.17.3、5.17.4或5.17.5的规定对应宣报。

5.17.7 如是在间歇期间，运动员违犯“规则”16.7.1.1被判警告的行为不端，则在间歇结束后，裁判员应宣报：

5.17.7.1 “继续比赛，11比……（比分）”（11分间歇后）；或

5.17.7.2 “……局，比赛开始，0比0”（局间间歇后）。

5.17.8 如是在间歇期间，运动员违犯“规则”16.7.1.2或16.7.1.3被判违例的行为不端，则在间歇结束后，裁判员应宣报：

5.17.8.1 “11比……（比分）”“……（运动员姓名）违例”，随后宣报“换发球”（如适用）、“继续比赛”、新的比分（11分间歇后）；或

5.17.8.2 “……局，0比0。”“……（运动员姓名）

违例”，随后宣报“换发球”（如适用）、“比赛开始”、新的比分（局间间歇后）。

5.17.9 如是运动员（对）在间歇期间被裁判长取消比赛资格，应不等间歇结束，立即宣报：

“……（运动员姓名）行为不端”，随后宣报对该不端行为的确切解释，接着宣报“取消比赛资格”。然后按“指南”5.17.5.2 的规定宣报。

5.17.10 赛前（“比赛开始，0比0”宣报前）在竞赛场区（FOP）出现的行为不端应按“指南”5.17.3、5.17.4 或 5.17.5 规定处理。所出示的任何颜色牌均不影响该场比赛的比分，但如果在比赛期间再次出现行为不端，则应将赛前所出示的颜色牌一并予以考虑（“规则”16.7.1.2）。

5.17.11 赛后在竞赛场区（FOP）出现的行为不端应按“指南”5.17.3、5.17.4 或 5.17.5 规定处理，并视情况报告裁判长。

6 裁判员工作的基本要求

本节规定了裁判员应遵循的基本工作指南。

6.1 通晓“羽毛球比赛规则”和“技术官员工作指南”。特别注意最新的修改变化。

6.2 宣报要迅速而有权威，如有错误应承认，并道歉更正。

6.3 如果发球裁判员迅速且让你信服地指出你所犯的错误（如错误执行运动员的挑战、未注意到司线员的宣判、比分错误等），则更改你的裁决。

6.4 当场上出现自己不确定是否能处理的问题时，应召唤裁判长。

6.5 当发球裁判员向你传递重要信息时，要认真倾听。你们共同组成一个团队。

6.6 所有的宣判和报分，都必须响亮、清晰，使运动员和观众都能听清。

6.7 涉及双打配对运动员姓名的英文宣报，如“指南”5.6.2、5.6.3、5.6.5、5.16.1.1、5.16.1.2、5.17.5、5.17.5.2、5.17.9中的英文宣报，在两个运动员姓名之间要宣报“and”。

6.8 对是否发生违例有怀疑时，不应宣判“违例”，应让比赛继续进行。

6.9 绝不可询问观众或受他们评论的影响。

6.10 加强与其他临场技术官员的配合（如保持与发球裁判员的眼神交流，慎重地接受司线员的裁决），与他们建立良好的工作关系。

6.11 穿着得体的制服，包括在未提供裁判制服时，遵守“裁判员服装规定”（世界羽联“竞赛通用规程”25）。

6.12 遵守“技术官员行为规范”（第三章 五）。

7 发球裁判员工作指南

7.1 发球裁判员应坐在裁判员对面网柱后的椅子上。

7.2 发球裁判员负责判断发球员的发球是否合法（“规则”9.1.2 至 9.1.8）。如不合法，则大声宣报“违例”，并用规定的手势表明违例的类型。

7.3 裁判员应使用“规范用语”认可发球裁判员的宣判，并解释具体的发球违例（第一章 附录 1、4）。

7.4 发球违例的规定手势如下：

“规则”9.1.3 和 9.1.4

发球员和接发球员，应站在斜对角的发球区内，脚不得触及发球区和接发球区的界线。从发球开始（“规则”9.2），至发球结束（“规则”9.3）前，发球员和接发球员的两脚，都必须有一部分与场地的地面接触，不得移动，否则为“违例”。

图 1-9

"规则" 9.1.5

发球员的球拍，应首先击中球托，否则为"违例"。

图 1-10

“规则”9.1.6

发球员的球拍击中球的瞬间，整个球应低于距场地地面高度 1.15 米，否则为“违例”。

图 1–11

“规则”9.1.7

自发球开始（“规则”9.2），发球员挥拍必须连贯向前，直至发球结束（“规则”9.3），否则为“违例”。

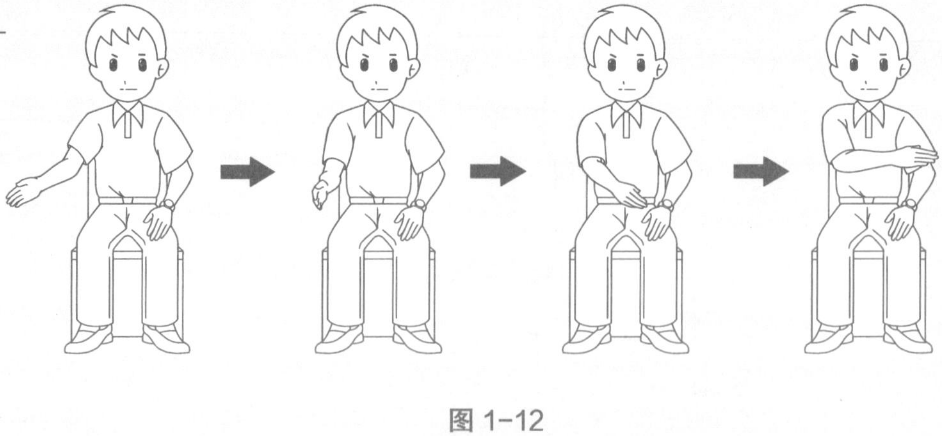

图 1–12

“规则”9.1.8

发球员发球时，应击中球，否则为“违例”。

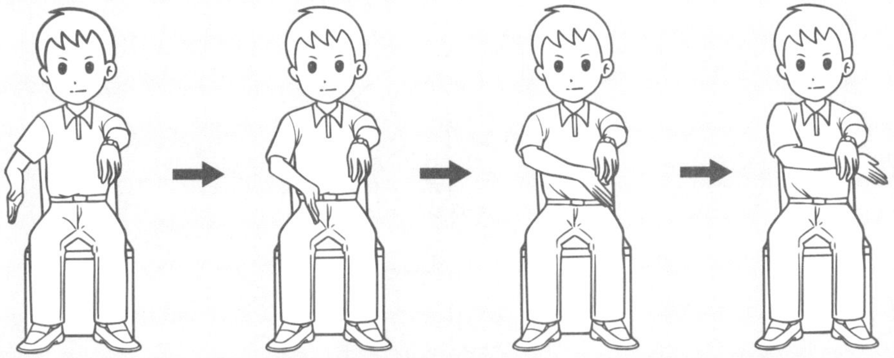

图 1-13

7.4.1 发球替换规则（第一章 附录 5）：

“规则”9.1.6 替换为：

a）发球员的球拍击中球的瞬间，整个球应低于发球员的腰部。腰指的是发球员最低肋骨下缘的水平切线，否则为“违例”。

图 1-14

b）发球员的球拍击中球的瞬间，拍杆和拍头应指向下方，否则为“违例”。

图 1-15

7.5 有发球裁判员时，发球裁判员应按裁判员的要求进行换球，除非另有安排，如使用供球器。为避免延误比赛，要确保整场比赛备有足够数量的比赛用球。

7.6 裁判员可给发球裁判员安排额外的任务，如检查网柱是否放置在双打边线上（“规则”1.5）、确认发球测高仪已放好且平稳、检查网高（如需要）或在事先通知了运动员的情况下，负责靠近发球裁判员处未安排司线员的边线。

7.7 有即时回放系统时，发球裁判员应核对是否所有的挑战都被裁判员正确执行，如未正确执行，应在下一回合开始前告知裁判员。

7.8 发球裁判员应支持裁判员，并在需要时协助裁判员。一旦意识到裁判员可能犯错，应立即提醒裁判员。

7.9 一场比赛结束时，在裁判员宣报“比赛结束”后，发球裁判员应起立与运动员握手。在裁判员宣报完该场比赛结果后，发球裁判员应走到裁判椅处与裁判员一起离开比赛场地。

8 司线员工作指南

8.1 司线员应坐在椅子上，对准自己所负责的线，最好面向裁判员（见图示），除非裁判长另有不同要求。

8.2 司线员对所负责的线负全责。以下情况除外：裁判员判定司线员有明显错判，纠正司线员的宣判（“规则”17.5.1）；裁判员所做的任何纠正，或有即时回放系统时（“规则”17.5.2）的挑战结果，都应替代司线员原来的宣判。

8.3 如球落在界外，无论多远均应立即大声、清晰地宣报“界外”，使运动员和观众都能听清，同时两臂平展，并看向裁判员。

8.4 如球落在界内，不宣报，只用右手指向界线，并看向裁判员。

8.5 如未看清，应立即用双手盖住眼睛，向裁判员示意。

8.6 在球触地前或球触及场地界线外任何物体（触及运动员除外）前，不要宣报或做手势。

8.7 只负责宣判球的落点，不要预期裁判员对违例的裁决。例如，球在落地前触及运动员、触及衣服或球拍（不管有多明显）。

8.8 规定的手势如下：

球落在界外

图 1-16

球落在界内

图 1-17

未看清

图 1-18

8.9 在实际安排时，建议司线员的位置，应距离场地界线2.5至3.5米。在安排他们的位置时，要注意保护他们不受场外干扰（如摄影记者的影响等）。

8.10 司线员位置如图 1-19、图 1-20 所示，× 为司线员位置：

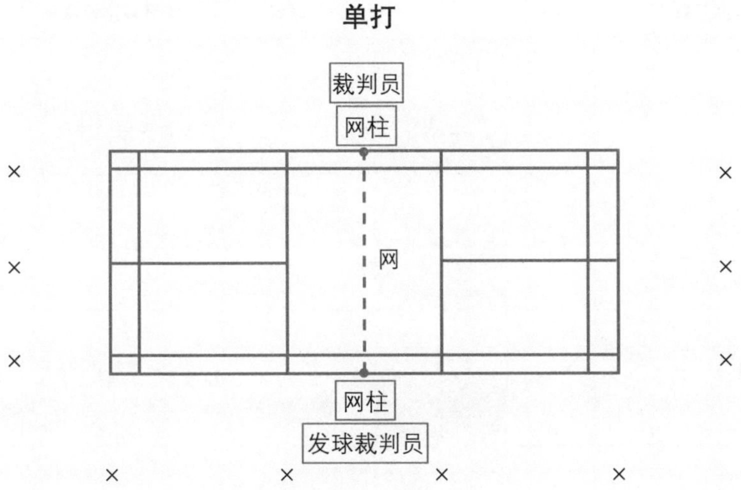

图 1-19（单打）

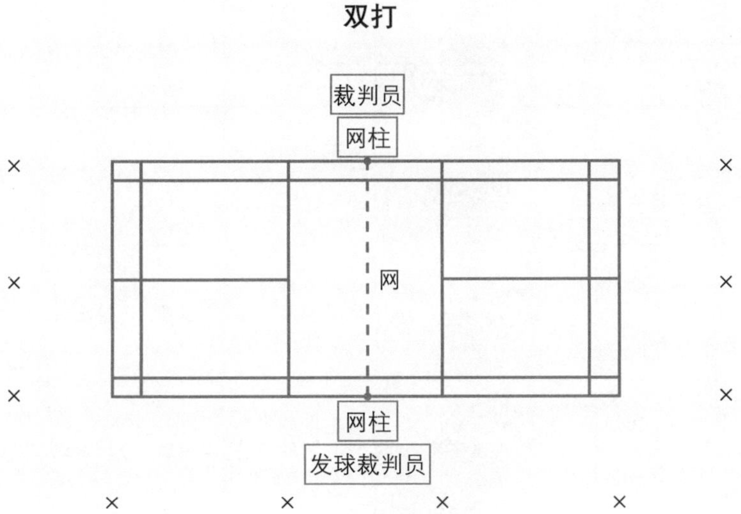

图 1-20（双打）

9 双打发球站位图解

双打比赛中，A 和 B 对阵 C 和 D，A 和 B 挑边获胜选择发球，A 发球，C 接发球。A 为首先发球员，C 为首先接发球员。

过程及解释	比分		发球区	发球员和接发球员	赢球方
	0–0	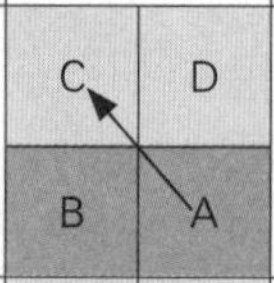	从右发球区发球（因发球方的分数为双数）	A 发球，C 接发球（A 和 C 分别为首先发球员和首先接发球员）	A 和 B
A 和 B 得 1 分。A 和 B 交换发球区。A 从左发球区再次发球。C 和 D 在原发球区接发球	1–0	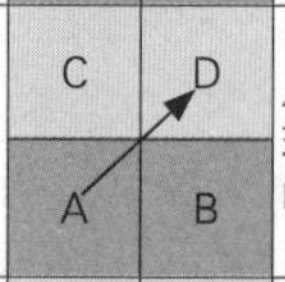	从左发球区发球（因发球方的分数为单数）	A 发球，D 接发球	C 和 D
C 和 D 得 1 分，并获得发球权。两人均不改变各自原发球区	1–1	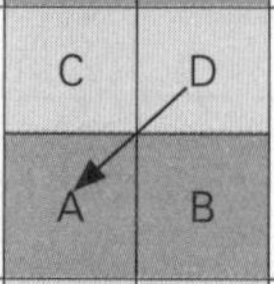	从左发球区发球（因发球方的分数为单数）	D 发球，A 接发球	A 和 B
A 和 B 得 1 分，并获得发球权。两人均不改变各自原发球区	2–1	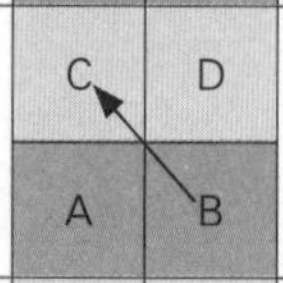	从右发球区发球（因发球方的分数为双数）	B 发球，C 接发球	C 和 D
C 和 D 得 1 分，并获得发球权。两人均不改变各自原发球区	2–2	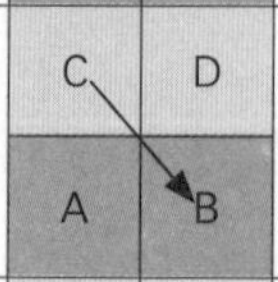	从右发球区发球（因发球方的分数为双数）	C 发球，B 接发球	C 和 D
C 和 D 得 1 分。C 和 D 交换发球区。C 从左发球区发球。A 和 B 不改变其各自原发球区	3–2	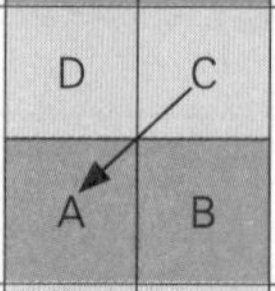	从左发球区发球（因发球方的分数为单数）	C 发球，A 接发球	A 和 B
A 和 B 得 1 分，并获得发球权。两人均不改变各自原发球区	3–3	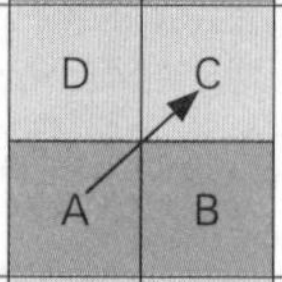	从左发球区发球（因发球方的分数为单数）	A 发球，C 接发球	A 和 B
A 和 B 得 1 分。A 和 B 交换发球区。A 从右发球区再次发球。C 和 D 不改变其各自原发球区	4–3	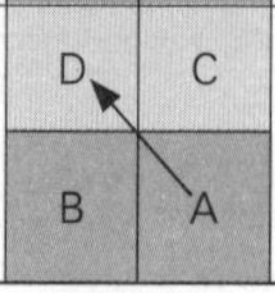	从右发球区发球（因发球方的分数为双数）	A 发球，D 接发球	C 和 D

注意以上的意思为：

- 与单打时一样，发球员的发球区以发球方分数的单数或双数来决定。

- 运动员只有在本方发球得分时才交换发球区。除此之外，运动员继续站在上一回合的发球区不变，以此保证运动员间发球的交替。

10　记分表使用方法

10.1　裁判员记分表采用在每一回合结束后记下分数，并将双方分数错开（0 比 0 时除外）的展开式记分方法（即每局比分按实际得分情况一直往下记录，一排双行小格不够记完一局比分，则用两排直至该局比分完整记录为止。下一局比赛的比分另起一排开始，以同样方式记录）。比分分别记录在一排双行小格内（比赛双方各一行），一对垂直小格只记录一个分数。每一对垂直小格代表一个回合。该方法有助于判定哪一方胜该回合，并持有发球权（因为，除该局的开始外，发球方的分数总是在前，即总在最靠右的格子里）。

如果记满一排双行小格还不够记完一局比分，则在第二排双行小格继续记分。

比分必须以清楚准确的数字记录。注意：记分表是帮助裁判员在其未记清场上确切情况而出现“慌乱”时的辅助工具，因此记分表必须尽可能清晰以减少出错。同时也是在出现申诉时帮助裁判长做出决定的辅助手段。

单　打

甲	S	0	1				2	3	4				5	6			7	8	9
乙		0		1	2	3				4	5	6			7	8			

双　打

甲方 1							2	3	4								7	8		
甲方 2	S	0	1										5	6						9
乙方 1				1	2	3									7	8				
乙方 2	R	0								4	5	6							9	

（先记分，然后抬头报分以突出你的声音。）

10.2　羽毛球裁判员记分表使用说明

赛前细目：一拿到记分表，在进入场地前须完成记分表细目的填写（若非电脑完成）。

10.2.1　预备阶段

10.2.1.1　“S”（发），“R”（接）——发球员和接发球员。挑边时，当双方做出各自的选择后填写。单打时，只标明发球员即可。

10.2.1.2　“L”（左），“R”（右）——在裁判椅的左边和右边开局的运动员。挑边时，当双方做出各自的场区选择后填写。

10.2.1.3　“0”——比赛开始前，在（首先）发球员和（首先）接发球员处记下。

10.2.1.4　开始时间——记下当裁判员宣报“比赛开始，0 比 0”时的时间。

10.2.1.5　用球记录——从热身用球起，记录整场比赛用球。

10.2.2　比赛进行中

10.2.2.1　将新分数写在赢得该回合的运动员所在的那一排靠右的下一个小格。

10.2.2.2　双打时，接发球方的运动员只有在本方发球并赢得 1 分时才互相交换发球区。因此，当一方失去发球权时，当次发球的运动员应继续站在其上一回合发球的同一发球区，直至本方再次赢得发球权并赢得 1 分。例如，表二（双打）中，当比分为 6 比 4 时，乙方 2 从右发球区发球，而乙方输了该回合，故乙方 2 将一直在右发球区接发球直至乙方赢得 1 分而赢得发球权止。因此，当比分为 7 比 6 时，由乙方 1 从左发球区发球。

10.2.2.3　如果接发球方赢得 1 分而“换发球”，则在下一小格记下他们的新分数（最后记录的小格总是属于发球一方的）。

10.2.2.4 比分为 20 比 20 时——在下一小格内画一斜线。

10.2.2.5 如出现以下所列情形，将相应的字母写在相应一方的下一小格内。

情形	记录 / 用字母表示
警告（行为不端）	W
违例（行为不端）	F
召唤裁判长进入场地	R
比赛暂停	S
受伤	I
被裁判长取消比赛资格	Dis
弃权	Ret
纠正发球区错误	C
纠正司线员的宣判	O

10.2.2.6 如比赛中出现暂停比赛的情况，应在发球员对应的一栏小格处，记录“S”。

10.2.2.7 如裁判员纠正了司线员的宣判，则在该分数的上方或下方（视具体情况定），记录“O”。

10.2.2.8 如出现纠正发球区错误的情况，则在错误一方被纠正的分数上方或下方（视具体情况定），记录“C”。

10.2.2.9 如局间出现行为不端，则在一局比赛结束的分数后面，将“W”或“F”记录在违犯运动员对应的一栏小格内。如果被判罚了红牌，则还应在下一局比赛开始的 0 比 0 分数后面，对应记录变化后的新比分。

10.2.3 一局比赛结束

10.2.3.1 记下一局结束的比分，并在双方比分之间画一斜线，并圈起该比分。

10.2.3.2 在记分表的上端填写该局结束的比分。

10.2.3.3 双打时，记录下一局的“S”（发球员）和“R”（接发球员）。

10.2.3.4 在下一局开始时，在（首先）发球员和（首先）接发球员处记下“0”。

10.2.4 比赛结束

10.2.4.1 记下最后一局结束的比分，并圈起该比分。

10.2.4.2 结束时间——记下比赛结束的时间，指裁判员在最后一局比赛结束定出胜负时宣报“比赛结束”时的时间。

10.2.4.3 在记分表的上端填写最终的比分。

10.2.4.4 在记分表上端将胜方的运动员姓名圈起。

10.2.5 比赛结束后

10.2.5.1 比赛用时——在比赛结束离开竞赛场区（FOP）后，计算并记录该场比赛所用时间。

10.2.5.2 在记分表上，写下“比赛进行中”第5点所列的对应情形的相应细节。如果位置不够，则写在记分表的背面，并在正面标明“请看记分表背面注释”。

10.2.5.3 在填写完整的记分表上签名，并请裁判长审核后在记分表上签名，然后交给竞赛管理或编排长。

表 1-1

项　目：混双
比赛号：1/16-#19
日　期：2018-02-14　时间：16:00

右	甲方	比分	乙方	左
	甲方1	21 : 10	乙方1	
	甲方2	22 : 20	乙方2	
	协会名/队名	:	协会名/队名	

用球数：9

场地号：3
裁判员：姓名
发球裁判员：姓名
开始时间：16:06
结束时间：16:46
比赛用时：40（分）

甲方1											5	6	7	8	9	10	11											18	19				
甲方2	S	0	1	2	3	4														12	13	14	15	16	17							20	21
乙方1							1	2	3	4																7	8		C				
乙方2	R	0								O								5	6								C			9	10		

甲方1		21																															
甲方2																																	
乙方1																																	
乙方2		10																															

甲方1						1	2	3	4	5	6																	12	13	14	15		
甲方2	S	0																7	8	9	10	11											
乙方1			1	2	3																		10	11	12	13	14						
乙方2	R	0										4	5	6	7	8	9															15	16

甲方1							C	18	19	20						22																	
甲方2		16	S	17					O				21	22																			
乙方1					17	18	19																										
乙方2											20					20																	

甲方1																																	
甲方2																																	
乙方1																																	
乙方2																																	

甲方1																																	
甲方2																																	
乙方1																																	
乙方2																																	

S——第二局比赛因停电暂停了4分30秒。　C——纠正发球区错误。
O——纠正司线员的宣判。

裁判员＿＿＿＿＿＿　裁判长＿＿＿＿＿＿

表 1-2

项　目：男单
比赛号：1/16-#24
日　期：2018-02-14 时间：16:00

右	运动员甲	比分	运动员乙	左
		30：29		
		19：21		
	协会名/队名	16：21	协会名/队名	

用球数：20

场地号：2
裁判员：姓名
发球裁判员：姓名
开始时间：16:10
结束时间：17:10
比赛用时：60（分）

运动员甲	S	0	1	2		3	4			5	6	7		8	9				10	11		12	13			14	15	16				17
运动员乙		0			1	2			3	4				5			6	7	8			9	10		11	12				13	14	15	

运动员甲		18	19	20						/	21		22		23		24		25		26		27		28		29		30		30			
运动员乙					16	17	18	19	20	/		21		22		23		24		25		26		27		28		29			29			

运动员甲	S	0				1	2	3					4	5	6	7					8	9	10	11			12	13				14	15	
运动员乙		0	1	2	3				4	5	6	7					8	9	10	11					12	13			14	15	16			17

运动员甲			W	16	17		18		19		19																							
运动员乙		18				19		20		21	21																							

运动员甲		0			1	2	3	4	5				6	7	8					9	10	11				12	F					13	14	
																											R							
运动员乙	S	0	1	2						3	4	5				6	7	8	9				10	11	12			13	14	15	16			17

运动员甲			15		16				16																									
运动员乙		18		19		20	21		21																									

W——运动员甲因干扰司线员被警告。
F/R——运动员甲因出言不逊被判违例。裁判长应召唤进场，并指示继续观察，必要时再判违例。

裁判员＿＿＿＿＿＿　　裁判长＿＿＿＿＿＿

表 1-3

项　目：女单
比赛号：半决赛-#30
日　期：2018-02-14 时间：14:00

左	运动员甲	比分	运动员乙	右
		15：21		
		4：6		
	协会名/队名	：弃权	协会名/队名	

用球数：5

场地号：1
裁判员：姓名
发球裁判员：姓名
开始时间：14:10
结束时间：14:28
比赛用时：18（分）

运动员甲		0				1	2	3	4			5		6					7	8		9	10					11	12			13		
运动员乙	S	0	1	2	3					4	5		6		7	8	9	10			11			12	13	14	15			16	17		18	19

运动员甲		14	15					15																										
运动员乙				20	I	21		21																										
					R																													

运动员甲		0			1	2	3	4								4																		
运动员乙	S	0	1	2					3	4	5	6	I	Ret		6																		

运动员甲																																		
运动员乙																																		

运动员甲																																		
运动员乙																																		

运动员甲																																		
运动员乙																																		

I/R——运动员乙鼻子出血，裁判长和赛会医生应召唤进场。比赛延误8分钟。
I/Ret——运动员乙扭伤脚踝，决定弃权。

裁判员＿＿＿＿＿＿　　裁判长＿＿＿＿＿＿

表 1-4

项　目：男双
比赛号：1/32-#4
日　期：2018-02-13 时间：11:00

左		比分		右
	甲方1	21 : 23	乙方1	
	甲方2	8 : 7	乙方2	
	协会名/队名	取消比赛资格	协会名/队名	

用球数：9

场地号：4
裁判员：姓名
发球裁判员：姓名
开始时间：11:05
结束时间：11:29
比赛用时：24（分）

甲方1					1						4						7	8	9										13	14				
甲方2	S	0					2	3					5	6								10	11	12								15		16
乙方1			1	2					4	5					7	8									11	12	13	14					W	
乙方2	R	0				3						6								9	10										15			

甲方1					18	19						21					21		F															
甲方2		17							20										R															
乙方1			16	17						20																								
乙方2							18	19					21	22	23		23																	

甲方1	R	0				2				4				6							8													
甲方2				1				3				5				7		8																
乙方1	S	0	1				3				5				7		R																	
乙方2					2				4				6				F		Dis		7													

甲方1																																		
甲方2																																		
乙方1																																		
乙方2																																		

甲方1																																		
甲方2																																		
乙方1																																		
乙方2																																		

甲方1																																		
甲方2																																		
乙方1																																		
乙方2																																		

W——乙方1因改变球形被警告。
F/R——甲方1因在第一局间歇期间踢倒A型广告板被判违例。裁判长应召唤进场，并指示继续观察，必要时再判违例。
F/R/Dis——乙方2因推搡司线员被判违例。裁判长应召唤进场，并决定取消该运动员比赛资格。

裁判员＿＿＿＿＿＿　裁判长＿＿＿＿＿＿

三、附　录

附录1　技术官员规范用语

裁判员应使用本“规范用语”控制一场比赛。本“规范用语”并不详尽，必要时，可使用其他用语。

1　赛　前

1.1　服　装

1.1.1　“让我检查服装。”
1.1.2　“你比赛服上的姓名太大。”
1.1.3　“你比赛服上的姓名太小。”
1.1.4　“你比赛服上的姓名与世界羽联数据库中的姓名不一致。”
1.1.5　“比赛服上必须有你的姓名。”
1.1.6　“姓名必须在比赛服的上部。”
1.1.7　“比赛服上必须有队名。”
1.1.8　“ 比赛服上的队名太大。”
1.1.9　“比赛服上的队名太小。”
1.1.10　“你比赛服上的广告数量超出规定。”
1.1.11　“比赛服上的广告不在允许的位置。”
1.1.12　“广告太大。”
1.1.13　“协会广告未在世界羽联登记。”
1.1.14　“你带状广告上的广告多于一个。”
1.1.15　“你内衣上有可见广告。”
1.1.16　“你比赛服的颜色与对手的没有明显不同。”
1.1.17　“你必须与你同伴穿颜色相同的服装。”
1.1.18　“你有其他颜色的服装吗？”
1.1.19　“你必须更换其他颜色的服装。”

1.1.20 “你若不更换服装将被罚款。”

1.1.21 “比赛服上的文字颜色必须与比赛服颜色有反差。”

1.1.22 “比赛服上的文字不清楚。”

1.1.23 “比赛服上的文字颜色必须为单色。”

1.1.24 “比赛服上的文字必须为大写字母。”

1.1.25 “比赛服上的文字必须为罗马字母。”

1.1.26 “文字顺序错误。”

1.1.27 “不得粘盖。”

1.2 挑 边

1.2.1 “过来挑边。”

1.2.2 “你赢了挑边。”

1.2.3 “你选择什么？”

1.2.4 “谁发球？”

1.2.5 “选择场区。”

1.2.6 “谁接发球？”

1.2.7 “对方选择接发球，你发球。”

1.2.8 “对方选择发球，你接发球。”

1.2.9 “对方选择了场区，你要发球还是接发球？”

1.3 其 他

1.3.1 “关闭手机。”

1.3.2 “排好队，准备入场。”

1.3.3 “把包放好。”

1.3.4 “准备比赛。”

2 比赛开始

2.1 介绍及宣报

W、X、Y、Z 为运动员姓名；A、B、C、D 为队名。

第一局比赛开始，裁判员应按以下对应形式宣报：

2.1.1 单项赛单打

“女士们、先生们，在我右边‘X、A’，在我左边‘Y、B’。

‘X’发球，比赛开始，0 比 0。”

2.1.2 团体赛单打

“女士们、先生们，在我右边‘A’‘X’，在我左边‘B’‘Y’。‘A’发球，比赛开始，0 比 0。”

2.1.3 单项赛双打

“女士们、先生们，在我右边‘W、A’‘X、B’，在我左边‘Y、C’‘Z、D’。‘X’发球，‘Y’接发球，比赛开始，0比0。”

如果两名配对的双打运动员代表同一个队，则先宣报该两名运动员的姓名后，再报其队名，如“W、X，A”。

2.1.4 团体赛双打

“女士们、先生们，在我右边‘A’，‘W’‘X’，在我左边‘B’，‘Y’‘Z’。‘A’‘X’发球，‘Y’接发球，比赛开始，0 比 0。”

2.2 第二局比赛开始，裁判员应宣报：

“第二局，比赛开始，0 比 0。”

（间歇期间出现行为不端违例的情况除外）。

2.3 决胜局比赛开始，裁判员应宣报：

“决胜局，比赛开始，0 比 0。”

（间歇期间出现行为不端违例的情况除外）。

3 比赛进行中

3.1 比赛进程、违例

3.1.1 “换发球。”

3.1.2 “违例。”

3.1.3 “重发球。”

3.1.4 “界外。”

3.1.5 “间歇。”

3.1.6 “重发球。”

3.1.7 “交换场区。”

3.1.8 “你未交换场区。”

3.1.9　“……号场地（当多于一片场地时）20 秒。”

3.1.10　“局点，……比……。”例：“局点，20 比 6。”或“局点，29 比 28。”

3.1.11　“场点，……比……。”例：“场点，20 比 8。”或“场点，29 比 28。”

3.1.12　“局点，……比……。”例：“局点，29 比 29。”

3.1.13　“场点，……比……。”例：“场点，29 比 29。”

3.1.14　“发球裁判员——请做手势。”

3.1.15　“你过网击球。”

3.1.16　“球触到你。”

3.1.17　“你触网。”

3.1.18　“你触网柱。”

3.1.19　“有球飞入场区。”

3.1.20　“球未干扰或妨碍你。”

3.1.21　“你妨碍对方。”

3.1.22　“你故意干扰对方。”

3.1.23　“你两次击球。”

3.1.24　“你拖带球。”

3.1.25　“你侵入对方场区。”

3.1.26　“球先触地。”

3.1.27　“球触及天花板。”

3.2　发球 / 接发球

3.2.1　“右发球区。”

3.2.2　“左发球区。”

3.2.3　“发球时，你未击中球。”

3.2.4　“接发球员准备好之前不要发球。”

3.2.5　“接发球员未准备好。”

3.2.6　“你的同伴未准备好。”

3.2.7　“对方未准备好。”

3.2.8　“你试图接发球了。”

3.2.9 “你在错误的发球区发球。”

3.2.10 “你的发球顺序错误。”

3.2.11 “你的接发球顺序错误。”

3.2.12 “发球时，你阻挡了接发球员的视线。”

3.2.13 “你和你的同伴均击中球。”

3.3 换 球

3.3.1 “这个球可以吗？”

3.3.2 “换球。”

3.3.3 “不换球。”

3.3.4 “换。”

3.3.5 “不换。”

3.3.6 “把球给回对方。”

3.3.7 “礼貌地把球给对方。”

3.3.8 “换球必须征得我同意。”

3.3.9 “试球。”

3.3.10 “不得试球。”

3.3.11 “你不得改变球速。”

3.4 球落点的宣报 / 即时回放系统

3.4.1 “司线员——请做手势。”

3.4.2 “司线员——请重复手势。”

3.4.3 “我清楚看见球落在界内。”

3.4.4 “我清楚看见球落在界外。”

3.4.5 “司线员宣判正确。”

3.4.6 “纠正，界内。”

3.4.7 “纠正，界外。”

3.4.8 “未看清。”

3.4.9 “宣判为‘界内’，你要挑战吗？”

3.4.10 “宣判为‘界外’，你要挑战吗？”

3.4.11 “你未立即提出挑战。”

3.4.12 “本局你已无挑战权。”

3.4.13 “……（运动员姓名）挑战宣判‘界内’。”

3.4.14 “……（运动员姓名）挑战宣判‘界外’。”

3.4.15 “……(队名)挑战宣判‘界内’。”

3.4.16 “……(队名)挑战宣判‘界外’。”

3.4.17 “即时回放系统的裁决是‘无结论’。”

3.4.18 “挑战失败。”

3.4.19 “还有一次挑战权。”

3.4.20 “没挑战权。”

3.4.21 “即时回放系统故障，无法挑战。”

3.4.22 “即时回放系统现正常工作，可以挑战。”

3.5 干扰技术官员

3.5.1 “你试图干扰发球裁判员了。”

3.5.2 “你试图干扰司线员了。”

3.5.3 “不得干扰司线员。”

3.5.4 “不得干扰发球裁判员。”

3.5.5 “司线员未裁决前不得喊叫或做手势。”

3.6 教练指导

3.6.1 “教练员回到座位。”

3.6.2 “你的教练员干扰了对方。”

3.6.3 “你的教练员干扰了比赛。”

3.6.4 “不得寻求指导。”

3.6.5 “运动员已站好位置准备发球，不得指导。”

3.6.6 “回合中不得指导。”

3.6.7 “不得跨越 A 型广告板。”

3.6.8 “回合结束前不得站立。”

3.6.9 “教练，把椅子放回原位。”

3.7 受 伤

3.7.1 “你还好吗？”

3.7.2 “你能继续比赛吗？”

3.7.3 “你需要医生吗？”

3.7.4 “你要弃权吗？”

3.7.5 “一场比赛只允许医生使用喷剂一次，规定的间歇除外。”

3.7.6 “止血后才能继续比赛。”

3.8 擦 地

3.8.1 “请擦地板。”

3.8.2 “指给场地助理擦哪里。”

3.8.3 “用脚擦。”

3.8.4 “不得甩汗。”

3.8.5 “不要故意摔倒。”

3.9 比赛连续性

3.9.1 “回到场地。”

3.9.2 “不得延误。”

3.9.3 “继续比赛。”

3.9.4 “快继续比赛。”

3.9.5 “现在继续比赛。”

3.9.6 “比赛必须连续。”

3.9.7 “运动员回到场地。”

3.9.8 “……（运动员姓名）回到场地。”

3.9.9 “赶快准备好。”

3.9.10 “只许快速擦汗。”

3.9.11 “只许快速喝水。”

3.9.12 “你必须征得我同意才能喝水。”

3.9.13 “你得快点剪拍弦。”

3.10 行为不端

3.10.1 “到这里来。”

3.10.2 “不得冲对方握拳。”

3.10.3 “不得冲对方喊叫。”

3.10.4 “你不得这么大声尖叫。”

3.10.5 “你必须尽全力比赛。”

3.10.6 “你必须先握手，再庆贺。”

3.10.7 “警告，……（运动员姓名）行为不端。”

3.10.8 “违例，……（运动员姓名）行为不端。”

3.10.9 “……（运动员姓名）行为不端，取消比赛资格。”

3.11 暂 停

3.11.1 “比赛暂停。”

3.12 其 他

3.12.1 “计分显示屏故障。”

3.12.2 “你新换的比赛服必须与原来的颜色相同、款式相近。”

3.12.3 “准备好了吗？”

4 发球违例解释用语

4.1 “发球违例，过高。”

4.2 “发球违例，拍头未向下。”

4.3 “发球违例，脚违例。”

4.4 “发球违例，不连贯。”

4.5 “发球违例，未先击中球托。”

4.6 “发球违例，延误。”

4.7 “发球违例，未击中球。”

4.8 “发球违例，接发球违例，重发球。”

4.9 “接发球违例，脚违例。”

4.10 “发球违例，脚违例。”（主裁直接判发球员发球违例时用）

4.11 “接发球违例，延误。”

4.12 “发球违例，延误。”（主裁直接判发球员发球违例时用）

5 （行为不端）警告和违例解释用语

5.1 “损坏球拍。”

5.2 “你乱扔球拍。”

5.3 “语言伤害。”

5.4 “你言语不雅。”

5.5 “你冲对方吼叫。”

5.6 “你过度尖叫。”

5.7 “你冲对方握拳。”

5.8 “你试图干扰发球裁判员。”

5.9 “你试图干扰司线员。”

5.10 “损坏球。”

5.11 “你改变了球速。”

5.12 “身体侵犯。”

5.13 “损坏设备。”

5.14 “你踢了广告板。”

5.15 “你击打球网。”

5.16 “你击打椅子。”

5.17 “你击打设备箱。”

5.18 “你击打发球测高仪。”

5.19 “延误。”

5.20 “你延误发球。”

5.21 “你不听从我的指令。”

5.22 “你拒绝继续比赛。”

5.23 “你未经许可离开场地。”

5.24 “你回场地迟了。”

5.25 “违犯体育道德。”

5.26 “你做了不文明手势。”

5.27 “你庆贺的方式违犯体育道德。”

5.28 “你的手机响了。”

6 一局 / 一场比赛结束

6.1 “比赛结束。”

6.2 “第一局比赛结束，…… [运动员姓名或队名（团体赛）] 胜，……（比分）。”

6.3 “第二局比赛结束，…… [运动员姓名或队名（团体赛）] 胜，……（比分）。”

6.4 “局数 1 比 1。”

6.5 “比赛结束，…… [运动员姓名或队名（团体赛）] 胜，……（各局比分）。”

6.6 “……（运动员姓名）弃权。…… [运动员姓名或队名（团体赛）] 胜，……（各局比分）。”

6.7 “……（运动员姓名）行为不端（随后宣报对该不端行为的确切解释），取消比赛资格。…… [运动员姓名或队名（团体赛）] 胜，……（各局比分）。”

6.8 “裁判长终止了比赛——……（运动员姓名）晋级到正赛。……（运动员姓名）进入下一轮比赛（或正赛）。”

6.9 双打比赛的英文宣报，在两个运动员姓名之间要宣报“and”。

7 记分表上事件记录说明（样例）

7.1 I——受伤。

7.2 W——警告（行为不端）。

7.3 F——违例（行为不端）。

7.4 R——召唤裁判长进入场地。

7.5 S——比赛暂停。

7.6 Dis——被裁判长取消比赛资格。

7.7 Ret——弃权。

7.8 比赛因停电暂停 × 分钟。

7.9 （运动员姓名）因改变球形被警告。

7.10 （运动员姓名）扭伤脚踝，决定弃权。

7.11 比赛延误 × 分钟。

7.12 （运动员姓名）因干扰司线员被警告。

7.13 （运动员姓名）因延误比赛被警告。

7.14 （运动员姓名）因出言不逊被判违例。裁判长应召唤进场，并指示继续观察，必要时再判违例。

7.15 （运动员姓名）因推搡司线员被判违例。裁判长应召唤进场，并决定取消该运动员比赛资格。

7.16 （运动员姓名）鼻子出血，裁判长和赛会医生进场。比赛延误 × 分钟。

7.17 （运动员姓名）右膝受伤。裁判长和赛会医生进场。赛会医生建议该运动员弃权。

8 记分表上服装违规记录说明（样例）

8.1 （运动员姓名）比赛服上的姓名太大。

8.2 （运动员姓名）比赛服上的姓名太小。

8.3 （运动员姓名）比赛服上的姓名与世界羽联数据库中的姓名不一致。

8.4 （运动员姓名）比赛服上无运动员姓名。

8.5 （运动员姓名）比赛服上无队名。

8.6 （运动员姓名）比赛服上的队名太大。

8.7 （运动员姓名）比赛服上的队名太小。

8.8 （运动员 / 教练员姓名）服装上的广告太多。

8.9 （运动员 / 教练员姓名）比赛服上的广告太大。

8.10 （运动员 / 教练员姓名）带状广告区域的广告多于一个。

8.11 （运动员 / 教练员姓名）内衣上有可见广告。

8.12 （运动员姓名）拒绝更换服装颜色。

8.13 （运动员姓名）穿着不同颜色的服装。

8.14 （运动员姓名）未穿着与对方颜色明显不同的服装。

8.15 （运动员姓名）比赛服上的文字颜色与上衣颜色没有反差。

8.16 （运动员姓名）比赛服上的文字颜色不是单色。

8.17 （运动员姓名）比赛服上的文字不是大写字母。

8.18 （运动员姓名）比赛服上的文字不是罗马字母。

8.19 （运动员姓名）比赛服上的文字顺序错误。

8.20 （运动员 / 教练员姓名）比赛服上有粘盖。

9 分数

0	11	22
1	12	23
2	13	24
3	14	25
4	15	26
5	16	27
6	17	28
7	18	29
8	19	30
9	20	
10	21	

附录2 即时回放系统

1 即时回放系统

1.1 有即时回放系统的场地，运动员可以对司线员、裁判员的宣判或裁判员纠正司线员的宣判进行挑战。

1.2 若司线员未能看清而裁判员也不能做出裁决时，裁判员也可以要求使用即时回放系统。

2 运动员挑战

2.1 挑战必须在运动员注意到裁判员或司线员所作的宣判后立即提出。

2.2 一旦接到运动员的挑战，裁判员应示意即时回放系统对该球落点进行裁决。

2.3 如果司线员、裁判员的宣判或裁判员的纠正被判定是错误的，则运动员挑战成功，司线员或裁判员的裁决被推翻。

3 失去挑战权

3.1 在一场比赛的每一局中，每方运动员可以对球落点的宣判进行无数次的挑战，直至挑战失败两次。

3.2 如果对球落点的宣判，在使用即时回放系统后被判定是正确的，则该名（对）运动员挑战失败，失去一次挑战权。

3.3 如果该名（对）运动员挑战失败两次，则其失去在该局比赛的所有挑战权。

3.4 如果该名（对）运动员挑战成功，则保留其挑战权。

3.5 由裁判员要求使用即时回放系统（1.2所述）或即时回放系统显示“无结论”时，双方运动员均不失去挑战权。

附录3　场地和场地设备的变通

1　如不设置网柱，必须采用其他办法标出边线通过网下的位置。例如，使用细柱或40毫米宽的条状物固定在边线上，垂直向上到网顶绳索处。

2　如面积不够画出双打场地，可画一个单打场地（图1–21），端线亦为后发球线，网柱或代表网柱的条状物应放置在边线上。

3　从场地地面起，场地中心点处网高1.524米，边线中心点处网高1.55米。

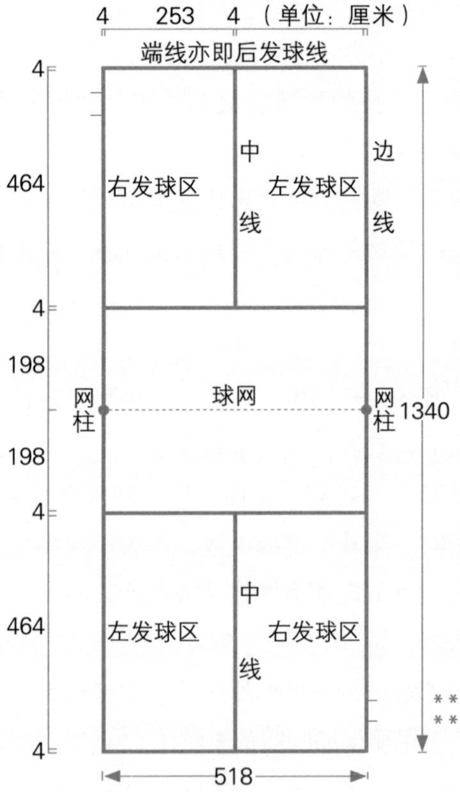

图1–21

注：只能用于单打比赛的场地，场地对角线长为14.366米，正常球速区的标记标在单打边线上。

附录4 礼让比赛

在礼让比赛中，比赛规则有以下变化：

1 比赛规则 7 所规定的赢得一局比赛的分数不变。

2 比赛规则 8.1.3 改为：

“在第三局或只进行一局的比赛中，当一方得分到达局分的一半时（如不是整数，则按四舍五入计）”。

3 比赛规则 16.2.1 改为：

“每局比赛，当领先方分数到达局分的一半时（如不是整数，则按四舍五入计）允许有不超过60秒的间歇”。

附录 5　替换规则——计分方法和发球

除以下特别规定外，"羽毛球比赛规则"的全部规定适用于以下各个"羽毛球替换规则"。

（一）一场只有一局为 21 分的比赛，按如下替换：

8　交换场区

8.1　在只进行一局的比赛中，一方先得 11 分时。

（二）一场三局两胜、每局 15 分的比赛，按如下替换：

7　计分方法

7.1　一场比赛以三局两胜定胜负。

7.2　除了"规则"7.4 和 7.5 规定的情况外，先得 15 分的一方胜一局。

7.4　如果比分为 14 比 14，领先 2 分的一方胜该局。

7.5　如果比分为 20 比 20，先得 21 分的一方胜该局。

8　交换场区

8.1.3　在第三局比赛中，一方先得 8 分时。

16　比赛连续性、行为不端及处罚

16.2　间　歇

16.2.1　每局比赛，当领先方分数到达局分的一半时（如不是整数，则按四舍五入计），允许有不超过60秒的间歇。

（三）一场五局三胜、每局 11 分的比赛，按如下替换：

7　计分方法

7.1　一场比赛以五局三胜定胜负。

7.2　先得 11 分的一方胜一局。

8 交换场区

8.1.2 第二局结束；

8.1.3 第三局结束（如有第四局）；

8.1.4 第四局结束（如有第五局）；

8.1.5 在第五局比赛中，一方先得 6 分时。

16 比赛连续性、行为不端及处罚

16.2 间 歇

16.2.1 只有在第五局的比赛中，当一方先得 6 分时，允许有不超过 60 秒的间歇；

16.2.2 所有比赛中，局与局之间允许有不超过 120 秒的间歇。

（四）在不使用固定高度发球规则的比赛中，“羽毛球比赛规则”9.1.6 按如下替换：

9.1.6 a）发球员的球拍击中球的瞬间，整个球应低于发球员的腰部。腰指的是发球员最低肋骨下缘的水平切线；

b）发球员的球拍击中球的瞬间，拍杆和拍头应指向下方。

附录 6　公英制对照表

规则中所有的长度单位均用米或毫米表示，也可用英尺或英寸表示，公制与英制的单位换算如下：

毫米	英寸
15	5/8
20	3/4
25	1
28	$1\frac{1}{8}$
40	$1\frac{1}{2}$
58	$2\frac{1}{4}$
64	$2\frac{1}{2}$
68	$2\frac{5}{8}$
70	$2\frac{3}{4}$
75	3
220	$8\frac{5}{8}$
230	9
280	11
290	$11\frac{3}{8}$

毫米	英尺	英寸
380	1	3
420	1	$4\frac{1}{2}$
490	1	$7\frac{1}{2}$
530	1	9
570	1	$10\frac{1}{2}$
680	2	$2\frac{3}{4}$
720	2	$4\frac{1}{2}$
760	2	6
950	3	$1\frac{1}{2}$
990	3	3
米	**英尺**	**英寸**
1.100	3	$7\frac{1}{4}$
1.524	5	
1.550	5	1
1.980	6	6
2.530	8	$3\frac{3}{4}$
3.880	12	$8\frac{3}{4}$
4.640	15	3
5.180	17	
6.100	20	
13.400	44	

02

羽毛球竞赛规则

第二章 CHAPTER 02

羽毛球比赛通用规程

一、比赛项目

1 团体赛

男子团体、女子团体、男女混合团体。

团体比赛常用的两种方式：

1.1 三场制

1.1.1 每队 2 至 4 人参加比赛。两名单打、一对双打，共进行三场比赛。

1.1.2 比赛场序为：单、双、单，或单、单、双。

1.1.3 采用三场两胜制，亦可赛完三场后以获胜场数多者为胜队。

1.2 五场制

1.2.1 每队 4 至 9 人参加比赛。三名单打、两对双打，混合团体赛为两名单打、三对双打（可由单打运动员兼项），共进行五场比赛。

1.2.2 比赛场序为：单、单、双、双、单，单、单、单、双、双或单、双、单、双、单。

1.2.3 混合团体比赛场序为：男单、女单、男双、女双、混双。

1.2.4 裁判长根据运动员兼项情况可调整场序。

1.2.5 采用五场三胜制，亦可赛完五场后以获胜场数多者为胜队。在一次团体赛中，一名运动员不得在同一项目出场两次。

2 单项比赛

男子单打、女子单打、男子双打、女子双打、混合双打。

二、比赛方法

一般采用单淘汰赛和单循环赛两种。有时也可以综合这两种比赛方法的优点，采用阶段赛方法，如第一阶段分组循环赛、第二阶段淘汰赛。

1 单循环赛

参加比赛的运动员（对、队）之间轮流比赛一次，为单循环赛。

循环赛由于参加运动员（对、队）之间比赛的机会多，有利于相互学习，共同提高，能更为合理地赛出名次。但循环赛场数多，比赛时间长，使用场地数量也多，因此循环赛的人数（对、队）不宜过多。在人数（对、队）过多时，可采用分组循环赛的办法。采用分组循环赛时，一般以4至6人（对、队）分为一组比较适宜。

1.1 轮数和场数

在循环赛中，每一运动员（对、队）出场比赛一次，称为“一轮”。当人（对、队）数为偶数时，轮数=人（对、队）数－1；人（对、队）数为奇数时，轮数=人（对、队）数。

$$场数=\frac{人（对、队）数\times[人（对、队）数-1]}{2}$$

1.2 顺序的确定

单循环赛比赛顺序确定方法如下（按照当次赛事的排名顺序）：

3人 （对、队）组	4人 （对、队）组	5人 （对、队）组	6人 （对、队）组	7人 （对、队）组
1 v 3	1 v 4	1 v 5	1 v 6	1 v 7
	2 v 3	2 v 4	2 v 4	3 v 5
2 v 3			3 v 5	4 v 6
	1 v 3	3 v 5		
1 v 2	2 v 4	1 v 4	1 v 4	1 v 6
			2 v 5	2 v 5
	3 v 4	2 v 5	3 v 6	4 v 7
	1 v 2	1 v 3		
			1 v 3	1 v 5
		4 v 5	2 v 6	2 v 7
		2 v 3	4 v 5	3 v 6
		3 v 4	1 v 5	1 v 4
		1 v 2	2 v 3	2 v 6
			4 v 6	3 v 7
			5 v 6	1 v 3
			3 v 4	2 v 4
			1 v 2	5 v 7
				2 v 3
				4 v 5
				6 v 7
				5 v 6
				3 v 4
				1 v 2

注：单循环赛也可采用“1号位固定逆时针轮转法”。如果一组中有同单位的运动员（对、队），应首先进行比赛。逆时针轮转法是1号位置固定不动，其他位置每轮逆时针方向轮转一个位置，即可排出下一轮比赛顺序。

例：6 人（对、队）参加比赛的轮转法

第一轮	第二轮	第三轮	第四轮	第五轮
1——6	1——5	1——4	1——3	1——2
2——5	6——4	5——3	4——2	3——6
3——4	2——3	6——2	5——6	4——5

位置号和队名或运动员名 / 比赛成绩 / 位置号和队名或运动员名		1 A	2 B	3 C	4 D	5 E	6 F	胜次	净胜	名次
1	A									
2	B									
3	C									
4	D									
5	E									
6	F									

当人（对、队）数为奇数时，用“0”补成偶数，然后按逆时针轮转排出各轮比赛顺序。其中遇到“0”者为轮空。

例：5 人（对、队）参加比赛的轮转法：

第一轮	第二轮	第三轮	第四轮	第五轮
1——0	1——5	1——4	1——3	1——2
2——5	0——4	5——3	4——2	3——0
3——4	2——3	0——2	5——0	4——5

1.3　决定名次的方法

循环赛名次按 1.3.1 至 1.3.4.2 规定确定。

单项赛

1.3.1 按获胜场数定名次。

1.3.2 两名（对）运动员获胜场数相同，则两者间比赛的胜者名次列前。

1.3.3 三名（对）或三名（对）以上运动员获胜场数相同，则按在该组比赛的净胜局数定名次。

1.3.3.1 计算净胜局数后，如还剩两名（对）运动员净胜局数相同，则两者间比赛的胜者名次列前。

1.3.4 三名（对）或三名（对）以上运动员获胜场数相同，净胜局数亦相同，则按在该组比赛的净胜分数定名次。

1.3.4.1 计算净胜分数后，如还剩两名（对）运动员净胜分数相同，则两者间比赛的胜者名次列前。

1.3.4.2 如还有三名（对）或三名（对）以上运动员净胜分数相同，则以抽签定名次。

团体赛

1.3.5 团体赛按以上办法，依胜次、净胜场数、净胜局数、净胜分数顺序计算成绩，乃至抽签定名次。

注：世界羽联批准的比赛，增加以下规定。

（1）单项赛

①如果因伤、病、被取消比赛资格、退赛或其他不可避免的原因使运动员无法完成循环赛的全部场次，确定名次时，其所有成绩不予计算。比赛进行中的弃权视为无法完成循环赛的全部场次。

②运动员（对）按其在该赛事各自项目已确认的成绩给予相关奖励。

（2）团体赛

①如果一个队无法完成其循环赛全部团体的比赛，确定名次时，该队所有成绩不予计算。

②如果一个队无法完成一次团体赛中的一场比赛（例如，因伤、病弃

权，或其他不可避免的原因），则该场比赛应视为已完成，但弃权方分数按弃权时的实际分数计算，不另加分。

（3）混合团体赛在循环赛阶段

①如果到达赛区后，由于伤、病，一个队某一性别只剩一名运动员，则该名运动员只可参加一场比赛，涉及该运动员的另两场比赛将按对方获胜处理。

②如因上述原因，该队只剩两名运动员，不论其是同性还是异性，整个团体赛将按对方获胜处理。

1.4　分组循环赛与种子的分布

在参加人（对、队）数较多的情况下，为了不过多增加比赛的场数和延长比赛的日期，又能排定各队的名次，常采用分组循环赛的办法。组数确定后，可用抽签的方法进行分组，也可采用“蛇形排列方法”进行分组。如以团体赛 16 个队分成四组为例，则按以下方法分组。

第一组：1 、8 、9 、16

第二组：2 、7 、10、15

第三组：3 、6 、11、14

第四组：4 、5 、12、13

上述数字是各队的顺序号，它是按照各队实力强弱排列的。也就是说，数字越小，实力越强。

用抽签方法进行分组时，如仍以上述 16 个队为例，则须先确定 4 个或 8 个种子。把种子顺序排列出来，然后按上述“蛇形排列方法”或“抽签方法”进行分组。最后非种子队用抽签方法抽进各组。

2　单淘汰赛

单淘汰赛由于比赛一轮淘汰1/2的运动员（对、队），可使比赛的场数相对减少，所以在时间短、场地少的情况下，采用单淘汰赛能接受较多的运动员（对、队）参加比赛，并可使比赛逐步走向高潮，一轮比一轮紧张激烈。按体育竞赛的特点来说，淘汰赛是一种比较好的比赛方法。但由于负一场就被淘汰，所以大部分运动员或队（特别是实力比较弱的）参加比赛的机会较少，所产生的名次也不尽合理。

2.1　轮数和场数

单淘汰赛的轮数等于或大于最接近运动员人（对、队）数的 2 的乘方数的指数，是 2 的几次方即为几轮。

场数 = 人（对、队）数 − 1 + 附加赛场数

2.2　轮空位置的分布

当参加比赛的人（对、队）数为 4 、8 、16、32、64、128 或较大的 2 的乘方数时，他们应按比赛顺序成双相遇进行比赛。如下图所示：

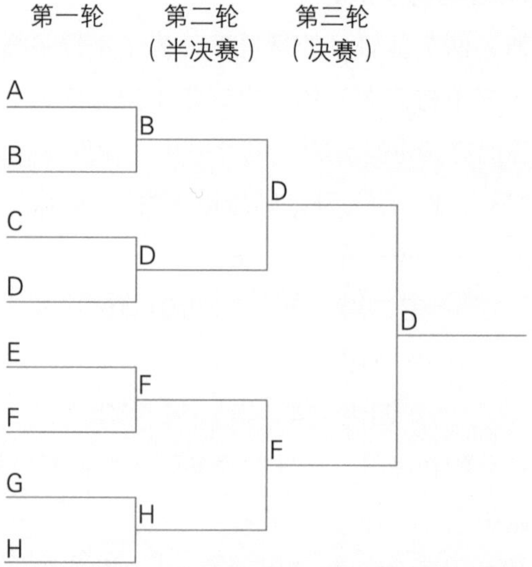

当参加比赛的人（对、队）数不是 2 的乘方数时，第一轮应有轮空。轮空数等于下一个较大的 2 的乘方数减去比赛的人（对、队）数的差。轮空数为双数时，应平均分布在淘汰表的不同的1/2区，1/4区，1/8区，1/16区，1/32区，1/64区（种子位置和轮空位置见汇总表）。如轮空位置为单数，则上半区比下半区多一个轮空。

例：9 个单位参加比赛，轮空数为16 − 9 = 7；3 个轮空在下半区，4 个轮空在上半区。这样，第一轮只有一场比赛。

5 人（对、队）比赛，2 个轮空在上半区，1 个轮空在下半区。

6 人（对、队）比赛，1 个轮空在上半区，1 个轮空在下半区。

7 人（对、队）比赛，1 个轮空在上半区。

8 人（对、队）比赛，没有轮空。

9 人（对、队）比赛，4 个轮空在上半区，3 个轮空在下半区。
10 人（对、队）比赛，3 个轮空在上半区，3 个轮空在下半区。
11 人（对、队）比赛，3 个轮空在上半区，2 个轮空在下半区。
12 人（对、队）比赛，2 个轮空在上半区，2 个轮空在下半区。
13 人（对、队）比赛，2 个轮空在上半区，1 个轮空在下半区。
14 人（对、队）比赛，1 个轮空在上半区，1 个轮空在下半区。
15 人（对、队）比赛，1 个轮空在上半区。
更多的人（对、队）数，以此类推。

2.3 抽签办法

2.3.1 种子数

超过 128 个（对、队）运动员参赛，最多设 32 个种子。
64 至 128 个（对、队）运动员参赛，最多设 16 个种子。
32 至 63 个（对、队）运动员参赛，最多设 8 个种子。
16 至 31 个（对、队）运动员参赛，最多设 4 个种子。
少于 16 个（对、队）运动员参赛，设 2 个种子。

2.3.2 种子的抽签

2.3.2.1 种子的位置如图 2–1 至图 2–8 淘汰表所示，上半区的在各区（如各 1/8 区或 1/16 区）的顶部，下半区的在各区的底部。

2.3.2.2 排名前 2 的两个种子应按如下规定进位。

2.3.2.2.1 1 号种子进入淘汰表的顶部。

2.3.2.2.2 2 号种子进入淘汰表的底部。

2.3.2.2.3 3 号和 4 号种子抽签分别进入余下的两个 1/4 区。

2.3.2.2.4 5 号至 8 号种子抽签分别进入余下的 1/8 区。

2.3.2.2.5 9 号至 16 号种子抽签分别进入余下的 1/16 区。

2.3.2.2.6 同队种子的抽签同时必须符合 2.3.3 要求。

轮空和种子位置见汇总表。

2.3.3 同队运动员的抽签

同属一个队的运动员，应按均匀分布的原则，用以下办法依次抽进 1/2、1/4、1/8……区：

2.3.3.1 第一、二号运动员，分别进入不同的 1/2 区。

2.3.3.2 第三、四号运动员，分别进入余下的 1/4 区。

2.3.3.3 第五至第八号运动员，分别进入余下的 1/8 区。

2.3.3.4 同一队第九号以后的运动员进入余下的任意 1/16 区。

2.3.3.5 在按相关规定进行替补时，则不考虑同队队员分开原则。

注：对 2.3.3 世界羽联的规定如下：

· 二类赛事

在世界羽联的二类赛事中（世界巡回赛 1 至 6 级赛事）均不考虑同一会员协会运动员分开的原则。

· 淘汰赛

世界羽联的规定如下：

（1）在三类赛事（国际挑战赛、国际系列赛、前瞻系列赛）中，同一会员协会排名第一、二的运动员应抽签分别进入不同的上、下半区。

（2）如可能，同一会员协会的运动员第一轮不得相遇。

· 循环赛

在小组循环赛中，同组内同一会员协会运动员间的比赛必须先进行，不考虑他们在组内的顺序。

2.3.4 应根据种子顺序调整协会报名的技术顺序，并根据调整后的技术顺序进行抽签。任何级别的比赛都要遵照这些规定执行。以 17 人（对、队）参加比赛为例：

比赛中第一轮上半区轮空位置为 2、4、6、8、10、12、14、16 号，下半区轮空位置应为 19、21、23、25、27、29、31 号。第一、二号种子分别定位在 1 号、32 号位，第三、四号种子用抽签分别进入 9 号和 24 号位。

以 33 人（对、队）参加比赛为例：第一、二号种子分别定位在 1 号、64 号位。第三、四号种子用抽签分别进入 17 号和 48 号位。第五、六、七、八号种子用抽签分别进入 9 号、25 号、40 号、56 号位。

2.4 附加赛

单淘汰赛只能产生第一、二名，如果比赛需要排出第一、二名以后的若干名次，需要另外再增加几场比赛，增加的这几场比赛称为附加赛。附加赛的比赛如下图中的"虚线"部分所示。

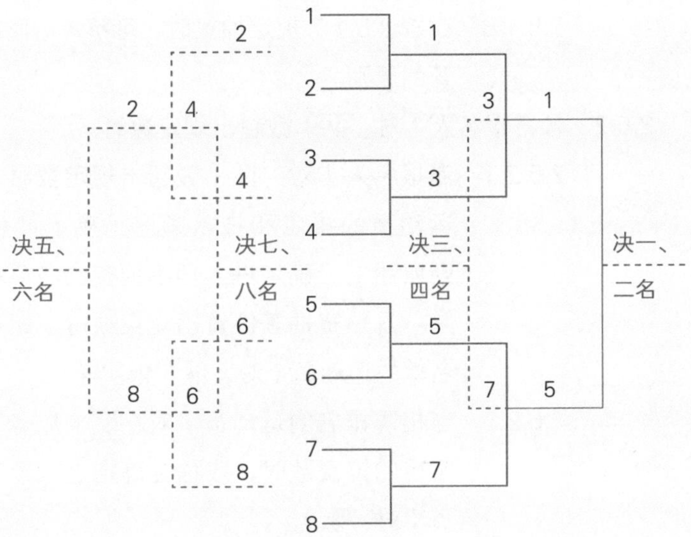

2.5 预 赛

遇一个单项的参赛运动员超过正赛规定人（对、队）数时，竞赛组织者必须按以下规定进行预赛。

2.5.1 预赛抽签

2.5.1.1 预赛也应按相关规定和方法进行种子确定和抽签。

2.5.1.2 未直接参加正赛的运动员，将参加竞赛组织者安排的旨在进入正赛规定位置的预赛。

2.5.1.3 排名及技术顺序作为进入正赛的依据。

2.5.1.4 正赛抽签时，8 个正赛位置预留一个预赛出线运动员的位置。

2.5.1.5 世界羽联三类赛事，正赛抽签时，4 个正赛位置预留一个预赛出线运动员的位置。

2.5.1.6 世界羽联三类赛事，同一会员协会排名第一、二的运动员尽可能抽签进入预赛中不同的出线区，如可能，同一会员协会的运动员第一轮不得相遇。

2.5.1.7 预赛出线运动员在正赛中的位置应抽签确定，正赛抽签应于预赛开始前进行并公布。

2.5.1.8 在按 2.5.1.7 规定抽签时，可不考虑同队队员分开的原则。

2.5.2 预赛报名人（对、队）数超出规定数时

2.5.2.1 遇报名人（对、队）数超出规定数时，应根据运动员的排名和技术顺序（确定“种子”原则所述），确定进入预赛抽签的名单和候补名单。凡预赛抽签位置出现空缺时，即可将候补名单的运动员（对、队）依次递补。

2.5.2.2 当相同排名的运动员（对、队）数多于预赛中可用的位置数时，应抽签确定进入预赛的运动员（对、队）。

2.5.2.3 在依据排名和调整排名及参数排名，将参赛运动员抽签进入预赛淘汰表后，淘汰表仍有空位，需由无排名或调整排名和参数排名的运动员递补时，则按以下步骤抽签进位：先抽单位，然后取该单位排名最高的运动员进位。

2.6 运动员退赛和晋级 / 替补

2.6.1 有运动员（对、队）退出正赛时，裁判长应从预赛的报名运动员中进行替补，如无预赛，则从候补名单中进行替补。

2.6.1.1 在有预赛的项目中，裁判长应在该项目的正赛比赛开始前，从预赛的报名名单中将未输过的运动员晋级。必要时可停止一场正在进行的比赛。可将未进入正赛的排名最高（如 2.5.2 所述）且在预赛中未输过的运动员（对、队）替补进入这一位置。

2.6.1.1.1 运动员（对、队）必须接受从预赛到正赛的晋级，进入空位，否则视为退赛。

2.6.1.2 在有预赛的项目中，裁判长应在预赛的比赛顺序发布前，从候补名单中将运动员晋级到预赛，但三类赛事除外，即在预赛的比赛顺序发布后，允许洲联合会继续对运动员进行晋级（如果洲联合会作此选择）。可将候补名单中排名最高且已到达赛区的运动员（对、队）（如 2.5.2 所述）替补进入这一位置。如不止一个空位，则应抽签进位。

2.6.1.2.1 运动员（对、队）必须根据以下不同时段所对应的时间节点接受或拒绝从候补名单晋级到预赛（对有预赛的项目而言）：

- 抽签结果发布至领队会议前三天：通知后 72 小时内
- 领队会议前三天至前两天：通知后 48 小时内
- 领队会议前两天至前一天：通知后 24 小时内
- 领队会议前 24 小时内：经领队会议确认

如未予以确认，则视该运动员（对、

队）拒绝晋级。

2.6.1.2.2 运动员（对、队）可以拒绝从候补名单中晋级到预赛（对有预赛的项目而言），不视此为退赛。

2.6.1.3 在无预赛的项目中，裁判长应在正赛第一天或前面天数的比赛顺序发布前，从候补名单中将运动员晋级，但三类赛事除外，即在正赛的比赛顺序发布后，允许洲联合会继续对运动员进行晋级（如果洲联合会作此选择）。可将候补名单中排名最高且已到达赛区的运动员（对、队）（如 2.5.2 所述）替补进入这一位置。如不止一个空位，则应抽签进位。

2.6.1.3.1 运动员（对、队）必须根据以下不同时段所对应时间节点接受或拒绝从候补名单晋级到正赛（对无预赛的项目而言）：

- 抽签结果发布至领队会议前三天：通知后 72 小时内
- 领队会议前三天至前两天：通知后 48 小时内
- 领队会议前两天至前一天：通知后 24 小时内
- 领队会议前 24 小时内：经领队会议确认

如未予以确认，则视该运动员（对、队）拒绝晋级。

2.6.1.3.2 运动员（对、队）可以拒绝从候补名单中晋级到正赛（对无预赛的项目而言），不视此为退赛。

2.6.2 抽签开始前提出的退赛应在准备抽签时予以考虑，并因此修改正赛和预赛抽签名单及所有的候补名单。

2.6.3 从抽签直至领队会议前期间所提出的退赛应在领队会上根据 2.6.1 的规定处理。

2.6.3.1 竞赛组织者应通知下一获得进入正赛或预赛抽签资格的运动员（对、队）。

2.6.4 领队会后提出的退赛，由裁判长在退赛出现时处理（2.6.1 所述）。

2.6.5 当空位按 2.6.1 的规定替补时，可不考虑同队队员分开的原则。

2.6.6 运动员在一场比赛中的弃权不应视为退赛。

2.6.6.1 如果运动员报名参赛且兼项，若运动员在一个项目中弃权或退赛，则必须退出其报名的所有项目。

2.6.6.1.1 该强制退赛的条款不适用于世界羽联世界中老年赛事。

2.6.6.2 运动员在一次团体赛中弃权或退赛则意味着该名运动员须退出该次团体赛余下的所有比赛，而且不可替补。

2.6.6.2.1 在一次团体赛中弃权或退赛的运动员，仍可继续参加该团体赛事中后续场次的团体比赛。

2.6.6.3 一名运动员在一次团体比赛中被取消比赛资格，则该运动员不得再参加该项团体赛事的后续比赛。

2.6.7 如有未提出退赛的运动员（对、队）未按时出场比赛，裁判长应判其为“未出场比赛”，该场比赛对方不战而胜。

2.6.8 世界羽联一类赛事团体赛的替补

2.6.8.1 在队伍名单提交后，裁判长判定运动员因病、意外或其他无法避免的原因而不能比赛，可允许该运动员被替补。

2.6.8.2 团体赛出场名单提交后则不允许替补。

2.6.8.3 对于在一次团体赛中退赛或弃权的运动员（对），按 2.6.6 规定处理。

2.6.9 世界羽联青年赛事的替补

抽签结束后，如运动员受伤或其他无法避免的原因而不能比赛，只要签表中的比赛还未开始且符合以下条件，应允许裁判长对该运动员进行替补：

2.6.9.1 只允许双打项目的替补；

2.6.9.2 只允许签表中每对双打配对中的一名运动员被替补；

2.6.9.3 在有预赛和 / 或候补名单的赛事中，晋级（世界羽联“青年赛事规程”5 规定）优先于替补；

2.6.9.4 替补运动员必须是已报名该赛事的运动员（不允许逾期报名）；

2.6.9.5 替补配对的世界青年排名积分总分（确定种子时的排名积分）不得高于任何一对来自更高种子组的双打配对的积分。种子组的排序为：1 和 2，3 和 4，5 至 8 和 9 至 16。

2.6.9.6 如果新的双打配对由同一项目中不同的两对双打中各一名运动员跨对组成，则该新配对应进入原双打配对在较高种子组所占据的种子号位。如果原双打配对均为非种子，或为同批次种子，则抽签进入两对原双打位置的任一位置。

附：汇总表（种子数、轮空数和其对应位置分布表 / 图）

图 2-1 至图 2-8 是 256 人（对、队）参赛淘汰表的各个 1/4 区的种子和轮空位置分布图；

表 2-1 至表 2-7* 为：

1 至16［3 至16人（对、队）参赛］，1 至32［17至32人（对、队）参赛］，1 至64［33至64人（对、队）参赛］，1 至128［65至128人（对、队）参赛］，1 至256［129至256人（对、队）参赛］淘汰表中的种子数、轮空数和其对应位置分布表及 1 至256人（对、队）的淘汰表［65至128人（对、队）参赛］和［129至256人（对、队）参赛］时的轮空数和位置分布表。

扫码查看表 2-5、表 2-7

* 表 2-5、表 2-7 详见随书折页。

轮空位置分布方法：
当有 1 个轮空时，应安排在 1 号轮空位，
当有 2 个轮空时，应安排在 1 号、2 号轮空位，
当有 7 个轮空时，应安排在 1~7 号轮空位，
当有 16 个轮空时，应安排在 1~16 号轮空位，以此类推。

图 2-1　1/8 区种子和轮空位置分布图

图 2-2　2/8 区种子和轮空位置分布图

图 2-3　3/8 区种子和轮空位置分布图

图 2-4 4/8 区种子和轮空位置分布图

图 2-5　5/8 区种子和轮空位置分布图

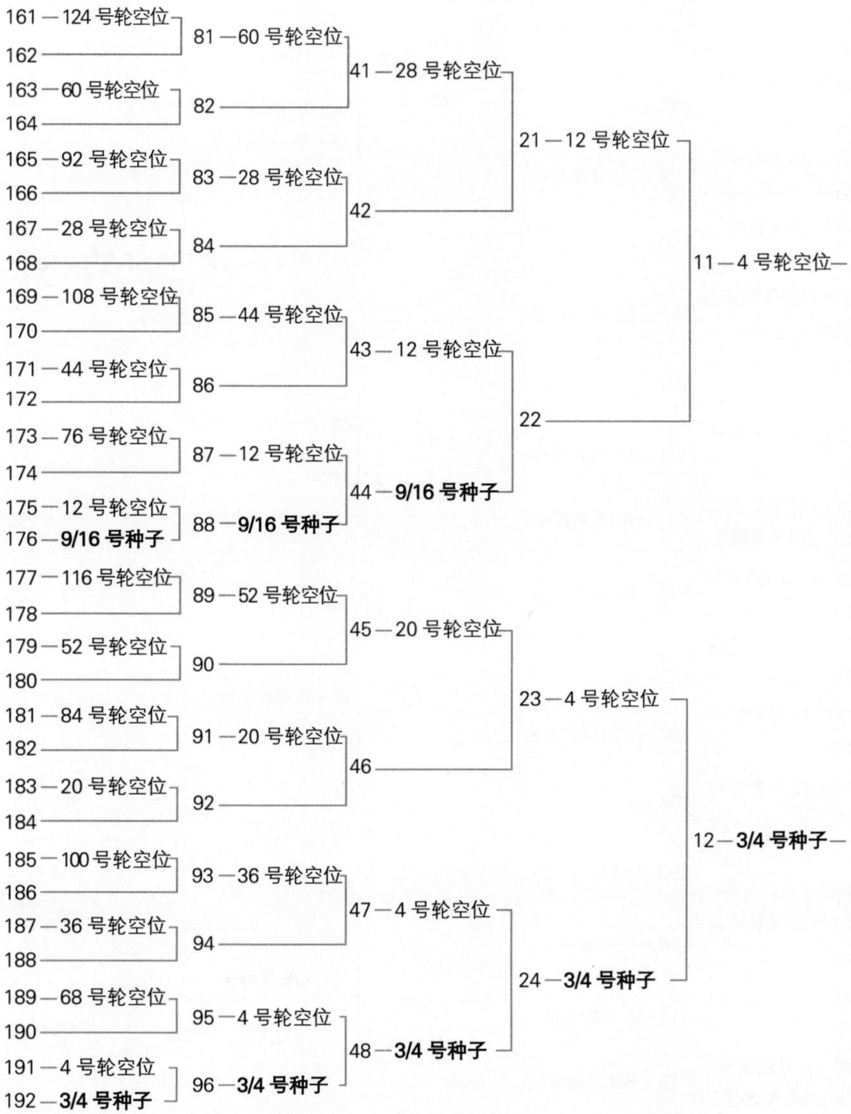

图 2-6 6/8 区种子和轮空位置分布图

图 2-7　7/8 区种子和轮空位置分布图

图 2-8 8/8 区种子和轮空位置分布图

表 2-1　1 至 16 人（对、队）淘汰表

3 至 16 人（对、队）参赛的种子数、轮空数和其对应位置分布表

参赛数	种子数	1 号种子位置	2 号种子位置	3、4 号种子位置	轮空数	轮空位置分布	
3	2	1	4	—	1	2	
4	2	1	4	—	0		
5	2	1	8	—	3	2，4	7
6	2	1	8	—	2	2	7
7	2	1	8	—	1	2	
8	2	1	8	—	0		
9	2	1	16	—	7	2，4，6，8	11，13，15
10	2	1	16	—	6	2，4，6	11，13，15
11	2	1	16	—	5	2，4，6	11，15
12	2	1	16	—	4	2，6	11，15
13	2	1	16	—	3	2，6	15
14	2	1	16	—	2	2	15
15	2	1	16	—	1	2	
16	4	1	16	5，12	0		

表 2-2 1至32人（对、队）淘汰表

17至32人（对、队）参赛的种子数、轮空数和其对应位置分布表

参赛数	种子数	1号种子位置	2号种子位置	3、4号种子位置	5至8号种子位置	轮空数	轮空位置分布	
17	4	1	32	9，24	—	15	2，4，6，8，10，12，14，16	19，21，23，25，27，29，31
18	4	1	32	9，24	—	14	2，4，6，8，10，12，14	19，21，23，25，27，29，31
19	4	1	32	9，24	—	13	2，4，6，8，10，12，14	19，21，23，27，29，31
20	4	1	32	9，24	—	12	2，4，6，10，12，14	19，21，23，27，29，31
21	4	1	32	9，24	—	11	2，4，6，10，12，14	19，23，27，29，31
22	4	1	32	9，24	—	10	2，4，6，10，14	19，23，27，29，31
23	4	1	32	9，24	—	9	2，4，6，10，14	19，23，27，31
24	4	1	32	9，24	—	8	2，6，10，14	19，23，27，31
25	4	1	32	9，24	—	7	2，6，10，14	23，27，31
26	4	1	32	9，24	—	6	2，6，10	23，27，31
27	4	1	32	9，24	—	5	2，6，10	23，31
28	4	1	32	9，24	—	4	2，10	23，31
29	4	1	32	9，24	—	3	2，10	31
30	4	1	32	9，24	—	2	2	31
31	4	1	32	9，24	—	1	2	
32	8	1	32	9，24	5，13，20，28	0		

表 2-3　1 至 64 人（对、队）淘汰表

33 至 64 人（对、队）参赛的种子数、轮空数和其对应位置分布表

参赛数	种子数	1号种子位置	2号种子位置	3、4号种子位置	5至8号种子位置	轮空数	轮空位置分布			
33	8	1	64	17，48	9，25，40，56	31	2，4，6，8，10，12，14，16	18，20，22，24，26，28，30，32	35，37，39，41，43，45，47	49，51，53，55，57，59，61，63
34	8	1	64	17，48	9，25，40，56	30	2，4，6，8，10，12，14，16	18，20，22，24，26，28，30	35，37，39，41，43，45，47	49，51，53，55，57，59，61，63
35	8	1	64	17，48	9，25，40，56	29	2，4，6，8，10，12，14，16	18，20，22，24，26，28，30	35，37，39，41，43，45，47	51，53，55，57，59，61，63
36	8	1	64	17，48	9，25，40，56	28	2，4，6，8，10，12，14	18，20，22，24，26，28，30	35，37，39，41，43，45，47	51，53，55，57，59，61，63
37	8	1	64	17，48	9，25，40，56	27	2，4，6，8，10，12，14	18，20，22，24，26，28，30	35，37，39，43，45，47	51，53，55，57，59，61，63
38	8	1	64	17，48	9，25，40，56	26	2，4，6，8，10，12，14	18，20，22，26，28，30	35，37，39，43，45，47	51，53，55，57，59，61，63
39	8	1	64	17，48	9，25，40，56	25	2，4，6，8，10，12，14	18，20，22，26，28，30	35，37，39，43，45，47	51，53，55，59，61，63
40	8	1	64	17，48	9，25，40，56	24	2，4，6，10，12，14	18，20，22，26，28，30	35，37，39，43，45，47	51，53，55，59，61，63
41	8	1	64	17，48	9，25，40，56	23	2，4，6，10，12，14	18，20，22，26，28，30	35，39，43，45，47	51，53，55，59，61，63
42	8	1	64	17，48	9，25，40，56	22	2，4，6，10，12，14	18，20，22，26，30	35，39，43，45，47	51，53，55，59，61，63
43	8	1	64	17，48	9，25，40，56	21	2，4，6，10，12，14	18，20，22，26，30	35，39，43，45，47	51，55，59，61，63
44	8	1	64	17，48	9，25，40，56	20	2，4，6，10，14	18，20，22，26，30	35，39，43，45，47	51，55，59，61，63
45	8	1	64	17，48	9，25，40，56	19	2，4，6，10，14	18，20，22，26，30	35，39，43，47	51，55，59，61，63
46	8	1	64	17，48	9，25，40，56	18	2，4，6，10，14	18，22，26，30	35，39，43，47	51，55，59，61，63
47	8	1	64	17，48	9，25，40，56	17	2，4，6，10，14	18，22，26，30	35，39，43，47	51，55，59，63
48	8	1	64	17，48	9，25，40，56	16	2，6，10，14	18，22，26，30	35，39，43，47	51，55，59，63

续表

参赛数	种子数	1号种子位置	2号种子位置	3、4号种子位置	5至8号种子位置	轮空数	轮空位置分布			
49	8	1	64	17，48	9，25，40，56	15	2，6，10，14	18，22，26，30	39，43，47	51，55，59，63
50	8	1	64	17，48	9，25，40，56	14	2，6，10，14	18，22，26	39，43，47	51，55，59，63
51	8	1	64	17，48	9，25，40，56	13	2，6，10，14	18，22，26	39，43，47	55，59，63
52	8	1	64	17，48	9，25，40，56	12	2，6，10	18，22，26	39，43，47	55，59，63
53	8	1	64	17，48	9，25，40，56	11	2，6，10	18，22，26	39，47	55，59，63
54	8	1	64	17，48	9，25，40，56	10	2，6，10	18，26	39，47	55，59，63
55	8	1	64	17，48	9，25，40，56	9	2，6，10	18，26	39，47	55，63
56	8	1	64	17，48	9，25，40，56	8	2，10	18，26	39，47	55，63
57	8	1	64	17，48	9，25，40，56	7	2，10	18，26	47	55，63
58	8	1	64	17，48	9，25，40，56	6	2，10	18	47	55，63
59	8	1	64	17，48	9，25，40，56	5	2，10	18	47	63
60	8	1	64	17，48	9，25，40，56	4	2	18	47	63
61	8	1	64	17，48	9，25，40，56	3	2	18		63
62	8	1	64	17，48	9，25，40，56	2	2			63
63	8	1	64	17，48	9，25，40，56	1	2			
64	16	1	64	17，48	9，25，40，56	0	（9至16号种子：5，13，21，29，36，44，52，60号位）			

表 2-4　1 至 128 人（对、队）淘汰表

65 至 128 人（对、队）参赛的种子数和种子位置分布表

参赛数	种子数	1 号种子位置	2 号种子位置	3、4 号种子位置	5 至 8 号种子位置	9 至 16 号种子位置
65	16	1	128	33，96	17，49，80，112	9，25，41，57，72，88，104，120
66	16	1	128	33，96	17，49，80，112	9，25，41，57，72，88，104，120
67	16	1	128	33，96	17，49，80，112	9，25，41，57，72，88，104，120
68	16	1	128	33，96	17，49，80，112	9，25，41，57，72，88，104，120
69	16	1	128	33，96	17，49，80，112	9，25，41，57，72，88，104，120
70	16	1	128	33，96	17，49，80，112	9，25，41，57，72，88，104，120
71	16	1	128	33，96	17，49，80，112	9，25，41，57，72，88，104，120
72	16	1	128	33，96	17，49，80，112	9，25，41，57，72，88，104，120
73	16	1	128	33，96	17，49，80，112	9，25，41，57，72，88，104，120
74	16	1	128	33，96	17，49，80，112	9，25，41，57，72，88，104，120
75	16	1	128	33，96	17，49，80，112	9，25，41，57，72，88，104，120
76	16	1	128	33，96	17，49，80，112	9，25，41，57，72，88，104，120
77	16	1	128	33，96	17，49，80，112	9，25，41，57，72，88，104，120
78	16	1	128	33，96	17，49，80，112	9，25，41，57，72，88，104，120
79	16	1	128	33，96	17，49，80，112	9，25，41，57，72，88，104，120
80	16	1	128	33，96	17，49，80，112	9，25，41，57，72，88，104，120

续表

参赛数	种子数	1 号种子位置	2 号种子位置	3、4 号种子位置	5 至 8 号种子位置	9 至 16 号种子位置
81	16	1	128	33，96	17，49，80，112	9，25，41，57，72，88，104，120
82	16	1	128	33，96	17，49，80，112	9，25，41，57，72，88，104，120
83	16	1	128	33，96	17，49，80，112	9，25，41，57，72，88，104，120
84	16	1	128	33，96	17，49，80，112	9，25，41，57，72，88，104，120
85	16	1	128	33，96	17，49，80，112	9，25，41，57，72，88，104，120
86	16	1	128	33，96	17，49，80，112	9，25，41，57，72，88，104，120
87	16	1	128	33，96	17，49，80，112	9，25，41，57，72，88，104，120
88	16	1	128	33，96	17，49，80，112	9，25，41，57，72，88，104，120
89	16	1	128	33，96	17，49，80，112	9，25，41，57，72，88，104，120
90	16	1	128	33，96	17，49，80，112	9，25，41，57，72，88，104，120
91	16	1	128	33，96	17，49，80，112	9，25，41，57，72，88，104，120
92	16	1	128	33，96	17，49，80，112	9，25，41，57，72，88，104，120
93	16	1	128	33，96	17，49，80，112	9，25，41，57，72，88，104，120
94	16	1	128	33，96	17，49，80，112	9，25，41，57，72，88，104，120
95	16	1	128	33，96	17，49，80，112	9，25，41，57，72，88，104，120
96	16	1	128	33，96	17，49，80，112	9，25，41，57，72，88，104，120

续表

参赛数	种子数	1 号种子位置	2 号种子位置	3、4 号种子位置	5 至 8 号种子位置	9 至 16 号种子位置
97	16	1	128	33，96	17，49，80，112	9，25，41，57，72，88，104，120
98	16	1	128	33，96	17，49，80，112	9，25，41，57，72，88，104，120
99	16	1	128	33，96	17，49，80，112	9，25，41，57，72，88，104，120
100	16	1	128	33，96	17，49，80，112	9，25，41，57，72，88，104，120
101	16	1	128	33，96	17，49，80，112	9，25，41，57，72，88，104，120
102	16	1	128	33，96	17，49，80，112	9，25，41，57，72，88，104，120
103	16	1	128	33，96	17，49，80，112	9，25，41，57，72，88，104，120
104	16	1	128	33，96	17，49，80，112	9，25，41，57，72，88，104，120
105	16	1	128	33，96	17，49，80，112	9，25，41，57，72，88，104，120
106	16	1	128	33，96	17，49，80，112	9，25，41，57，72，88，104，120
107	16	1	128	33，96	17，49，80，112	9，25，41，57，72，88，104，120
108	16	1	128	33，96	17，49，80，112	9，25，41，57，72，88，104，120
109	16	1	128	33，96	17，49，80，112	9，25，41，57，72，88，104，120
110	16	1	128	33，96	17，49，80，112	9，25，41，57，72，88，104，120
111	16	1	128	33，96	17，49，80，112	9，25，41，57，72，88，104，120
112	16	1	128	33，96	17，49，80，112	9，25，41，57，72，88，104，120

续表

参赛数	种子数	1 号种子位置	2 号种子位置	3、4 号种子位置	5 至 8 号种子位置	9 至 16 号种子位置
113	16	1	128	33，96	17，49，80，112	9，25，41，57，72，88，104，120
114	16	1	128	33，96	17，49，80，112	9，25，41，57，72，88，104，120
115	16	1	128	33，96	17，49，80，112	9，25，41，57，72，88，104，120
116	16	1	128	33，96	17，49，80，112	9，25，41，57，72，88，104，120
117	16	1	128	33，96	17，49，80，112	9，25，41，57，72，88，104，120
118	16	1	128	33，96	17，49，80，112	9，25，41，57，72，88，104，120
119	16	1	128	33，96	17，49，80，112	9，25，41，57，72，88，104，120
120	16	1	128	33，96	17，49，80，112	9，25，41，57，72，88，104，120
121	16	1	128	33，96	17，49，80，112	9，25，41，57，72，88，104，120
122	16	1	128	33，96	17，49，80，112	9，25，41，57，72，88，104，120
123	16	1	128	33，96	17，49，80，112	9，25，41，57，72，88，104，120
124	16	1	128	33，96	17，49，80，112	9，25，41，57，72，88，104，120
125	16	1	128	33，96	17，49，80，112	9，25，41，57，72，88，104，120
126	16	1	128	33，96	17，49，80，112	9，25，41，57，72，88，104，120
127	16	1	128	33，96	17，49，80，112	9，25，41，57，72，88，104，120
128	16	1	128	33，96	17，49，80，112	9，25，41，57，72，88，104，120

表 2-6　1 至 256 人（对、队）淘汰表

129 至 256 人（对、队）参赛的种子数和种子位置分布表

参赛数	种子数	1 号种子位置	2 号种子位置	3、4 号种子位置	5 至 8 号种子位置	9 至 16 号种子位置
129	16	1	256	65，192	33，97，160，224	17，49，81，113，144，176，208，240
130	16	1	256	65，192	33，97，160，224	17，49，81，113，144，176，208，240
131	16	1	256	65，192	33，97，160，224	17，49，81，113，144，176，208，240
132	16	1	256	65，192	33，97，160，224	17，49，81，113，144，176，208，240
133	16	1	256	65，192	33，97，160，224	17，49，81，113，144，176，208，240
134	16	1	256	65，192	33，97，160，224	17，49，81，113，144，176，208，240
135	16	1	256	65，192	33，97，160，224	17，49，81，113，144，176，208，240
136	16	1	256	65，192	33，97，160，224	17，49，81，113，144，176，208，240
137	16	1	256	65，192	33，97，160，224	17，49，81，113，144，176，208，240
138	16	1	256	65，192	33，97，160，224	17，49，81，113，144，176，208，240
139	16	1	256	65，192	33，97，160，224	17，49，81，113，144，176，208，240
140	16	1	256	65，192	33，97，160，224	17，49，81，113，144，176，208，240
141	16	1	256	65，192	33，97，160，224	17，49，81，113，144，176，208，240
142	16	1	256	65，192	33，97，160，224	17，49，81，113，144，176，208，240
143	16	1	256	65，192	33，97，160，224	17，49，81，113，144，176，208，240
144	16	1	256	65，192	33，97，160，224	17，49，81，113，144，176，208，240

续表

参赛数	种子数	1 号种子位置	2 号种子位置	3、4 号种子位置	5 至 8 号种子位置	9 至 16 号种子位置
145	16	1	256	65，192	33，97，160，224	17，49，81，113，144，176，208，240
146	16	1	256	65，192	33，97，160，224	17，49，81，113，144，176，208，240
147	16	1	256	65，192	33，97，160，224	17，49，81，113，144，176，208，240
148	16	1	256	65，192	33，97，160，224	17，49，81，113，144，176，208，240
149	16	1	256	65，192	33，97，160，224	17，49，81，113，144，176，208，240
150	16	1	256	65，192	33，97，160，224	17，49，81，113，144，176，208，240
151	16	1	256	65，192	33，97，160，224	17，49，81，113，144，176，208，240
152	16	1	256	65，192	33，97，160，224	17，49，81，113，144，176，208，240
153	16	1	256	65，192	33，97，160，224	17，49，81，113，144，176，208，240
154	16	1	256	65，192	33，97，160，224	17，49，81，113，144，176，208，240
155	16	1	256	65，192	33，97，160，224	17，49，81，113，144，176，208，240
156	16	1	256	65，192	33，97，160，224	17，49，81，113，144，176，208，240
157	16	1	256	65，192	33，97，160，224	17，49，81，113，144，176，208，240
158	16	1	256	65，192	33，97，160，224	17，49，81，113，144，176，208，240
159	16	1	256	65，192	33，97，160，224	17，49，81，113，144，176，208，240
160	16	1	256	65，192	33，97，160，224	17，49，81，113，144，176，208，240

续表

参赛数	种子数	1 号种子位置	2 号种子位置	3、4 号种子位置	5 至 8 号种子位置	9 至 16 号种子位置
161	16	1	256	65，192	33，97，160，224	17，49，81，113，144，176，208，240
162	16	1	256	65，192	33，97，160，224	17，49，81，113，144，176，208，240
163	16	1	256	65，192	33，97，160，224	17，49，81，113，144，176，208，240
164	16	1	256	65，192	33，97，160，224	17，49，81，113，144，176，208，240
165	16	1	256	65，192	33，97，160，224	17，49，81，113，144，176，208，240
166	16	1	256	65，192	33，97，160，224	17，49，81，113，144，176，208，240
167	16	1	256	65，192	33，97，160，224	17，49，81，113，144，176，208，240
168	16	1	256	65，192	33，97，160，224	17，49，81，113，144，176，208，240
169	16	1	256	65，192	33，97，160，224	17，49，81，113，144，176，208，240
170	16	1	256	65，192	33，97，160，224	17，49，81，113，144，176，208，240
171	16	1	256	65，192	33，97，160，224	17，49，81，113，144，176，208，240
172	16	1	256	65，192	33，97，160，224	17，49，81，113，144，176，208，240
173	16	1	256	65，192	33，97，160，224	17，49，81，113，144，176，208，240
174	16	1	256	65，192	33，97，160，224	17，49，81，113，144，176，208，240
175	16	1	256	65，192	33，97，160，224	17，49，81，113，144，176，208，240
176	16	1	256	65，192	33，97，160，224	17，49，81，113，144，176，208，240

续表

参赛数	种子数	1 号种子位置	2 号种子位置	3、4 号种子位置	5 至 8 号种子位置	9 至 16 号种子位置
177	16	1	256	65，192	33，97，160，224	17，49，81，113，144，176，208，240
178	16	1	256	65，192	33，97，160，224	17，49，81，113，144，176，208，240
179	16	1	256	65，192	33，97，160，224	17，49，81，113，144，176，208，240
180	16	1	256	65，192	33，97，160，224	17，49，81，113，144，176，208，240
181	16	1	256	65，192	33，97，160，224	17，49，81，113，144，176，208，240
182	16	1	256	65，192	33，97，160，224	17，49，81，113，144，176，208，240
183	16	1	256	65，192	33，97，160，224	17，49，81，113，144，176，208，240
184	16	1	256	65，192	33，97，160，224	17，49，81，113，144，176，208，240
185	16	1	256	65，192	33，97，160，224	17，49，81，113，144，176，208，240
186	16	1	256	65，192	33，97，160，224	17，49，81，113，144，176，208，240
187	16	1	256	65，192	33，97，160，224	17，49，81，113，144，176，208，240
188	16	1	256	65，192	33，97，160，224	17，49，81，113，144，176，208，240
189	16	1	256	65，192	33，97，160，224	17，49，81，113，144，176，208，240
190	16	1	256	65，192	33，97，160，224	17，49，81，113，144，176，208，240
191	16	1	256	65，192	33，97，160，224	17，49，81，113，144，176，208，240
192	16	1	256	65，192	33，97，160，224	17，49，81，113，144，176，208，240

续表

参赛数	种子数	1 号种子位置	2 号种子位置	3、4 号种子位置	5 至 8 号种子位置	9 至 16 号种子位置
193	16	1	256	65，192	33，97，160，224	17，49，81，113，144，176，208，240
194	16	1	256	65，192	33，97，160，224	17，49，81，113，144，176，208，240
195	16	1	256	65，192	33，97，160，224	17，49，81，113，144，176，208，240
196	16	1	256	65，192	33，97，160，224	17，49，81，113，144，176，208，240
197	16	1	256	65，192	33，97，160，224	17，49，81，113，144，176，208，240
198	16	1	256	65，192	33，97，160，224	17，49，81，113，144，176，208，240
199	16	1	256	65，192	33，97，160，224	17，49，81，113，144，176，208，240
200	16	1	256	65，192	33，97，160，224	17，49，81，113，144，176，208，240
201	16	1	256	65，192	33，97，160，224	17，49，81，113，144，176，208，240
202	16	1	256	65，192	33，97，160，224	17，49，81，113，144，176，208，240
203	16	1	256	65，192	33，97，160，224	17，49，81，113，144，176，208，240
204	16	1	256	65，192	33，97，160，224	17，49，81，113，144，176，208，240
205	16	1	256	65，192	33，97，160，224	17，49，81，113，144，176，208，240
206	16	1	256	65，192	33，97，160，224	17，49，81，113，144，176，208，240
207	16	1	256	65，192	33，97，160，224	17，49，81，113，144，176，208，240
208	16	1	256	65，192	33，97，160，224	17，49，81，113，144，176，208，240

续表

参赛数	种子数	1 号种子位置	2 号种子位置	3、4 号种子位置	5 至 8 号种子位置	9 至 16 号种子位置
209	16	1	256	65，192	33，97，160，224	17，49，81，113，144，176，208，240
210	16	1	256	65，192	33，97，160，224	17，49，81，113，144，176，208，240
211	16	1	256	65，192	33，97，160，224	17，49，81，113，144，176，208，240
212	16	1	256	65，192	33，97，160，224	17，49，81，113，144，176，208，240
213	16	1	256	65，192	33，97，160，224	17，49，81，113，144，176，208，240
214	16	1	256	65，192	33，97，160，224	17，49，81，113，144，176，208，240
215	16	1	256	65，192	33，97，160，224	17，49，81，113，144，176，208，240
216	16	1	256	65，192	33，97，160，224	17，49，81，113，144，176，208，240
217	16	1	256	65，192	33，97，160，224	17，49，81，113，144，176，208，240
218	16	1	256	65，192	33，97，160，224	17，49，81，113，144，176，208，240
219	16	1	256	65，192	33，97，160，224	17，49，81，113，144，176，208，240
220	16	1	256	65，192	33，97，160，224	17，49，81，113，144，176，208，240
221	16	1	256	65，192	33，97，160，224	17，49，81，113，144，176，208，240
222	16	1	256	65，192	33，97，160，224	17，49，81，113，144，176，208，240
223	16	1	256	65，192	33，97，160，224	17，49，81，113，144，176，208，240
224	16	1	256	65，192	33，97，160，224	17，49，81，113，144，176，208，240

续表

参赛数	种子数	1 号种子位置	2 号种子位置	3、4 号种子位置	5 至 8 号种子位置	9 至 16 号种子位置
225	16	1	256	65，192	33，97，160，224	17，49，81，113，144，176，208，240
226	16	1	256	65，192	33，97，160，224	17，49，81，113，144，176，208，240
227	16	1	256	65，192	33，97，160，224	17，49，81，113，144，176，208，240
228	16	1	256	65，192	33，97，160，224	17，49，81，113，144，176，208，240
229	16	1	256	65，192	33，97，160，224	17，49，81，113，144，176，208，240
230	16	1	256	65，192	33，97，160，224	17，49，81，113，144，176，208，240
231	16	1	256	65，192	33，97，160，224	17，49，81，113，144，176，208，240
232	16	1	256	65，192	33，97，160，224	17，49，81，113，144，176，208，240
233	16	1	256	65，192	33，97，160，224	17，49，81，113，144，176，208，240
234	16	1	256	65，192	33，97，160，224	17，49，81，113，144，176，208，240
235	16	1	256	65，192	33，97，160，224	17，49，81，113，144，176，208，240
236	16	1	256	65，192	33，97，160，224	17，49，81，113，144，176，208，240
237	16	1	256	65，192	33，97，160，224	17，49，81，113，144，176，208，240
238	16	1	256	65，192	33，97，160，224	17，49，81，113，144，176，208，240
239	16	1	256	65，192	33，97，160，224	17，49，81，113，144，176，208，240
240	16	1	256	65，192	33，97，160，224	17，49，81，113，144，176，208，240

续表

参赛数	种子数	1 号种子位置	2 号种子位置	3、4 号种子位置	5 至 8 号种子位置	9 至 16 号种子位置
241	16	1	256	65，192	33，97，160，224	17，49，81，113，144，176，208，240
242	16	1	256	65，192	33，97，160，224	17，49，81，113，144，176，208，240
243	16	1	256	65，192	33，97，160，224	17，49，81，113，144，176，208，240
244	16	1	256	65，192	33，97，160，224	17，49，81，113，144，176，208，240
245	16	1	256	65，192	33，97，160，224	17，49，81，113，144，176，208，240
246	16	1	256	65，192	33，97，160，224	17，49，81，113，144，176，208，240
247	16	1	256	65，192	33，97，160，224	17，49，81，113，144，176，208，240
248	16	1	256	65，192	33，97，160，224	17，49，81，113，144，176，208，240
249	16	1	256	65，192	33，97，160，224	17，49，81，113，144，176，208，240
250	16	1	256	65，192	33，97，160，224	17，49，81，113，144，176，208，240
251	16	1	256	65，192	33，97，160，224	17，49，81，113，144，176，208，240
252	16	1	256	65，192	33，97，160，224	17，49，81，113，144，176，208，240
253	16	1	256	65，192	33，97，160，224	17，49，81，113，144，176，208，240
254	16	1	256	65，192	33，97，160，224	17，49，81，113，144，176，208，240
255	16	1	256	65，192	33，97，160，224	17，49，81，113，144，176，208，240
256	16	1	256	65，192	33，97，160，224	17，49，81，113，144，176，208，240

三、确定“种子”原则

1 “种子”是根据排名和技术水平确定的,应是本项目当时最好的运动员。技术水平主要看运动员在各级比赛中所取得的成绩，如世界锦标赛、洲比赛或大型国际比赛的成绩，以及全国比赛的成绩和其他比赛的成绩等。考虑比赛成绩时，要以最近的比赛和所参加的高级大型比赛的成绩为主，远的服从近的，低的服从高的。在双打比赛中确定“种子”时，除依据上述原则外，还可参考单打比赛或其中一人的双打成绩。举办比赛的有关委员会可对确定“种子”的原则作补充规定。

2 世界羽联对运动员排名和“种子”确定另有规定。

3 中国羽协对运动员排名和“种子”确定另有规定。

四、报名顺序

参赛单位应根据排名和技术水平排列运动员的报名顺序。必要时，竞委会有权调整报名顺序。

五、抽签变更

1 一旦抽签结束，不得对各项抽签结果进行更改。在对应项目的比赛未开始前出现的以下情况除外：

1.1 在控制报名时或抽签时出错；

1.2 在退赛和晋级后，预赛的抽签结果出现严重不平衡。如果在退赛和晋级之后，出现多于一个预赛出线位置（如 Q1，Q2 等）空置，则视该预赛抽签结果为严重不平衡；

1.3 正赛抽签结果出现严重不平衡的特殊情况，且该项目无预赛。

六、竞赛日程安排

1 竞赛日程安排通常有两种形式：

1.1 分 节

将比赛安排在上午、下午和晚上进行。在条件许可时，每天的比赛最好安排两节，即在上午和晚上进行。

1.2 不分节

只设定每天比赛的开始时间，比赛按场序连续进行，直至当日比赛全部结束。

竞赛日程安排，在确保运动员合理负担量的前提下，应尽量提高场地的利用率，缩短比赛天数。项目的轮数多于天数时，最初几天多安排轮次。

2 若比赛既有团体赛，又有单项赛，则团体赛应在单项比赛开始之前结束。

3 在条件许可的情况下，比赛日程中应安排一天休息。最好安排在团体赛和单项赛之间，或安排在第一阶段比赛和第二阶段比赛之间。

4 在单项比赛中，每名运动员一天内不应安排超过 6 场比赛，而且同一个项目的比赛不应超过 3 场；在一节比赛中，不应安排超过 3 场，同一个项目的比赛不应超过 2 场。

5 在团体赛中，每个队一天内不应安排超过 2 次五场制的团体赛；一节中不应安排超过 1 次五场制的团体赛。

6 若遇特殊情况，经竞赛主办单位同意，可不受此限制。

7 在世界羽联批准的成人赛事中，运动员有权在其两场比赛之间至少休息 60分钟（特殊情况下，裁判长可将该休息时间缩短至不少于30分钟）。在世界羽联批准的青年赛事中，运动员有权在其两场比赛之间至少休息 30 分钟。当比赛在天气比较热、湿度比较高的条件下进行时，可以允许适当延长休息时间。

七、场地规定

1 场馆高度

1.1 奥运会、青奥会、一类赛事（世界羽联赛事 / 世界羽联主要赛事，但中老年赛事除外）和二类赛事（世界羽联世界巡回赛）的 1 至 5 级赛事

1.1.1 整个比赛场地净空高度至少 12 米。

1.1.2 在比赛区域上空的这一高度内，不应有横梁和其他障碍物。

1.2 世界羽联批准的其他赛事

1.2.1 整个比赛场地净空高度至少 9 米。

1.2.2 在比赛区域上空的这一高度内，不应有横梁和其他障碍物。

2 比赛场地地板

2.1 奥运会、青奥会、一类赛事（世界羽联赛事 / 世界羽联主要赛事，但中老年赛事除外）和二类赛事（世界羽联世界巡回赛）的 1 至 6 级赛事

2.1.1 比赛场地必须是木质弹性地板或类似地板，上铺羽毛球塑胶场地。世界羽联有权批准任何木质弹性地板的类似地板。

2.1.2 所有比赛都必须在经批准的羽毛球塑胶场地上进行（根据“世界羽联设备批准方案”，最低批准等级为 1B）。

2.1.2.1 所有一类和二类的赛事必须使用经认证的世界羽联塑胶场地，三类赛事和青年国际赛事建议使用。该场地端线外的地胶宽度为 1 米，边线外的地胶宽度为 0.5 米。

2.1.3 场地端线后必须至少有 2 米的空地（与任何A型广告板或类似广告间的距离），场地边线外必须至少有 1.5 米的空地。相邻两个场地必须至少间隔 1.5 米空地。在一类和二类赛事中，建议比赛场地之间至少间隔 4 米，以放置A型广告板和技术官员座椅。有电视拍摄的场地可能需要增加

间距。比赛区域内的广告可按照世界羽联“竞赛通用规程”18的规定执行。

2.1.4 比赛场地必须始终并排摆放。

2.2 世界羽联批准的其他赛事

2.2.1 建议比赛场地为木质弹性地板或类似的地板，上铺经批准的防滑地胶。如需要，世界羽联有权批准任何木质弹性地板的类似地板。

2.2.2 建议使用经批准的羽毛球塑胶场地（使用木质弹性地板的最低批准等级为1B，不使用木质弹性地板的最低批准等级为2A。获取更多信息，请查阅“世界羽联设备批准方案”）。

2.2.3 场地端线后必须至少有 2 米的空地（与任何A型广告板或类似广告间的距离），场地边线外必须至少有 1.5 米的空地。相邻两个场地必须至少间隔 1.5 米空地。

3 其他场地设备

3.1 网和网柱——所有一类至三类赛事：必须使用世界羽联批准的网和网柱。

3.2 裁判椅——所有一类至三类赛事：

3.2.1 裁判椅必须稳固、安全，便于裁判员上下。

3.2.2 建议裁判椅上附有活页写字板，便于裁判员放置记分表，除非使用电子计分设备。

3.2.3 建议椅面高度应与网高相同，即 1.55 米，并且其制作尺寸及材料应舒适。

3.2.4 建议座椅应居中放置在网的延长线上，距网柱约 1 米处。

3.3 固定高度发球测高仪——所有一类至三类赛事、青年国际赛事和洲锦标赛：要求发球裁判员使用世界羽联批准的测高仪。建议每个场地至少提供此测高仪两个。

3.4 发球裁判椅——所有一类至三类赛事：发球裁判椅的高度必须为正常高度，座椅应居中放置在网的延长线上距网柱约 1 米处。

3.5 司线椅——所有一类至三类赛事：司线椅必须正对司线员所负责的线。距端线至少 2 米，距边线至少 1.5 米。

4 背 景

——奥运会、青奥会、一类赛事（世界羽联赛事 / 世界羽联主要赛事，但中老年赛事除外）和二类赛事（世界羽联世界巡回赛）的 1 至 5 级赛事

4.1 场地端线正后方区域不得使用白色或浅色为主的背景，建议使用深色。

4.2 场地两端 A 型广告板中的白色或浅色区域必须少于其表面面积的 20%。建议 A 型广告板上完全无白色或浅色。

4.3 根据场地灯光放置的位置和灯光上方天花板的高度，建议不要使用浅色天花板，避免对运动员视觉产生影响。

5 灯 光

——世界羽联批准的所有赛事

5.1 一类和二类赛事：场地上空灯光照度至少达到1000勒克斯（LUX），并均匀分布。

5.2 三类赛事：场地上空的灯光照度建议至少达到1000勒克斯（LUX），但必须均匀分布。

5.3 灯光不得直接置于比赛场地正上方，以避免眩光和灯光对运动员视觉产生影响。比赛场地后方的灯光应调至不对运动员视觉产生影响的亮度，灯光最好沿场地两边安置。

5.4 比赛场地四周不得有自然光。

5.5 建议为静态摄影设置 1500~1800 勒克斯（LUX）的最佳照度。

5.6 电视拍摄灯光——奥运会、一类赛事（世界羽联赛事 / 世界羽联主要赛事，但中老年赛事除外）和二类赛事（世界羽联世界巡回赛）的1至5级赛事。

5.6.1 世界羽联和主办方电视台会以他们各自的标准提出他们对灯光的要求，但比赛场地的电视拍摄照度不得低于 1500~1600 勒克斯（LUX），且必须均匀分布。

6 气　流

6.1 所有气流，如空调或其他气流，必须受到严格控制或予以排除。

6.2 尤其是竞赛场区（FOP），不得有风或其他气流。如果使用空调，必须特别注意其影响。在进出口处必须安装双重门（防风门）。

6.3 比赛场馆准备就绪后，需检查无人状态下的空气流速，在竞赛场区（FOP）上空的空气流速不得超过 0.2 米 / 秒。

6.4 需分别在 3 米、6 米和 9 米的高度，用热敏风速仪测量气流，在竞赛场区（FOP）上空的空气流速不得超过 0.2 米 / 秒（在每个比赛场地上至少 8 个不同位置进行测量）。

6.5 必须认真考虑所有送风和回风口的位置和保护措施——特别是会影响到羽毛球飞行路径的问题。为限制比赛场地上空的气流，最好沿场馆设计环形通风路径。

6.6 须有应世界羽联要求可“即时”关闭空调的方法。空调风速最好可调节，以便赛事组织者找到一个既适合比赛又舒适的气流状态。

6.7 在被鉴定有潜在气流问题的一类赛事和奥运会的场馆，必须进行流体力学（CFD）分析，对预计的气流测量值进行核对，并应及时对此予以确定，以便提出须采纳的任何建议。

7 温　度

比赛场馆内温度应保持在 18~30 摄氏度。

8 其他要求

8.1 医务人员

8.1.1 一类赛事和二类 1 至 4 级赛事：比赛进行中，必须有一名有运动医学经验的医生或有资质的护理人员始终在比赛场地边待命，以便在运动员受伤时，可随时上场帮助运动员进行诊断。此外，还必须有一名理疗师在赛事期间随时待命。

8.1.2 二类 5 至 6 级赛事和所有三类赛事：必须有一名医生、一名理疗师或急救人员在赛事期间随时待命。

8.2 更衣设施——所有一类至三类赛事：所有场馆必须分别为男性和女性提供更衣室和淋浴间。

8.3 运动员休息室 / 区

8.3.1 一类赛事和二类 1 至 4 级赛事：必须在比赛馆内或附近设置一个单独的运动员休息室/区，供运动员休息，不受公众干扰。在运动员休息室/区内必须提供合理数量的合适饮料和点心。

8.3.2 二类 5 至 6 级赛事：建议在比赛馆内或附近设置一个单独的运动员休息室/区，供运动员休息，不受公众干扰。建议在运动员休息室/区内提供合理数量的合适饮料和点心。

8.4 赛事承办者应遵守上述规定。

8.5 遇特殊情况，批准机构可以变通上述规定。

8.6 有涉及运动员、官员和观众的健康、安全和安保的相关事宜，必须遵循（当地）政府法规。

八、比赛用球

1 奥运会、青奥会、一类赛事（世界羽联赛事 / 世界羽联主要赛事）和二类赛事（世界羽联世界巡回赛 1 至 6 级赛事）

1.1 在所有赛事期间，只许使用世界羽联批准的一个品牌的比赛用球，该品牌名称必须在赛事规程中告知。

1.2 不得对每场比赛用球进行限量配给，所用比赛用球必须由赛会提供，不得向运动员收取费用。

1.3 必须为整个赛事提供至少三种不同速度的比赛用球。赛事组织者指定的中间速度的比赛用球应是大多数比赛通常所使用的速度，并应各准备一种速度较快和速度较慢的比赛用球。

2 三类赛事和 U19 国际青年赛事

2.1 在所有赛事期间，只许使用世界羽联批准的一个品牌的比赛用球，该品牌名称必须在赛事规程中告知。

2.2 不得对每场比赛用球进行限量配给，所用比赛用球必须由赛会提供，不得向运动员收取费用。

3 每节比赛使用哪一种速度的球，由裁判长在每节比赛开始前决定。运动员不得选择球的速度。

九、热身场地、训练场地和训练安排

训练场地至少在赛前两天可用。

整个比赛期间，必须在训练馆和比赛馆都安排训练，且根据各队运动员的数量予以公平分配。

1 训练场地高度

训练场地净空高度至少 9 米。

2 训练场地地板

训练场地应使用木质弹性地板或类似地板，既可作为底层地板（上铺地胶），也可作为训练地板。

3 训练馆位置

从官方指定酒店到训练馆的交通时间一般不应超过 30 分钟。

4 时间安排表

必须向已报名参赛的协会发送训练需求表，要求其填写训练需求。在此基础上制订详细的训练安排，如参赛协会未回复，应在表中安排他们的训练时段。此后，该表须发给所有参赛协会，以便他们在出发前提前计划。训练安排表必须在赛前经裁判长批准。

5 在比赛场地的训练

一旦知晓报名人数，则必须计算可供每个运动员在比赛场地训练的时间。应保证在赛事开始前，每位运动员在比赛场地有至少 30 分钟的训练时间。比赛场地的训练安排表必须在赛前经裁判长批准。

十、场区广告

1 只有符合 2 至 6 的要求，才能在场地周围的两米空地和场地上展示文字或图片广告。

2 场区内任何形式的广告均不得分散运动员、现场及电视观众的注意力，或造成场地界线辨别不清。

3 场 地

3.1 场地端线外侧30厘米以外，允许场地提供商放置最多各一个完全相同的不超过170厘米×30厘米的贴地标志。

3.2 前发球线和单打边线之间，允许比赛赞助商在网下居中放置一个不超过250厘米×100厘米的贴地标志。

3.3 广告形状不限。但在场地表面不允许出现3D广告。展现广告必须使用性能与场地地面性能相仿的防滑材料。

4 网

4.1 球网上不允许出现广告，4.2所述除外。

4.2 球网提供商的标记在网上最多可出现两个，且必须分置球网两端白色夹层的不同侧面。每个标记距该侧网柱4厘米，高不得超过3.5厘米，宽不得超过10厘米。

5 网 柱

5.1 网 柱

每个网柱最多可出现两个同样的柱面标记。两个柱面标记分别面向端线方向。每个标记高不超过30厘米，宽不超过3厘米。

5.2 网柱底座

每个网柱底座最多可出现三个相同商标的柱面标记。每个标记高度不超过30厘米。

6 裁判椅和发球裁判椅

裁判椅和发球裁判椅允许展现广告。

7 发球测高仪

发球测高仪的柱子最多可出现两个同样的柱面标记。两个柱面标记分别面向端线方向。每个标记高不超过 30 厘米，宽不超过 3 厘米。

8 虚拟成像和虚拟广告

在世界羽联批准的赛事中，任何虚拟成像或虚拟广告都必须事先得到世界羽联的书面批准方可通过电视信号播出。已授权洲联合会或其他筹划机构的赛事除外。

十一、运动员和教练员服装

1 运动员比赛服装，是指除球拍外运动员在比赛中所穿戴的，包括但不限于套头衫、运动短袖上衣、运动短裤、裙、袜、鞋、头箍（包括头巾和穆斯林的头巾）、护腕、绷带及医用护具等任何衣着物品。

2 教练员是在比赛场地以教练员身份对一场比赛进行指导的所有教练员、领队和其他“参与者”。教练员服装是指教练员在比赛中进行指导时所穿戴的，包括但不限于夹克衫、衬衫、长裤、裙子和鞋。

3 为保证羽毛球比赛更具观赏性，在世界羽联主办或批准的赛事中，运动员和教练员所穿服装应为被认可的羽毛球运动服装。不得用粘盖、别针固定广告或其他临时变通手段改变服装以达到符合广告规定或其他规定的目的。

4 服装广告规定仅适用于运动员在比赛期间和参加颁奖仪式期间所穿的服装，以及教练员进行指导时所穿的服装（2 所界定）。

4.1 教练员上衣的广告执行运动短袖上衣的广告规定；

4.2 教练员裤子上的广告执行运动短裤的广告规定。

5 执行服装广告规定时，裁判长的决定是最终决定。

6 颜 色

6.1 在世界羽联批准的所有赛事（包括由其主办的赛事及综合运动会

羽毛球赛）中，每件运动服装可为任一颜色或多种颜色。

6.2 团体赛

在所有世界羽联团体赛事，即世界男子团体锦标赛和世界女子团体锦标赛、世界混合团体锦标赛和世界青年团体锦标赛中，同队运动员着装颜色必须统一，即每个运动员必须在整个团体比赛中穿着相同颜色和款式的短袖运动上衣和短裤(或相应的比赛服装)。

6.3 单打比赛

单打运动员必须在整场比赛中穿着符合“6 和 8 规定一览表”（表 2–8）所述的颜色和款式的短袖运动上衣和短裤（或相应的比赛服装），整场比赛不得改变服装颜色。

6.4 双打比赛

一对双打运动员必须在整场比赛中穿着相同颜色和相近款式的短袖运动上衣和短裤（或相应的比赛服装），并符合“6 和 8 规定一览表”（表 2–8）所述规定，整场比赛不得改变服装颜色。

6.5 单项赛和团体赛

如一场比赛的双方运动员（对）所穿服装颜色没有明显不同，则由排名较低者更换。如双方的排名相同或均无排名，则按最新的报名排名表确定，排名在后者更换。

6.6 电视场地

为更好呈现场上虚拟广告，世界羽联可要求在电视场地比赛的运动员必须更换服装颜色。

7 图 案

7.1 在世界羽联批准的所有赛事（包括由其主办的赛事及综合运动会羽毛球赛）中，每件比赛服装上只允许出现符合以下 7.2 至 7.4 规定的一个图案。

7.2 图案应为抽象图案，且不含广告，无具象、商业或推销内容。具象和绘画作品，可以作为整个抽象图案的一部分，出现在服装上。世界羽联是抽象图案构成要素的唯一裁决者。

7.3 短袖运动上衣前面可有运动员所代表的国家（地区）的总面积不

超过 20 平方厘米的旗帜或国名（地区名）缩写或徽记。不允许单独出现国家（地区）名和/或连同赞助商名或商标。

7.4 图案作为广告的组成部分出现在服装上，必须符合服装广告的规定。

8 文 字

8.1 在世界羽联批准的所有赛事（包括由其主办的赛事及综合运动会羽毛球赛）中，每件比赛服装上只允许出现符合以下 8.2 至 8.5 规定的印刷文字。

8.2 颜色、字体、高度

8.2.1 应为大写罗马字母（8.5.2 规定的除外），其颜色为单色并与短袖运动上衣颜色形成反差。

8.2.2 如果短袖运动上衣背面已有图案，则文字应印在与图案颜色形成反差的位置上。

8.2.3 为使观众看清，运动员姓名字体的高度必须为最低 6 厘米，最高 10 厘米。

8.2.4 国家（地区）名的字体高度为 5 厘米。

8.2.5 文字应水平排列或尽可能水平排列在短袖运动上衣上部。

8.3 运动员姓名

短袖运动上衣背面的运动员姓名必须符合有关文字的所有规定。运动员姓名一旦出现，应与在世界羽联注册的姓（或其缩写）及名字的首字母（如出现）一致。姓指的是按各自会员国（地区）惯例所称的姓或类似名称。

8.4 教练员姓名

允许教练员姓名、其隶属机构名称或“教练员”印在其上衣背面。

8.5 国家（地区）名称

短袖运动上衣背面可以出现运动员或教练员所属的国家（地区）名称，但必须符合有关文字的所有规定。如出现，应使用英文全称或奥运会批准的缩写。

8.6 印字顺序和广告

8.6.1 短袖运动上衣背面的文字顺序从上至下依次为运动员姓

名（如有）、国家（地区）名称（如有）、广告（如有）。

8.6.2 当文字作为广告的组成部分时，且符合 9 的服装广告规定时，可以任何文字出现。

表 2-8　6 和 8 规定一览表

（服装颜色、运动员姓名和队名）

赛事名称	单打比赛运动员的短袖运动上衣、短裙和短裤的颜色和款式	双打比赛运动员的短袖运动上衣、短裙和短裤的颜色和款式		短袖运动上衣背面运动员的姓名	短袖运动上衣背面的国家（地区）名称
	对方运动员要求穿着颜色明显不同的服装	配对运动员要求穿着颜色一致的服装	对方运动员要求穿着颜色明显不同的服装		
国际比赛	颜色不要求明显不同	颜色不要求一致	颜色不要求明显不同	不要求出现	不要求出现
三类赛事和 U19 国际青年赛事	颜色不要求明显不同或依据洲联合会的规定	颜色不要求一致或依据洲联合会的规定	颜色不要求明显不同或依据洲联合会的规定	团体赛不要求出现或依据洲联合会的规定，单项赛必须出现	单项赛不要求出现或依据洲联合会的规定，团体赛必须出现
二类 6 级赛事	自 1/4 决赛起——颜色必须明显不同	自 1/4 决赛起——颜色必须一致	自 1/4 决赛起——颜色必须明显不同	必须出现	不要求出现
二类 1 至 5 级赛事	正赛——颜色必须明显不同	正赛——颜色必须一致	正赛——颜色必须明显不同	必须出现	不要求出现
世界中老年锦标赛	颜色不要求明显不同	颜色不要求一致	颜色不要求明显不同	建议出现	不要求出现
世界青年团体锦标赛	颜色必须明显不同，同队运动员必须穿着统一颜色和款式的服装	颜色必须一致，同队运动员必须穿着统一颜色和款式的服装	颜色必须明显不同，同队运动员必须穿着统一颜色和款式的服装	必须出现	必须出现
世界青年单项锦标赛	颜色必须明显不同	颜色必须一致	颜色必须明显不同	必须出现	不要求出现

续表

赛事名称	单打比赛运动员的短袖运动上衣、短裙和短裤的颜色和款式	双打比赛运动员的短袖运动上衣、短裙和短裤的颜色和款式		短袖运动上衣背面运动员的姓名	短袖运动上衣背面的国家（地区）名称
	对方运动员要求穿着颜色明显不同的服装	配对运动员要求穿着颜色一致的服装	对方运动员要求穿着颜色明显不同的服装		
世界混合团体锦标赛（苏迪曼杯）	颜色必须明显不同，同队运动员必须穿着统一颜色和款式的服装	颜色必须一致，同队运动员必须穿着统一颜色和款式的服装	颜色必须明显不同，同队运动员必须穿着统一颜色和款式的服装	顶级组必须出现，其他组别不要求出现	必须出现
世界男子团体锦标赛和世界女子团体锦标赛（汤姆斯杯和尤伯杯）	分区赛——建议颜色明显不同； 决赛阶段——颜色必须明显不同，同队运动员必须穿着统一颜色和款式的服装	分区赛——建议颜色一致； 决赛阶段——颜色必须一致，同队运动员必须穿着统一颜色和款式的服装	分区赛——建议颜色明显不同； 决赛阶段——颜色必须明显不同，同队运动员必须穿着统一颜色和款式的服装	分区赛——不要求出现或依据洲联合会的规定； 决赛阶段——必须出现	必须出现
世界锦标赛	颜色必须明显不同	颜色必须一致	颜色必须明显不同	必须出现	不要求出现
奥运会羽毛球赛	颜色必须明显不同，首选短袖运动上衣的颜色需在赛前登记	颜色必须一致，首选短袖运动上衣的颜色需在赛前登记	颜色必须明显不同，首选短袖运动上衣的颜色需在赛前登记	必须出现，姓名应予登记以保证与记分牌上的姓名相符	国家奥委会名称必须出现

9 运动员和教练员服装广告

9.1 在世界羽联批准的所有赛事（包括由其主办的赛事）中，每件服装的广告必须符合以下9.2至9.5的规定。该规定适用于综合运动会，除非综合运动会的组织者（如奥运会的国际奥委会）对该规定提出特定的变更，则按组织者的规定执行。

9.2 短袖运动上衣可以有符合 9.2.1 至 9.2.3 规定的广告。

9.2.1 广告可以在以下位置出现：左袖、右袖、左肩、右肩、左领、右领、右胸、左胸和前胸中央。肩指的是短袖运动上衣肩部前面可见的部分。每个广告面积不得超出 20 平方厘米。除短袖上衣正面外，每处只能有一个广告；广告总数不得超出 5 个。按本规定，国旗或国徽视为一个广告包括在内。

9.2.1.1 允许在左或右臂的护臂上出现一个广告，以替代左袖或右袖上的广告（9.2.1所述）。

9.2.2 除以上规定的广告外，还可出现一个非商业性的世界羽联标志，该标志由世界羽联限定（如世界羽联徽标、诚信运动徽标或者类似的徽标）。该标志不得超过 20 平方厘米，且必须遵循世界羽联对该标志的限定。该标志可出现在如下未有广告、国旗或国徽的任一位置：左袖、右袖、左肩、右肩、左领、右领、右胸、左胸和前胸中央。

9.2.3 带状广告只能是一个宽度统一的带状图案，正面宽度不超过 10 厘米，背面宽度不超过 5 厘米，可以任意角度印在短袖运动上衣的正面、背面或双面。

9.2.4 如果裁判长认为，符合 9.2.3 的广告内容与比赛赞助商或电视转播的要求冲突，或触及当地法律，或具有攻击性，裁判长可限定短袖运动上衣上的广告按 9.2.1 执行。

9.3 其他服装

9.3.1 每只袜子上允许有两个各不超过 20 平方厘米的广告（包括制造商的徽标或标志）。若运动员或教练员同时穿有多只袜子或同时穿有运动紧身长裤（整条腿）和普通袜子，每只脚（腿）上的袜子出现的广告总数仍不得超过两个。

9.3.2 只要运动员比赛时所穿鞋子的品牌和型号已在市场公开销售，则该鞋子上允许有广告。

9.3.3 其他每件比赛服装上允许有一个不超过 20 平方厘米的广告。建议将该广告放置于“世界羽联运动员服装广告规定图示指南”（世界羽联法规 5.1.2）所示位置。

9.3.3.1 允许在运动紧身短裤（非9.3.4界定的“内衣”）

或运动紧身长裤（整条腿）上出现一个广告，以替代9.3.3所允许出现的广告。

9.3.4 运动员或教练员穿在运动上衣、短裤、短裙或连衣裙里面的服装应视为“内衣”，不列入“其他服装”范畴；如可见，不得出现广告。

9.3.5 出席颁奖仪式所穿的运动套装上的广告执行如下规定：

- 运动套装外套执行短袖运动上衣的广告规定；
- 运动套装裤子执行运动短裤的广告规定。

9.4 会员协会的广告

9.4.1 各会员协会的广告可以出现在其运动员或教练员的运动短裤或裙子的较低位置，面积不超过 50 平方厘米。

9.4.2 该处可出现某会员协会的标识或其赞助商的广告。但须符合 9.5 的要求。

9.4.3 如会员协会不使用该处，则该处不得出现任何别的广告。

9.4.4 赛事中，出现在运动员或教练员运动短裤或裙子较低位置的会员协会广告，必须是已获得世界羽联批准的广告。同一会员协会的运动员或教练员不必在其运动短裤或裙子上出现该广告。

9.4.5 凡使用这类广告的会员协会必须得到世界羽联的书面批准。世界羽联 1 月份邀请会员协会提出申请。但会员协会可以在全年任何时间提出申请。任何申请都必须至少于赛前 2 个月提出，并获得批准，方可使用。

9.5 广告限制

9.5.1 9.2、9.3 和 9.4 规定的广告可以是服装制造商的标志，也可以是其他赞助者的标志。

9.5.2 每个广告应仅是一个机构或产品的广告。

9.5.3 广告应遵守国际奥林匹克委员会准则，不得含有任何政治、宗教和非商业商标、注册商标或贸易商标（如“我没有赞助商，我很好”等）。

9.5.4 身体上有纹身、绘画、胶带、转印图画或类似物的运动员，其纹身、绘画、胶带、转印图画或类似物不得展现任何非法、诽谤或商业性质的内容，或以其他方式带有特定的政治或宗教信息。

9.5.5 禁止涉及烟草及电子烟公司和产品的广告。

9.5.6 服装上允许出现与服装材料相关的技术标志或类似标志，此类标志不得超过 10 平方厘米。

9.6 未提供裁判制服时的裁判员服装规定

9.6.1 赛事组织者可给裁判员提供制服，且该制服上可出现世界羽联对其一类和二类赛事批准的广告，以及各洲联合会对三类赛事批准的广告。

9.6.2 在赛事组织者未提供制服的世界羽联批准的二类和三类赛事中：

9.6.2.1 裁判员须自带制服，含黑色长裤或短裙、带口袋的黑色有领衬衫、黑袜子和黑鞋。

9.6.2.2 制服上仅允许出现制造商的徽标和额外广告各一个，每个徽标不得大于 20 平方厘米。

9.6.2.3 如果世界羽联判定 9.6.2.2 所规定的广告内容与赛事赞助商或电视转播公司有冲突，或广告的内容会触犯当地法律或会被视为冒犯，则世界羽联可以对该上衣的广告进行限制。

9.6.2.4 上衣仅允许出现与裁判员级别对应的世界羽联徽标或洲联合会徽标或会员协会徽标一个。该徽标反映裁判员各自获得的 B 级或 A 级裁判员级别，由各相关组织提供给裁判员。该徽标不得大于 20 平方厘米。

注：国内比赛的运动员比赛服装，按照中国羽协规定或竞赛规程执行。

十二、比赛用表

1 羽毛球团体赛出场名单表

表2－9 （　　）团体赛出场名单表

队名________

阶段________ 组别(位置号)________ 日期________ 时间________ 场号________

________队，服装颜色：（　　）对________队，服装颜色：（　　）

顺序	项目	运动员姓名
1		
2		
3		
4		
5		

教练员签名________ 裁判长签名________

2 团体赛记分表

表 2-10 （　　　　）团体赛记分表

______________队对______________队

阶段	组别（位置号）	日期	时间	场号

姓名 单位 项目		队	队	每局比分			每场结果	裁判员签名
				1	2	3		
1								
2								
3								
4								
5								

比赛结果__________　获胜队__________　裁判长签名__________

3　羽毛球比赛记分表

表 2-11　羽毛球比赛记分表

项　目：______ 比赛号：______ 日　期：______ 时间：______

比分　:　:　:

用球数：______

场地号：______ 裁判员：______ 发球裁判员：______ 开始时间：______ 结束时间：______ 比赛用时：______（分）

裁判员______　裁判长______

十三、兴奋剂检查

1 参加羽毛球比赛的运动员，必须遵守反兴奋剂法规，严禁使用兴奋剂。

2 兴奋剂检查设施 —— 所有一类至三类赛事：

2.1 必须有两个符合以下要求的房间或不同的独立区域：

一个候检室和一个带卫生间的尿样采集室（男、女卫生间各一个）。所有房间必须干净、光线充足、布局良好，方便等候采集尿样的运动员使用。

2.1.1 位置：靠近混合采访区或靠近竞赛场区（FOP）的运动员出口处。

2.1.2 引导标示：指示到达上述房间的标志清晰，以及有一个清晰标明“兴奋剂检查”字样的标志。

2.1.3 两个房间：一个候检室和一个带卫生间的尿样采集室：

男、女卫生间各一个。卫生间必须有足够大的空间，以便监督人员对运动员进行监督，即隔间必须可同时容纳两个人。

2.1.3.1 候检室必配家具：

- 2 张办公桌：一张用于填表，一张用于处理尿样。
- 6 把椅子。
- 4把“安乐”椅或沙发——运动员坐着舒适的座椅。
- 读物。
- 贴有赛事或运动员海报等装饰的墙壁。
- 1 台用于存放饮料的冰箱（可锁）。
- 提供密封罐装或密封瓶装水、软饮料——或使用世界羽联和国家反兴奋剂组织（NADO）建议或推荐的容器盛装供给。
- 1个大垃圾箱（罐装 / 瓶装垃圾专用）。

2.1.3.2　尿样采集室必配家具：

- 1 张办公桌。
- 4 把椅子。
- 1 台用于存放尿样的冰箱（可锁）。
- 2 个垃圾箱（医疗垃圾专用）。

2.1.3.3　卫生间区域必须配备：

- 洗脸盆——自来水。
- 毛巾架。
- 纸巾。
- 1 个垃圾箱（医疗垃圾专用）。
- 1 瓶洗手液。

2.1.3.4　兴奋剂检查设施必须：

- 配备一个候检区或候检室。
- 配备一个采样室。
- 配备一间能容纳监督人直接观察运动员提供尿样全过程的卫生间。
- 仅用于兴奋剂检查。
- 仅允许授权人员进入。
- 足够安全，以存储兴奋剂检查或样本采集设备。
- 足够私密，能够保护运动员隐私且能维护机密性。

2.1.3.5　最低要求

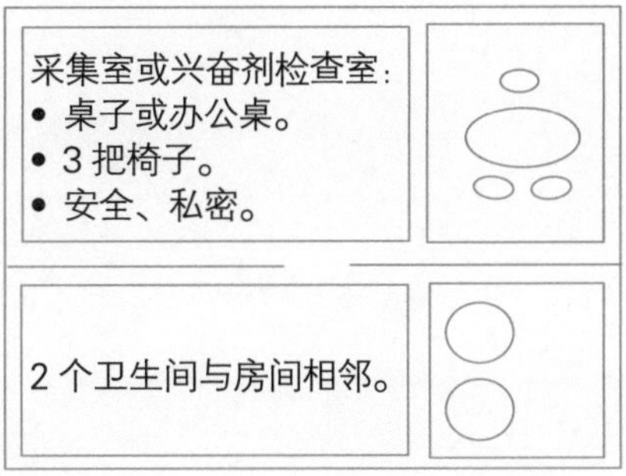

03

第三章 CHAPTER 03

羽毛球运动道德行为规范

一、道德规范

1 导　言

世界羽联及其各洲联合会有责任维护羽毛球运动在世界范围内的诚信形象和声誉。他们共同通过其价值观、章程、教育项目和实践，努力保护本运动项目不受非法、不道德或缺乏职业道德的方法、活动和做法之害，防止损害羽毛球界或本运动项目的声誉。

世界羽联及其各洲联合会希望推广羽毛球运动，使其成为一项人人皆能参与的全球性运动项目；一项儿童、成人皆宜的有趣、安全和健康的非接触性运动；一项包容多样性、无缺乏职业道德行为的运动项目。

本“道德规范”（下称“规范”）的目的是确保该项运动项目得到诚信的管理，方式民主、专业、道德、透明，并确保运动员在公平、无任何形式的操控或缺乏职业道德行为的竞争环境下进行竞赛。

本“规范”界定了羽毛球界全体人员的最重要的核心价值观、行为准则和规范。各“行为规范”描述了在世界羽联、其各洲联合会及其会员协会活动中各类不同身份人员的行为类别，以及他们应遵循的行为规范种类。

2 定　义

本“规范”中的相关术语（英文版中大写字母术语）应按以下理解：

2.1　洲联合会与“世界羽联章程”中的定义相同。

2.2　“适用人员”与“世界羽联司法程序”中的定义相同（“世界羽联法规”3.1）。

2.3　会员（和准会员）与“世界羽联章程”中的定义相同。

3 本“规范”和各“行为规范”的适用范围

3.1　本“规范”适用于所有“适用人员 ”。

3.2　各“行为规范”（“世界羽联法规”2.2）适用于所有“适用人员”，与各洲联合会活动有关的以下各“行为规范”所关联的洲联合会除外：

3.2.1　选举候选人行为规范（“世界羽联法规” 2.2.1）；

3.2.2　当选官员行为规范（“世界羽联法规” 2.2.2）；

3.2.3　招标机构行为规范（“世界羽联法规” 2.2.3）。

4　总　则

“适用人员” 必须：

a）尊重并遵循世界羽联及相关洲联合会的规章、条例、政策和指导方针；

b）知晓自身职责的重要性，以及与履行职责有关的义务和责任；

c）尽职尽责履行职责。履行职责时，举止庄重、合乎道德，始终以绝对正直、可信、公平和廉洁的方式行事；

d）如是官员，不以任何方式滥用职权，包括利用职位谋取私利；

e）在参加与世界羽联相关的任何活动中，遵守本 “规范” 所述的核心价值观、行为准则和规范；

f）将任何可能违犯本 “规范” 的行为报告给有关负责人；

g）配合调查和司法程序，并提供所有相关信息。

5　核心价值观、行为准则和规范

“适用人员” 必须遵守的核心价值观、行为准则和规范的详细规定如下。

5.1　忠　诚

忠诚于世界羽联的宗旨、目标、价值观和准则是本 “规范” 所涵盖的各方应尽的一项基本义务。

5.2　尊　重

所有人的权利、尊严和价值都应得到各方的尊重。各方应对多样性予以理解、包容、体谅和尊重，不得有任何形式的歧视。

“适用人员” 不得以任何理由，包括但不限于肤色、种族、宗教、民族或社会出身、政见、性取向、残疾，或以任何有悖于人类尊严的理由，做出诋毁个人的任何行为、使用诋毁个人的任何言辞，或以其他任何方式冒犯人类作为一个人或一个群体的尊严。

5.3 无骚扰

严禁各种骚扰，无论是身体骚扰、心理骚扰、职业骚扰，还是性骚扰。

18 岁以下人员需特别关注，要保护他们不受违反职业道德做法的伤害，不被虐待和欺凌。

5.4 廉 正

在对本“规范”所涵盖的各方的身份和职责有影响的所有事项中，维持廉正的最高标准，包括诚实、真实、不故意提供虚假信息、公平和廉洁。

本“规范”所涵盖的所有官员，均不得直接或间接索取、接受或提供任何与其在世界羽联、洲联合会或会员协会的身份相关的任何性质的隐性报酬、佣金、福利或服务。

5.5 礼 品

本“规范”所涵盖的所有官员，均不得向任何外部渠道索取或接受包括旅行和“实物”福利在内的礼品，索取或接受这些礼品会令人质疑各方的廉正性、独立性、公正性和客观性。

只有符合当地流行习俗的象征性礼物，才可以作为尊重或友谊的标志被馈赠或接受。根据当地风俗习惯，可以给予并接受合理的款待，以此作为尊重或友谊的标志。

价值超出可接受范围的任何礼品，均必须向相关部门申报。

5.6 权 责

世界羽联、其各洲联合会及其会员协会的所有官员，均有责任正确履行各自职责，并对其决定和采取的行动负责。官员们应该为了其所代表的组织这一唯一利益而做出决定。应视具体情况对特殊职位的决定和行动进行审查监督。

5.7 中 立

依照世界羽联的原则和目标，“适用人员”在与政府机构、国家（地区）和国际组织、协会或群体（包括世界羽联成员及其代表）交往时，均必须保持政治中立。

5.8 回 避

本“规范”所涵盖的官员应回避所有可能导致利益冲突或感觉为利益冲突的情况。个人必须对任何实际的、感觉到的或潜在的利益冲突进行声明，并采取行动以规避可能出现的冲突。

公务与私人利益之间的冲突会影响个人履行公务和岗位职责。

私人利益包括为当事个人或其家人、亲戚、朋友和熟人获得的益处。

更具体地说，利益冲突可以是，但不限于，实际的、感觉到的或潜在的冲突：

- 实际的：涉及当前的岗位和职责与既有私人利益之间的直接冲突。
- 感觉到的：当人们能感觉到或出现私人利益可以不正当地影响个人履职的情况时，即存在冲突，不管事实是否如此。
- 潜在的：在私人利益与公务相冲突的情况下产生。

利益冲突可以是金钱的（涉及经济获益或损失）或非金钱的（基于敌意或友好）。

利益冲突可由规避个人损失和获得个人利益、经济利益或其他利益引起。

5.9 保 密

"适用人员"必须对所交托的信息保守秘密，不得泄露尚未公开的信息。披露其他信息不得以获得个人私利为目的，也不得用于恶意损坏任何个人或组织的声誉。

5.10 诚信比赛

所有"适用人员"均不得影响或试图影响一场羽毛球比赛或其部分比赛的进程或结果，以使其个人或他人获利，并影响部分或全部比赛结果。

所有人均不得有任何违犯"反操控比赛的规定"（"世界羽联法规"2.4）的行动或行为。

本"规范"所涵盖的所有"适用人员"均不得以任何方式支持触犯"世界羽联反兴奋剂条例"（"世界羽联法规"2.3）的行动或行为。

6 司法程序

对可能违犯本"道德规范"或相关"行为规范"的行为，将依据"世界羽联司法程序"（"世界羽联法规"3.1）受到调查和追究。

7 报告和配合

7.1 报　告

7.1.1 “适用人员”应立即向世界羽联（integrity@bwfbadminton.org）或相关的洲联合会报告任何一方的违犯或试图违犯“世界羽联法规”的行为。

7.1.2 做出毫无根据或不负责任指控的“适用人员”可能会受到惩罚。

7.2 配　合

7.2.1 “适用人员”应在调查及司法程序的其他方面予以全面配合和协助。

8 违犯行为

8.1 被禁止的协会

8.1.1 “适用人员”不得以专业的或与体育相关的身份与正在执行独立听证小组裁定的停赛期的任何个人交往。

8.1.1.1 确立是否违犯本条规定必须查实该“适用人员”是否知道该个人被取消比赛资格的状态，或是否知道该个人因被取消比赛资格的状况存在重大风险而该“适用人员”是可以合理规避与其交往的。

8.1.1.2 由该“适用人员”负责证明其与本条规定所述的该个人之间的任何交往都不是以专业的或与体育相关的身份进行的。

8.2 对举报的报复行为

8.2.1 “适用人员”不得对任何人采取具有惩罚效果或起到劝阻其不向世界羽联、洲联合会、执法机关或专业听证机构举报涉嫌违犯行为作用的任何行为。

8.2.2 “适用人员”不得对已向世界羽联、洲联合会、执法机关或专业听证机构诚信举报了涉嫌违犯行为的个人进行报复。

二、关于反操控比赛的规定

导　言

世界羽毛球联合会（世界羽联）认识到操控体育竞赛对体育运动项目诚信形象的危害，重申维护体育运动项目诚信形象的承诺，包括“2020奥林匹克议程”所声明的保护运动员和竞赛的清白干净。

由于这一威胁的复杂性，世界羽联意识到依靠其自身力量难以应对，因此与公共机构的合作，尤其是与执法机关、博彩监管机构和体育博彩实体的合作至关重要。

世界羽联声明其承诺，将遵守在“奥林匹克运动关于反操控比赛的规定”、本“规定”、“世界羽联章程”和“司法程序”中所制定的标准，并要求其会员成员共同遵守，以此支持诚信体育，反对操控比赛。

1　定义和解释

1.1　定　义

1.1.1　“利益”：指直接或间接收、送财物，如贿金、实物、礼品和其他好处（包括但不限于因赌博等行为产生的实际或潜在获利），但不包括官方奖金、出场费或根据赞助等合同支付的款项。

1.1.2　“内部信息”：指凭借个人在一个运动项目或竞赛中的地位而掌握的与比赛有关的信息，不包括所有已公布的或常识性的、公众易获取的信息，或根据相关“赛事”的规则和规程披露的信息。

1.1.3　“参与者”：指凡属于如下范畴之一的自然人或法人：

a）“运动员”：指凡报名或参加羽毛球“赛事”的运动员；

b）“相关人员”：指“运动员”的教练员、训练员、治疗师、医生、管理人员、经纪人、家庭成员、赛事嘉宾、商业伙伴、合伙人或其他关联人员，或应“运动员”或“相关人员”的要求，获得羽毛球“赛事”通行证的其他人员；

c）“官员”：包含当选官员、候选人、主管、委员会成员和工作人员（受薪或无薪）。该术语也指组织和/或推广“赛事”的实体主管或工作人员，以及技术官员，或在“赛事”中或应某“官员”要求而身处类似岗位的人员。

1.1.4 “受限制的参与者”：指凡属于如下范畴之一的自然人或法人：

a）“受限制的运动员”：指有世界排名的“运动员”；

b）“受限制的相关人员”：指“受限制的运动员”的教练员、训练员、治疗师、医生、管理人员、经纪人、家庭成员、赛事嘉宾、商业伙伴、合伙人或其他关联人员，或应“受限制的运动员”或“受限制的相关人员”的要求，获得羽毛球“赛事”通行证的其他人员；

c）“受限制的官员”：包含世界羽联及其各洲联合会的当选官员和工作人员（受薪或无薪）。该术语也指国际级或洲级的裁判长或裁判员，或在“赛事”中或应某“受限制的相关人员”的要求而身处类似岗位的人员。

1.1.5 “体育博彩”“打赌”或“赌博”：指根据一场体育竞赛的前景及其不确定事件所做的货币价值任何投注，以期获得货币价值的回报。

1.1.6 “体育组织”：指所有的国际联合会（尤其指国际奥林匹克委员会）、国家奥林匹克委员会及洲、地区和国家一级的各自成员和国际奥委会认可的组织。

1.1.7 “赛事”：指世界羽联根据“竞赛通用规程”（“世界羽联法规”5.1）规定认可的羽毛球赛事。

1.2 解 释

1.2.1 如本“规定”与“司法程序”有冲突，以本“规定”为准。

1.2.2 “司法程序”适用于本“规定”未涉及的问题。

1.2.3 本“规定”取代了“关于赌博、投注和非正常比赛的规定”（“世界羽联法规”2.4），所有的引用均指对本“规定”的引用。

2 适用性和范围

2.1 所有“参与者”均受本“规定”约束，并视为已阅读和理解了本“规定”。

2.2 “参与者”还应知道，违犯本“规定”禁止的行为也会构成刑事犯罪和/或违犯其他适用的法律法规，包括世界羽联的其他规定。

3 违犯行为

参与下列活动即违犯本“规定”。

3.1 “赌博”

3.1.1 “参与者”下注赌博下列任一相关项：

3.1.1.1 “参与者”直接参加的一项“赛事”；或

3.1.1.2 其所参加的综合运动会（如奥林匹克运动会）中的任何一个项目。

3.1.2 “受限制的参与者”下注赌博任何一项羽毛球“赛事”。

3.2 操控体育竞赛

指故意的安排、行为或不作为，其目的在于非正常地改变体育竞赛结果或过程，以消除体育竞赛的全部或部分的不可预测性，为自己或他人谋取不正当“利益”。

[对3.2的注释：“故意的安排、行为或不作为”包括运动员未尽全力去赢得一场比赛，或无正当理由未打完一场比赛。]

3.3 腐败行为

提供、索要、收到、寻求或接受与操纵比赛有关的“利益”或其他任何形式的腐败，包括发出威胁。

3.4 “内部信息”

3.4.1 以“赌博”、任何形式的操控比赛或任何其他腐败目的而使用“内部信息”的，无论使用者是“参与者”还是通过其他个人、实体。

3.4.2 向任何个人、实体披露“内部信息”（无论是否有“利益”），而“参与者”也知道或应该知道所披露的此类信息可能会被用于“赌博”、任何形式的操控比赛或任何其他腐败目的。

3.4.3 因提供“内部信息”而收、送“利益”，不管实际提供与否。

3.5 未向有关机构报告

3.5.1 未在第一时间将“参与者”收到的要求或邀请其参与可能构成违犯本“规定”的行为或事件的全部细节向世界羽联诚信部门（integrity@bwfbadminton.org）或相关披露或报告机构或权威机关报告。

3.5.2 未在第一时间将引起“参与者”注意的（或他们应有理由知晓的）事件、事实或事物（包括其他“参与者”已经收到的要求或邀请其参与可能构成违犯本“规定”的行为）的全部细节，向世界羽联诚信部门（integrity@bwfbadminton.org）或相关披露或报告机构或权威机关报告。

3.6 第3.1至3.5规定的适用性

3.6.1 在确定是否发生违犯行为时，下列情况不予考虑：

3.6.1.1 “参与者”是否参加相关的“赛事”；

3.6.1.2 已被“打赌”或被拟定“打赌”的“赛事”的结果；

3.6.1.3 是否实际给予或收受“利益”或其他报酬；

3.6.1.4 “打赌”的性质或结果；

3.6.1.5 “参与者”在相关“赛事”中的努力或表现是否（或可能）受到有关行为或不作为的影响；

3.6.1.6 相关“赛事”的结果是否（或可能）受到有关行为或不作为的影响；

3.6.1.7 操控比赛是否包含了违犯世界羽联的技术规则；

3.6.1.8 比赛是否有世界羽联委派的国家或国际代表参加。

3.6.2 “参与者”任何形式的帮助、教唆或尝试，若最终可导致违犯本“规定”，则均应视为违犯了本“规定”，无论该行为是否实际导致违犯了本“规定”和/或该违犯行为是否为故意还是疏忽。

4 纪律程序

4.1 调查、纪律诉讼、听证和上诉都将依照“司法程序”进行。

5 处罚

5.1 概　述

当“参与者”被认定有违犯行为时，世界羽联独立听证小组将对其处以对应的处罚，处罚范围可从最低的警告到最高的终身禁赛，并可包括罚款。

5.2 加重和减轻处罚的情节

在确定适用的对应处罚时，世界羽联独立听证小组应考虑所有的加重和减轻的情节，并在书面决定中详细说明此类情节对最终处罚的影响。此类情节通常包括：

5.2.1 “司法程序”（“世界羽联法规”3.1）所列的一般加重和减轻的情节。

就“赌博”而言：

5.2.2 “参与者”是否对其正在参加的比赛下注。

5.2.3 投注的数目和大小。

就“未报告”而言：

5.2.4 本应报告的或在调查期间被故意隐瞒或销毁的信息的意义、内容和数量。

5.2.5 报告机构是否设立及周知。

5.2.6 是否形成举报文化和具有举报保护机制。

就“内部信息”而言：

5.2.7 信息的性质和数量。

5.3 实质性协助

因“参与者”提供的实质性协助而发现或确立另一“参与者”的违犯行为，可减轻根据本“规定”对其所处的所有处罚。

5.4 本“规定”的持续适用性

本“规定”将持续适用于所有被停赛的“参与者”。凡在停赛期内出现的违犯行为均应视为新的违犯行为，并可根据本“规定”对该“参与者”提起独立诉讼。

6 恢复资格

一旦“参与者”的停赛期满，他 / 她将自动重新获得参加羽毛球赛事的资格，但前提是他 / 她已经：

6.1 让世界羽联满意地完成了作为世界羽联独立听证小组对其处以处罚的任何官方诚信教育；

6.2 已足额缴付根据本“规定”对其所处的全部罚款和 / 或世界羽联独立听证小组对其列出的所有费用；且

6.3 同意接受世界羽联根据其违犯行为的性质和范围，对其未来参与羽毛球有关活动进行合理和适当的监督。

7 相互承认

7.1 世界羽联承认并尊重任何其他“体育组织”作出的与本“规定”相符的所有决定（除非相关决定仍可被上诉）。

7.2 世界羽联承认并尊重任何其他体育机构或具有管辖权的法院（非本“规定”所界定的“体育组织”）作出的决定。

三、教练员和教育者行为规范

1 目 的

1.1 维持教练员、教育者及同类人员的最高行为标准。

1.2 确保为运动员 / 学员提供一个积极良好的教学环境。

1.3 确保世界羽联批准的赛事得以公平、有序地管理和进行。该世界羽联批准的赛事是指，有教练员、领队、随队官员、运动员以教练员的身份，就座于竞赛场区（FOP）的教练席上进行指导的赛事。

1.4 维护世界羽联及其各洲联合会的声誉和羽毛球运动的诚信形象。

2 定 义

2.1 **教练员和教育者**是指承担教练员职责的所有人（无论其是否获得世界羽联或洲联合会的许可），以及在世界羽联批准的赛事中，以教练员身份坐在竞赛场区（FOP）教练员席进行指导的任何人。

3 适用范围

3.1 所有参加世界羽联批准赛事的教练员，均必须接受本“规范”“羽毛球道德规范”、世界羽联“竞赛通用规程”（包括“残疾人羽毛球竞赛通用规程”）和“羽毛球比赛规则”，并受其约束。

4 具体规定

- 领队身份

在世界羽联批准的赛事中，作为领队身份的领队、教练员或随队官员必须遵守本“行为规范”所列的以下具体规定：

4.1 全力支持裁判长与运动员之间有关技术问题的信息沟通。

4.2 全力支持赛事组织者与参赛队 / 运动员之间有关后勤（交通、膳宿、训练时间安排等）方面的信息沟通。

4.3 代表参赛队 / 运动员参加领队会议，以及裁判长召集的任何其他会议。

4.4 按照标准流程及时报告运动员的任何退赛事宜。

• 世界羽联批准赛事中的教练员身份

在世界羽联批准的赛事中，在竞赛场区（FOP）的教练员席就座的，作为教练员身份进行指导的教练员、随队官员、领队、运动员，必须遵守本“行为规范”所述的具体规定：

4.5 衣着得体，应穿着队服（运动服装）、衬衫或套头衫，长裤或长裙。不得穿着牛仔裤、拖鞋、凉鞋、沙滩裤、短裤等。衣着是否得体，由裁判长认定；

4.6 应坐在场地两端，位于其运动员后方的指定座椅上（规定的间歇时间除外）；如果教练员需到另一场地，必须在“死球”后才能走动；

4.7 未成“死球”前，不得进行指导或以任何方式分散对方运动员的注意力或干扰比赛；

4.8 不论以何种方式指导，都不得延误比赛；

4.9 在规定的间歇期间，当裁判员宣报 20 秒时，必须立即回到指定的座椅就座；

4.10 不得以不礼貌言语、谩骂或以任何方式如喊叫、做手势威吓在赛区内的任何人，或以任何方式分散他们的注意力；

4.11 不得试图以任何方式与对方运动员、教练员或随队官员交流；或以任何目的使用如手机、手提电脑或类似的电子设备；

4.12 不得以或试图以任何方式与赛区内的任何人进行不愉快、不礼貌或威胁性的身体接触；

4.13 不得在赛区内或在媒体上发表毁谤性的、侮辱性的、带个人色彩的、带偏见的或质疑他人诚信的言论。

• 教练员 / 教育者

作为教练员、导师、训练员或教育者的身份，并教授运动员和学员羽毛球技术、身体技能、战术技能和知识或其他内容的教练员或教育者必须：

4.14 树立好榜样，发扬体育运动和羽毛球项目的积极作用。始终表现出高水准的个人操守和专业精神。

4.15 认清自身对羽毛球运动、所指导的运动员、其他教练员、家长、世界羽联、洲联合会及本项目官员的责任。

4.16 理解并遵守保密规定。确保仅以适当的方式使用关联到学生、同事、世界羽联、其各洲联合会，以及其他有交互联系的人员的机密信息和个人信息。

4.17 平等、尊重、公平、诚实、一致地对待所有学生，无论其背景、信仰和能力如何。

4.18 采取合理措施保护学生，保障他们的利益和健康。了解自身身份职责，在教授 / 指导 18 岁以下学生时，履行照管的责任义务。

4.19 采用可让学生长期受益的、恰当的训练方式，避免采用任何可能带来伤害的训练方式。确保训练的任务和活动适合学生的年龄、经历、能力、生理和心理条件。

4.20 对学生的考核要公平，并确保是有关学习目标的考核。考虑周全、诚实地提供反馈意见。

4.21 始终表现并保持与学生的专业工作关系。应意识到作为教练员 / 导师 / 训练员 / 授课人员的权力及其关联责任。与学生严格保持友谊和亲密关系的清晰界限，不与学生有任何不适当的关系。

4.22 避免与学生之间出现任何可能被视为违背原则的情况。

4.23 不得在媒体上发表毁谤的、侮辱性的、带个人色彩的、带偏见的或质疑他人诚信的言论。

4.24 **违背本项目诚信的其他行为**

4.24.1 教练员、教育者、领队和随队官员有义务不做出违背羽毛球运动诚信的行为。

4.24.2 如果教练员、教育者、领队和随队官员在任何一个国家（地区）做出了严重违犯法律的犯罪行为，受到包括可能被判入狱的处罚，则视该教练员、教育者、领队和随队官员做出了违背羽毛球运动诚信的行为。

4.24.3 此外，教练员、教育者、领队和随队官员无论何时，只要严重损害了体育运动的声誉，亦可视其为已做出违背羽毛球运动诚信的行为。

5 司法程序

5.1 在世界羽联批准的赛事期间所犯的任何违犯行为，均可由赛事裁判长予以处罚，裁判长可以让违犯教练员、领队或随队官员离开比赛场地。如果是屡犯或严重违犯行为(如但不限于 4.12 所述)，裁判长也可以不允许该违犯教练员、领队或随队官员进入余下全部或部分赛事的比赛场区。裁判长的裁决是最终裁决，不得申诉。

5.2 屡犯或严重违犯 5.1 所述违犯行为的，裁判长也可以裁判长报告的形式呈报世界羽联或相关洲联合会，并可依据 5.3 的规定，对违犯人员实施进一步的处罚。

5.3 对其他可能违犯本“行为规范”的行为，将按“世界羽联司法程序”中所述的原则和程序进行调查和裁定。

四、运动员行为规范和义务

• 规 范

1 目 的

1.1 确保对世界羽联批准的赛事进行有序、公平的管理，保护运动员、世界羽联、赞助商和公众的利益。

1.2 维护世界羽联的声誉和世界范围内羽毛球运动的诚信形象。

2 适用范围

2.1 本“规范”适用于所有参加世界羽联批准赛事的运动员。

2.2 凡报名或参加世界羽联批准赛事的运动员，均必须接受本“规范”、“司法程序”、“羽毛球道德规范”、世界羽联“竞赛通用规程”（包括“残疾人羽毛球竞赛通用规程”）和“羽毛球比赛规则”，并受其约束。

3 具体规定

运动员必须遵守本“行为规范”所列的以下具体规定：

3.1 赛事报名

运动员报名参加和退出世界羽联批准的赛事，均必须以公平的方式进行，以保护所有运动员不被操控，以防任何一名运动员可能在世界排名积分上获利。报名参赛的运动员需遵守包括下述在内的系列规定：

3.1.1 无论预赛或正赛，在抽签结果公布后，运动员不得在未出具有效的伤、病、丧亲，或者其他紧急事故证明的情况下退出比赛。

3.1.2 运动员已经获准参加世界羽联批准的一项赛事的比赛（无论预赛或正赛），不得在该赛事期间参加另一赛事的比赛，规程明确允许的情况除外。

3.1.3 运动员因伤、病原因退出一项即将举行的赛事后，不得在其宣布伤、病之日起至该赛事结束期间，参加另一赛事的比赛。

3.1.4 不得作出导致无法参加赛程安排的比赛或影响其参加反兴奋剂检查、履行媒体义务、履行赞助义务和出席颁奖仪式等的安排。

3.2 赛场模范竞技者

运动员是竞赛的中心，他们在赛场上的行为表现为其他运动员、赛场内的观众及可能数亿的电视观众所见。人们期待所有在国际比赛中的运动员都有专业的表现，成为好榜样。

运动员对其在赛场上的表现、举止、行为和竞技状态负责，包括：

3.2.1 不因比赛迟到而致“未出场比赛”。

3.2.2 在比赛中或在世界羽联批准的赛事区域内的任何时候，均表现出一个运动员应有的符合体育道德风尚的行为举止。

3.2.3 在一场比赛前、赛间及赛后，遵从友好礼节。运动员在离开比赛场地前，必须向对方运动员和裁判员握手致谢后才与教练员或观众庆贺。

3.2.4 比赛时衣着整洁，穿着被认可的羽毛球运动服装。

3.2.5 遵守每项赛事有关服装和广告的参赛规定（世界羽联“竞赛通用规程”20至24规定）。

3.2.6 比赛中，不无故不打完一场比赛。

上场比赛前，运动员必须有理由确信自己能打完整场比赛。弃权只适用于真实伤、病或紧急情况，不得滥用。

对滥用弃权者（例如：运动员已经受伤，就不应该再上场比赛）将被视为违犯行为规范。

3.2.7 尊重技术官员，不试图用手臂、手、球拍或语言干扰技术官员的裁决。

3.2.8 不在比赛进行中寻求场外指导。比赛进行中，运动员与教练员之间的任何语言或动作的交流，都可视为场外指导（“规则”允许的情况除外）。

3.2.9 不使用不文明语言，且声音清晰响亮，被裁判员或观众听见。

3.2.10 不用手、球拍或球，做出不文明或冒犯的姿势或手势。

3.2.11 不有意危险地或随意地将球向场内或场外击打、不顾后果地击球或故意损坏球。

3.2.12 不故意损坏球以改变球的飞行或速度。

3.2.13 在比赛中，不故意猛烈地损坏球拍或其他设备，或者故意猛烈地击打球网、场地、裁判椅或其他固定设备。

3.2.14 不在赛区内或在媒体上发表毁谤性的、侮辱性的、带个人色彩的、带偏见的或质疑他人诚信的言论。

3.2.15 不对其他参与者有身体侵犯。任何对此类人员未经许可的身体接触均可视为身体侵犯。

3.3 媒体、赞助商和各类仪式

与媒体、赞助商和各类仪式相关的活动是赛事的重要组成部分，也是运动员自我宣传的一个机会。此类活动也是主办方和赞助商得到致谢和认可的机会。运动员有义务参加这些活动，并遵守“运动员义务规定”（“世界羽联法规”第 5 章 5.3.6）的规定。

3.4 教育活动

运动员教育是作为一名职业运动员的重要组成部分，运动员有义务参加此类教育活动，并遵守“运动员义务规定”（“世界羽联法规”第5章5.3.6）的规定。

3.5 违背本项目诚信的其他行为

3.5.1 运动员有义务不做出违背羽毛球运动诚信的行为。

3.5.2 如果运动员在任何一个国家（地区）做出了严重违犯法律的犯罪行为，受到包括被判入狱的处罚，则视该运动员做出了违背羽毛球运动诚信的行为。

3.5.3 此外，运动员无论何时，只要严重损害了体育运动的声誉，亦可视其为已做出了违背羽毛球运动诚信的行为。

4 司法程序

4.1 对可能违犯本“行为规范”的行为，将按“世界羽联司法程序”中所述的原则和程序进行调查和裁定。

• 义 务

1 基本义务

1.1 “运动员义务规定”第一条规定的基本承诺适用于参加世界羽联“竞赛通用规程”2.2 至 2.6 所述的世界羽联批准赛事的所有运动员。

1.2 凡参加世界羽联批准赛事的运动员均必须遵守“世界羽联法规”，包括世界羽联“竞赛通用规程”的规定，尤其须遵守世界羽联“竞赛通用规程”4.6 至 4.12 的规定。

1.3 世界排名前 100 名（含）的运动员必须签署“世界羽联运动员承诺书”，确认其接受“世界羽联法规”，包括世界羽联“竞赛通用规程”。

• 媒体义务

1.4 作为报名参加世界羽联批准赛事的条件，要求每位运动员在每场比赛结束后立即到混合采访区（如有）接受媒体专访（有颁奖仪式的决赛场次除外）。

1.5 作为报名参加世界羽联批准赛事的条件，每位运动员必须应世界羽联、媒体经理或其他赛事官员要求：

1.5.1 参加所有的赛前新闻发布会。所有运动员均有义务参加在其本赛事第一场比赛前一天举行的赛前新闻发布会，出席总时长不超过 2 小时。

1.5.2 参加为赛事制作电视图片或用于宣传赛事的拍摄活动。此类拍摄活动可包括绿屏拍摄或在赛事主办城市的标志性地点拍摄。

1.5.3 参加在赛事期间举行的任何有特定主题的新闻发布会。

1.5.4 不论输赢，一场比赛结束后即接受现场媒体采访，并按指令为现场和电视观众呈现给人深刻印象的体育展示。

1.5.5 在不影响准备下一场比赛的前提下，不论胜者还是负者，在赛后 30 分钟内出席每场比赛结束后组织的赛后新闻发布会（伤、病除外）。出席每场新闻发布会的时间不少于 25 分钟。

1.5.6 出席为宣传运动员正参加或即将参加的赛事，或为整个羽毛球运动而进行的电视演播室采访。如果该演播室采访是在赛场外进行，则最好安排在运动员当天最后一场比赛结束以后或在其无比赛日进行。

1.5.7 接受“一对一”电视采访（每个赛事最多四次）。世界羽联有权决定其中的两次采访，其余两次则应在世界羽联与运动员之间就采访性质达成共识的前提下进行。

1.5.8 协助宣传某一赛事乃至整个项目。在每个赛事期间，运动员必须乐于应邀参加至少一个不超过 1 小时的适当活动（如亲笔签名，参与“会见公众”的问答活动等）。

1.6 所有的媒体活动最好安排在赛前或在运动员当次赛事的相关比赛结束后的同一天，但如果运动员的比赛是在下午 6 点以后，则媒体活动可安排在同一天的中午 12 点之前。训练不能成为缺席此类媒体活动的理由。

• 对赞助商的义务或商业义务

1.7 作为报名参加世界羽联批准赛事的条件，如世界羽联或其他赛事官员有要求，每位运动员必须参加：

1.7.1 友好访问、亲笔签名或其他与赞助商有关的类似活动（每个赛事最多两次此类活动，每次 30 至 60 分钟）。

1.7.2 拍照机会——每年至少一次拍照机会。每次此类的拍照机会应征得世界羽联和运动员的共同同意，且应在运动员正参加的赛事期间组织进行。

1.7.3 世界羽联世界锦标赛、世界团体锦标赛、世界男子团体锦标赛、世界女子团体锦标赛、世界巡回赛冠名赞助商的媒体活动和赞助商活动——每年最多三次。

1.8 如果运动员的现有赞助商与世界羽联或赛事相关赞助商在商品类别上有冲突，则运动员有权不参加上述 1.7 规定的活动。按协议，商品类别是否存在冲突由世界羽联裁定。

1.9 上述 1.7 规定的活动不为该运动员对某商品的直接个人代言。

• 颁奖礼仪

1.10 参加决赛的运动员必须参加赛后马上进行的颁奖仪式，或必须遵守组织者关于颁奖礼仪的规定，包括但不限于正确着装（如长袖运动衣裤或制服），以及正确地进、退颁奖区域。

不允许携带其他装备（包括球拍）上领奖台。

允许在一类赛事的团体赛事中携带国（地区）旗上领奖台。但仅允许携带一面国（地区）旗，且不得妨碍或干扰接受和 / 或展示奖牌、奖杯或其他奖品。

不允许在一类赛事的单项赛事，以及二类赛事中携带国（地区）旗上领奖台。

如果赛事规程已事先说明颁奖仪式包括铜牌获得者和 / 或第四名运动员，则这些运动员必须参加相关的颁奖仪式。

• 其他规定

1.11 作为报名参加世界羽联批准赛事的条件，每位运动员必须接受并遵守以下规定：

1.11.1 必须穿着整洁、得体且被认可的羽毛球运动服装参加比赛。

1.11.2 世界羽联可要求在电视转播场地的运动员更换不同颜色的短袖运动上衣、短裤、短裙或连衣裙，避免影响场上虚拟广告的效果。

1.11.3 赛后采访、新闻发布会及颁奖仪式期间的衣着必须符合世界羽联"竞赛通用规程"24 有关"运动员服装广告"

的规定。

1.11.4 为推广世界羽联批准的赛事，赛事赞助商的徽标可以与一名或多名运动员的肖像一起出现在海报或其他宣传材料上，但运动员的肖像不得与赞助商有直接关联。在未事先征得运动员同意的前提下，其肖像不得用于对某赞助商的直接代言或与某赞助商有直接关联。

1.11.5 世界羽联亦有权使用运动员的肖像、徽标和其他身份标识，用以制作和推广羽毛球游戏（运动员游戏卡、计算机和游戏机的游戏、社交媒体游戏及类似概念的游戏）。在制作羽毛球游戏时，仅允许世界羽联在每个游戏概念中以集体的形式使用运动员的肖像等（集体的定义为至少五名运动员）。根据世界羽联“竞赛通用规程”4.12 规定，该权利只能由世界羽联行使，不得转让，除非书面将其授权予其他方。

1.12 如有要求，凡世界排名前 100 名的运动员，均必须在每个赛历年内参加一天（最多 8 小时）或两天（每天最多 4 小时）的世界羽联信息会议、教育活动或类似活动。世界羽联将在运动员参赛的赛事现场安排此类活动。

2 高排名运动员的义务

2.1 根据世界羽联批准的相关赛事的上一年 11 月第三周的世界排名，男子单打和女子单打排名前 15 位的，以及男子双打、女子双打及混合双打排名前 10 位的运动员（承担高排名义务的运动员）必须参加在次年整个赛历年期间举行的以下赛事：

2.1.1 1 级赛事：世界羽联世界巡回赛总决赛（如果获得资格）；

2.1.2 2 级赛事：全部四个赛事；

2.1.3 3 级赛事：全部六个赛事；

2.1.4 4 级赛事：九个赛事中的两个。

2.2 除上述运动员外，所有在先于世界羽联批准的相关赛事的 7 月份第一周的世界排名中，男子单打和女子单打排名前 15 位的，以及男子双打、女子双打及混合双打排名前 10 位的运动员，也将被视为“承担高排名义务的运动员”，并必须参加当年余下的赛历年内世界羽联世界巡回赛的全部 1 至 3 级赛事[1 级赛事(如果获得资格)]，以及至少一个世界羽联世界巡回赛的 4 级赛事。

2.3 凡未参加世界羽联世界巡回赛任何 1 至 3 级赛事比赛的“承担高排名义务的运动员”(以上 2.1.1 至 2.1.3 和 2.2 所述)，将视其为违犯了“运动员义务规定”，除缴交其他退赛费和受到其他处罚外，该违犯运动员 (对) 还将受到“违犯行为和处罚规定一览表”(“世界羽联法规”2.4) 所规定的除正常退赛费外的额外处罚。此外，在纪律委员会考虑之后，世界羽联有权考虑对该违犯运动员 (对) 作进一步的处罚。

2.4 如果运动员在一个或多个赛事中受伤，或出现某些特殊情况 (如下 2.7 所述) 并收到有效的医疗证明，则将考虑对其豁免上述 2.3 所规定的额外处罚。但相关运动员需自费出席其未能参加比赛的赛事至少两天，并在此期间参加世界羽联安排的任何媒体活动。如果运动员身体状况无法出行，世界羽联有权免除其此项义务。

2.5 在一个赛历年末，“承担高排名义务的运动员”(以上 2.1.4 和 2.2 所述) 仍未能按最低要求参加规定数量的世界羽联世界巡回赛 4 级赛事的比赛，则将视其为违犯了“运动员义务规定”，除缴交其他退赛费和受到其他处罚外，该违犯运动员 (对) 还将受到“违犯行为和处罚规定一览表”(“世界羽联法规”2.4) 所规定的除正常退赛费外的额外处罚。此外，在纪律委员会考虑之后，世界羽联有权考虑对该违犯运动员 (对) 作进一步的处罚。

2.6 如果运动员在一个或多个赛事中受伤，或出现某些特殊情况 (如下 2.7 所述) 并收到有效的医疗证明，则将考虑对其豁免上述 2.5 所规定的额外处罚。但相关运动员需在下一赛历年的第一个季度，参加世界羽联要求和安排的任何一次媒体活动。如果运动员身体状况无法出行，世界羽联有权免除其此项义务。

2.7 在某些特殊情况 (如强制服兵役或类似情况)，以及运动员 (被世界羽联或其会员协会）停赛和运动员正式退役（在向世界羽联提交正式退役表之后），世界羽联可以免除 2.3 和 2.5 所规定的处罚。

2.8 允许“承担高排名义务的运动员”参加最多四个二类 5 级的赛事，除非世界羽联给予其特免，或该名运动员参加了全部二类 1 至 4 级的赛事。如未达到本款规定的要求，则运动员的世界排名积分会因其参加超过四个二类 5 级的赛事而扣减。

3 高排名运动员对赞助商的义务

3.1 除“基本义务”第 1 条和“高排名运动员的义务”第 2 条的规定外，如有要求，所有“承担高排名义务的运动员”均需参加：

3.1.1 拍照机会——每年至少两次的拍照机会。每次此类的拍照机会应征得世界羽联和运动员的共同同意，且其中的一次拍照机会可安排在非运动员原籍国（地区）地组织进行（遇此情况，由世界羽联承担所有的差旅及膳宿费用）。另一次拍照机会则应在运动员正参加的赛事期间组织进行。

3.1.2 赞助商或世界羽联的特别活动和世界羽联颁奖仪式——至少参加两次赞助商或世界羽联的特别活动或世界羽联颁奖仪式。世界羽联应至少提前 30 天通知该颁奖仪式的日期和地点。

3.1.3 世界羽联世界巡回赛冠名赞助商的媒体活动或赞助商活动——每年至少参加四次。

3.2 所有的活动最好安排在赛前或在运动员当次赛事的相关比赛结束后的同一天，但如果运动员的比赛是在下午 6 点以后，则活动可以安排在同一天的中午 12 点之前。训练不能成为缺席此类媒体活动的理由。

3.3 如果运动员的现有赞助商与世界羽联或赛事相关赞助商在商品类别上有冲突，则运动员有权不参加上述 3.1 规定的活动。按协议，商品类别是否存在冲突由世界羽联裁定。

3.4 上述 3.1 规定的活动不为该运动员对某商品的直接个人代言。

4　运动员的医疗豁免和排名保护

4.1　男子单打、女子单打、男子双打、女子双打和混合双打排名前32 位的运动员，如果因伤、怀孕或其他原因致其长时间无法参加比赛，可通过以下方式申请排名保护：

4.1.1　该运动员必须提交申请获得排名保护的医疗和 / 或其他相关支撑文件。

4.2　如果世界羽联批准了该排名保护，该运动员将：

4.2.1　豁免于强制参赛规定；

4.2.2　没有资格获得当年的任何奖金；

4.2.3　最少 3 个月、最多 12 个月，或在该运动员通知世界羽联其希望再次报名参赛之前，将不能参加任何赛事。排名保护期在世界羽联批准后即开始，并将按天计算和跟踪。12 个月后，该运动员必须按其正常排名的排位报名参加赛事，其保护排名将不再有效；

4.2.4　自恢复参赛起至少两年内，将无权获得类似的保护排名；

4.2.5　一旦恢复参赛，有权按其保护排名排位报名参加世界羽联世界巡回赛，参赛时间与其缺席时间等量，但最多为6 个月。其保护排名不计入种子排名或用于世界羽联世界巡回赛以外的任何赛事。

五、技术官员行为规范

1 目 的

维持在世界羽联批准的赛事中技术官员的最高行为标准。

2 定 义

技术官员包含所有参加世界羽联批准的世界各地羽毛球赛事的裁判长、裁判员、发球裁判员、司线员、裁判长考委、裁判员考委、裁判员协调、司线员协调和技术代表等。

3 适用范围

3.1 本“规范”适用于所有技术官员。

3.2 作为“官员”，技术官员应同时受“世界羽联司法程序”和“世界羽联道德规范”的约束。

4 具体规定

技术官员必须遵守本“行为规范”所列的以下具体规定：

4.1 在执行规则时，要诚实、一致、客观、公正和礼貌；

4.2 尊重所有参与者的权利、尊严和价值，无论性别、能力或文化背景；

4.3 采取合理的措施保护运动员，保障运动员的利益，确保比赛安全且公平地进行；

4.4 为参与者提供领导、指导和支持，特别是其他技术官员；

4.5 不要批评同事的能力和价值，要为他人提供支持和指导；

4.6 展示积极、专业和受人尊敬的执裁风格；

4.7 保持对羽毛球运动的比赛规则、规程、条例、最新动态及其运用原则等知识的更新；

4.8 在行为、沟通和个人形象方面成为羽毛球运动的榜样；

4.9 有临场任务时，在任何时候都要穿着指定的技术官员服装，无临场任务时，穿合适的服装；

4.10 一旦接受指派，避免在没有任何正当理由（受伤、疾病或紧急情况）的情况下退出；

4.11 准时参加所有必须参加的会议，并做好相关准备；

4.12 与运动员、领队、其他技术官员和赛事组织者保持一种专业的工作关系；

4.13 与运动员严格保持友谊和亲密关系的清晰界限，包括：

4.13.1 不与运动员有任何不适当的关系；

4.13.2 不与运动员交往过密；

4.13.3 不向运动员索求签名，或与运动员交换球衣或徽章；

4.14 不在赛区内或媒体上发表毁谤性的、侮辱性的、带个人色彩的、带偏见的或质疑他人诚信的言论；

4.15 遵守技术官员社交媒体政策的所有要求。

5 司法程序

5.1 对可能违犯本“行为规范”的行为，将按“世界羽联司法程序”中所述的原则和程序进行调查和裁定。

六、处罚规定

1 处 罚

1.1 凡违犯了“羽毛球运动道德行为规范”的赛事“参与者”将被处以“羽毛球运动道德行为规范”对应条款规定的处罚和罚金。该罚金由世界羽联保留。

1.2 该规定所涵盖的具体违犯类别（包括赌博、投注）及应征罚金，请参阅世界羽联“竞赛通用规程”“运动员行为规范”“教练员和教育者行为规范”“技术官员行为规范”“违犯行为和处罚规定一览表”和“关于反操控比赛的规定”。

1.3 对违犯行为的处罚，应以该赛事的裁判长报告，以及世界羽联从任何渠道获得的其他信息为依据。

1.4 凡是违犯“运动员行为规范”“技术官员行为规范”和“教练员和教育者行为规范”而被处罚或被取消资格的不端行为，裁判长须呈送相应的报告。

1.5 在世界羽联批准的赛事中，凡被判黑牌的运动员，都将被取消该赛事中所有项目的比赛资格（如在团体赛中，则将取消其在该团体赛事所有后续比赛的资格）。

1.6 世界羽联收到判罚黑牌的有关报告或被处罚或被取消资格的不端行为的报告后（1.4 所述），应立即按“世界羽联司法程序”启动处罚程序。

1.7 如果会员协会在收到原始缴费清单 60 天内未缴交退赛费或罚款，则该会员协会将被禁止报送运动员参加世界羽联批准的所有赛事。

1.8 处罚复核

1.8.1 受处罚的“参与者”及其协会可在收到处罚通知 10 天内，要求对所处的处罚予以复核。

1.8.2 对根据 1.8.1 规定提出的要求，应由秘书长对处罚进行复核。按 1.9 规定，秘书长的复核结果为最终裁决，并具有约束力。

1.9 处罚申诉

1.9.1 如可申诉，可根据“世界羽联司法程序”（“世界羽联法规”3.1）对复核决定提出将其作为行政罚款的申诉。

1.9.2 如申诉被体育纪律委员会信纳，确认导致处罚的违犯行为并未发生，或不受“参与者”控制，或因不可抗力或其他任何超出“参与者”控制能力的原因所致，则可豁免处罚。

1.9.3 以下的处罚和罚金不可申诉：

- 所有因违犯“运动员行为规范”而被处以罚金 500 美元（含）以下的违犯行为；
- 所有因违犯“教练员和教育者行为规范”而被处以罚金 500 美元（含）以下的违犯行为；
- 所有因违犯世界羽联“竞赛通用规程”20 至 24（“运动员和教练员服装”)规定而被处以罚金 500 美元(含 ）以下的违犯行为；
- 所有黄牌；
- 所有红牌；
- 所有退赛费。

1.9.4 对于不可申诉的处罚和罚金，该会员协会可通过“投诉指南和程序”所述的程序向世界羽联正式呈交诉状。

表 3-1 违犯行为和处罚规定一览表

下表包括罚金、违犯行为和处罚。一旦违犯行为被呈报世界羽联，违犯者将自动受到对应处罚，而不需任何进一步的司法程序。

运动员退赛费

违犯行为	处罚范围	罚金数额 / 处罚
违犯“竞赛通用规程”（“世界羽联法规”5.1）14.1.2.1 规定——过迟退出一类赛事的比赛： • 根据“高排名运动员义务的规定”有义务的运动员（人 / 对） • 其他运动员（人 / 对）	每次退赛 每次退赛	500 美元 250 美元
违犯“竞赛通用规程”（“世界羽联法规”5.1）14.1.2.2 规定——过迟退出二类赛事的比赛： • 根据“高排名运动员义务的规定”有义务的运动员（人 / 对） • 其他运动员（人 / 对）	每次退赛 每次退赛	500 美元 250 美元
违犯“竞赛通用规程”（“世界羽联法规”5.1）14.1.2.3 规定——过迟退出三类赛事的比赛： • 运动员（人 / 对）应向赛事组织者、洲联合会和世界羽联支付退赛费	每次退赛	150 美元
违犯“竞赛通用规程”（“世界羽联法规”5.1）14.1.4.1 规定——在一个赛事中的某个项目“未出场比赛”	第一次违犯 此后每次违犯（一赛历年内）	500 美元 1000 美元
违犯“运动员义务规定”（“世界羽联法规”5.3.6）2.3 规定： 未参加世界羽联世界巡回赛 1 至 3 级赛事比赛的“承担高排名义务的运动员”（“运动员义务规定”2.1.1 至 2.1.3 和 2.2 所界定），将受到除正常退赛费外的额外处罚	每次缺席	5000 美元
违犯“运动员义务规定”（“世界羽联法规”5.3.6）2.5 规定： 在一个赛历年结束时，仍未参加最少数量的世界羽联世界巡回赛4级赛事比赛的“承担高排名义务的运动员”（“运动员义务规定”2.1.4和2.2 所界定），将受到除正常退赛费外的额外处罚	每次缺席	5000 美元
自首次退赛日起 6 个月内超过 3 次（含）退出世界羽联批准的任何赛事，包括需承担退赛费的过迟退出比赛——“竞赛通用规程”（“世界羽联法规”5.1）14.1.2 规定——过迟退出比赛 这是除正常退赛费外的额外处罚	第三次退赛（6 个月内） 此后每次退赛（6 个月的周期内）	1000 美元 500 美元

续表

违犯行为	处罚范围	罚金数额 / 处罚
一个队有超出 10 个（含）运动员退出任何一项赛事	每次如此退赛	1000 美元
未出席领队会议，且 / 或未向世界羽联或组委会报告而整队退出比赛 这是除退赛费及每个队员需缴的罚金之外的额外处罚，且将自动启动纪律处罚程序	每次如此退赛	1000 美元
整队退出世界羽联世界团体锦标赛（即汤姆斯杯和尤伯杯决赛、苏迪曼杯、苏翰迪纳塔杯）： • 报名截止日后，抽签前 • 抽签后 • 未出场比赛	每次如此退赛 每次如此退赛 每次如此退赛	1000 美元 3000 美元 5000 美元

<u>运动员的违犯行为和处罚</u>

违犯行为	处罚范围	罚金数额 / 处罚
<u>违犯“运动员行为规范”（“世界羽联法规”2.2.4）3.1.2 规定——参加另一赛事的比赛：</u>	第一次违犯	250 美元
运动员已经获准参加世界羽联批准的一项赛事的比赛（无论预赛或正赛），却在该赛事期间参加另一赛事的比赛	此后每次违犯（一赛历年内）	500 美元
<u>违犯“运动员行为规范”（“世界羽联法规”2.2.4）3.1.3 规定——宣布因伤退出比赛后又参加另一赛事的比赛：</u>	第一次违犯	250 美元
运动员因伤、病原因退出一项即将举行的赛事后，却在其宣布伤、病之日起至该赛事结束期间参加另一赛事的比赛	此后每次违犯（一赛历年内）	500 美元
<u>违犯“运动员行为规范”（“世界羽联法规”2.2.4）3.1.4 规定——提前离开赛会：</u>	第一次违犯	250 美元
做了导致无法参加赛程安排的比赛或影响其接受兴奋剂检查、履行媒体义务和出席颁奖仪式等安排	此后每次违犯（一赛历年内）	500 美元
<u>违犯“运动员行为规范”（“世界羽联法规”2.2.4）3.2.1规定——比赛迟到：</u>	第一次违犯	250 美元
运动员比赛迟到致“未出场比赛”	此后每次违犯（一赛历年内）	500 美元

续表

违犯行为	处罚范围	罚金数额 / 处罚
违犯“运动员行为规范”（“世界羽联法规”2.2.4）3.2.2 规定——在比赛中，或在世界羽联批准的赛事区域内的任何时候，未表现出一个运动员应有的符合体育道德风尚的行为举止 该违犯行为将自动受到处罚，但世界羽联可就该违犯行为的严重程度是否需提交世界羽联纪律委员会以采取进一步行动做出决定	每次违犯	250 美元
违犯“运动员行为规范”（“世界羽联法规”2.2.4）3.2.3规定——不当行为：没有遵从友好礼节	每次违犯	250 美元
违犯“运动员行为规范”（“世界羽联法规”2.2.4）3.2.4 和 3.2.5 规定——未遵守“竞赛通用规程”（“世界羽联法规”5.1）20 至 24 有关单项赛的服装规定	每次违犯	250 美元
违犯“运动员行为规范”（“世界羽联法规”2.2.4）3.2.4 和 3.2.5 规定——一个队未遵守“竞赛通用规程”（“世界羽联法规”5.1）20 至 24 有关团体赛的服装规定	每次违犯	500 美元
违犯“运动员行为规范”（“世界羽联法规”2.2.4）3.2.7 至 3.2.13 规定	每次违犯	100 美元
违犯“运动员行为规范”（“世界羽联法规”2.2.4）3.2.14 规定——在赛区内，针对技术官员、对手、观众或其他人员使用具有欺骗、诋毁或侮辱性的语言或其他污言秽语 该违犯行为将自动受到处罚，但世界羽联可就该违犯行为的严重程度是否需提交世界羽联纪律委员会以采取进一步行动做出决定	每次违犯	250 美元

续表

违犯行为	处罚范围	罚金数额 / 处罚
违犯“运动员行为规范”（“世界羽联法规”2.2.4）3.3 规定——未履行媒体、赞助商和仪式义务	第一次违犯： • “承担高排名义务的运动员” • 单打排名 16 至 50 或双打排名 11 至 50 者（第一份报名排名报告，被认定为“承担高排名义务的运动员”除外） • 排名 50 以后者（第一份报名排名报告，被认定为“承担高排名义务的运动员”除外） 此后每次违犯（一赛历年内）： • “承担高排名义务的运动员” • 其单打排名 16 至 50 或双打排名 11 至 50 者（第一份报名排名报告，被认定为“承担高排名义务的运动员”除外） • 排名 50 以后者（第一份报名排名报告，被认定为“承担高排名义务的运动员”除外）	 1500 美元 500 美元 250 美元 2000 美元 750 美元 500 美元
违犯“运动员行为规范”（“世界羽联法规”2.2.4）3.4 规定——未履行参加教育活动义务	每次违犯	500 美元
在世界羽联批准的任何赛事中被判罚黄牌	第三张黄牌（一赛历年内） 此后每张黄牌（一赛历年内）	500 美元 250 美元
在世界羽联批准的任何赛事中被判罚红牌	每张红牌	500 美元
违犯“竞赛通用规程”（“世界羽联法规”5.1）3.5.2 规定——运动员参加一项未经世界羽联批准的赛事或表演比赛	每次参赛	500 美元
违犯“竞赛通用规程”（“世界羽联法规”5.1）7.7 规定——在同一周内报名参加两项世界羽联批准的赛事	每次参赛	失去运动员（人/对）在这些赛事中所获得的任何世界排名积分
违犯“羽毛球比赛规则”（“世界羽联法规”4.1）4 规定——羽毛球拍	每次违犯	500 美元

教练、随队官员（包括领队）和教育者的违犯行为和处罚

违犯行为	处罚范围	罚金数额 / 处罚
以下违犯“教练员和教育者行为规范”（“世界羽联法规”2.2.6）的行为： 4.5——衣着不得体 4.6——比赛进行中，未能保持坐在座椅上 4.7——未成“死球”前，不得进行指导或以任何方式分散对方运动员的注意力或干扰比赛 4.8——试图延误比赛 4.9——20 秒已宣报，却没有回到指定座椅就座 4.10——以任何方式谩骂、威胁赛会官员、技术官员、其他教练员、随队官员、对方运动员，或分散他们的注意力 4.11——在一场比赛中，不论以何种方式，试图与对方运动员、教练员或随队官员交流 4.12——以或试图以任何方式与观众、赛会官员、技术官员、对方教练员、随队官员、运动员，进行不愉快、不礼貌或威胁性的身体接触 4.13——通过媒体评论而损害本项目的声誉	第一次违犯 此后每次违犯（一赛历年内）	250 美元 500 美元
违犯“竞赛通用规程”9.3.3（“世界羽联法规”5.1）规定——在第一和第二类赛事中，未出席裁判长和/或赛事管理部门组织的会议	每次缺席	250 美元

赛事组织者的违犯行为和处罚

违犯行为	处罚范围	罚金数额 / 处罚
违犯“竞赛通用规程”（“世界羽联法规”5.1）26 规定—— 赛事结束当天未提交最终比赛成绩	每次违犯	250 美元

04

第四章 CHAPTER 04

残疾人羽毛球比赛的有关规定

一、比赛分级

（一）概　述

在羽毛球项目中，残疾人羽毛球比赛设男子单打、女子单打、男子双打、女子双打和混合双打5个项目。为确保比赛公平，残疾人羽毛球运动员按“运动等级”参加比赛。残疾人羽毛球比赛共分6个“运动等级”。

轮椅1级WH1	运动员通常为双下肢伤残，躯干功能受损，需用轮椅进行比赛。
轮椅2级WH2	运动员为单下肢或双下肢伤残，躯干轻微受损或未受损。
站立3级SL3	运动员站立比赛，但单下肢或双下肢伤残，行走或跑动平衡差。
站立4级SL4	运动员站立比赛，但下肢伤残程度轻于站立3级（SL3）运动员，为单下肢或双下肢伤残，行走或跑动平衡轻微受损。
站立5级SU5	运动员上肢伤残。
站立6级SH6	运动员为遗传性身材矮小，常被称为“侏儒症”的矮人。

（二）分级规定

世界羽联残疾人羽毛球运动简介——身体残疾的运动员（附录1）

附录1详细说明了残疾人羽毛球运动等级划分概况，身体残疾的运动员如希望参加世界羽联残疾人羽毛球赛事，将按残疾程度分到对应的等级参加比赛。

所有运动员佩戴的（如需佩戴）支具、绑带和支撑物，均必须符合世界羽联残疾人羽毛球的相关规定。

运动员必须符合世界羽联残疾人羽毛球比赛分级的参赛资格和最轻残疾程度。不符合这些标准的运动员无资格参加世界羽联残疾人羽毛球比赛。有些运动员有资格参加其他项目，但可能不符合参加残疾人羽毛球比赛的资格。

不符合世界羽联残疾人羽毛球比赛最轻残疾参赛资格要求的健康问题和残疾程度有：

- 疼痛；
- 疲劳；

- 听力障碍；
- 低肌张力；
- 关节运动过度；
- 关节不稳定，如肩关节不稳定、关节反复脱位；
- 骨软骨炎；
- 关节炎；
- 关节置换；
- 肌肉耐力受损（如纤维肌痛和肌痛性脑炎引发的肌肉疲劳）；
- 运动反射功能受损；
- 心血管功能受损；
- 呼吸功能受损；
- 新陈代谢功能受损；
- 抽搐、怪癖、刻板和运动持续症；
- 全身衰弱性疾病；
- 肥胖；
- 精神疾病；
- 皮肤病；
- 血友病；
- 癫痫；
- 眩晕或头晕；
- 内脏器官功能紊乱、缺失或移植。

本“分级规定”明确规定了运动员的身体状况和最轻的残疾标准。

有资格参加世界羽联残疾人羽毛球比赛的八种残疾类别如下：

1 肌张力亢进

由于中枢神经系统受损，患有肌张力亢进的运动员肌肉张力增高，肌肉伸展能力减低。可致肌张力亢进的潜在健康问题包括脑瘫、创伤性脑损伤和中风。

2 共济失调

由于中枢神经系统受损，患有共济失调的运动员的动作不协调。可致共济失调的潜在健康问题包括脑瘫、创伤性脑损伤、中风和多发性硬化症。

3 手足徐动症

患有手足徐动症的运动员会有持续缓慢的不自主运动。可致手足徐动症的潜在健康问题包括脑瘫、创伤性脑损伤和中风。

4 肢体缺失或肢体缺陷

肢体缺失的运动员由于创伤（即外伤性截肢）、疾病（即因骨癌截肢）或先天性肢体缺陷（即肢体畸形）而完全或部分缺失骨骼或关节。

5 被动移动幅度受限

肢体缺失的运动员由于创伤（即外伤性截肢）、疾病（即因骨癌截肢）或先天性肢体缺陷(即肢体畸形或关节挛缩)而完全或部分缺失骨骼或关节。

6 肌力受损

肌力受损运动员的身体状况表现为主动收缩肌肉以移动或发力的能力要么降低，要么完全丧失。可致肌力受损的潜在健康问题包括脊髓损伤（完全或不完全损伤、四肢瘫痪、截瘫或下肢轻瘫）、肌肉萎缩症、脊髓灰质炎后遗症和脊柱裂。

7 肢体不等长

由肢体生长障碍（即先天性发育不全）或创伤引起。

8 矮　人

矮人运动员其上肢、下肢和 / 或躯干的骨骼长度未正常生长。可致身材矮小的潜在健康问题包括软骨发育不全、生长激素功能障碍和成骨不全症。

• 最轻残疾标准（MIC）

要获得世界羽联批准赛事的参加资格，经鉴定有上述身体残疾的运动员必须至少有对应运动等级所界定的最轻残疾标准的表象。

以下附录 2、3、4 和 5 标明了每个运动等级的最轻残疾标准。

• 世界羽联残疾人羽毛球运动员残疾程度评定流程——流程和技术

本部分详细介绍了世界羽联研发的残疾程度评定流程和技术，该流程和技术是运动员残疾程度评定全部流程的一部分。分级人员用这些流程和技术确定运动员参赛的运动等级。

分级通常在比赛开始前一天或前两天进行。

运动员需填写《残疾人羽毛球运动员残疾评定同意书》，并在指定时间参加分级；如运动员有意愿，可由一名运动员代表（教练或代理成员）和（如必要）一名英语翻译陪同。

1 总 则

“世界羽联残疾人羽毛球比赛分级规定”要求对运动员进行身体和技术评定，以确定其参赛的运动等级。该要求旨在确定该运动员：

- 具备参赛资格的残疾表象；
- 有该残疾造成活动受限而影响该运动员比赛能力的表象。

以上两点是运动员参赛资格评定总流程的一部分，是运动员残疾程度评定中必不可少的部分。

残疾人羽毛球比赛分级的依据是：

- 审阅运动员的残疾医疗文件；
- 审阅运动员病史；
- 通过功能测试进行身体评估；
- 在训练和 / 或比赛期间进行观察。

2 分级程序

分级专家组应确保按以下程序对运动员进行身体和技术评定：

a) 出示或填写《世界羽联残疾人羽毛球比赛同意书》。

b) 填写《分级卡》上的个人资料。

c) 运动员出示或填写病史和诊断报告（医疗信息），并由分级人员确认。

d) 分级人员使用手法肌肉测试（Clarkson 2000）和/或关节活动度测试（Clarkson 2000）进行体检，并将测试结果记入《分级卡》。对脊髓损伤运动员的评定，必须使用 ASAIA 分级（Maynard 1997）方法进行，而对脑瘫（CP）运动员，则必须使用阿什沃斯量表（Ashworth 1964）进行评定。

e) 根据运动员的功能能力，通过适当的测试完成对其的功能评定。根据需要，可在轮椅上或检查台上进行测试。

f) 有神经功能障碍的运动员可以每年重新评估一次，直至他们表现出稳定的状态为止。

g) 如分级专家小组要求进一步评估运动员的体能和残疾程度，则应在完成身体评估后进行技术评估。该评估将在分级专家小组指定的比赛场地进行。

- **轮椅级**

待评定为轮椅级的运动员将被要求完成某些轮椅式羽毛球比赛的动作。该评估将在半边场地进行。

- **站立级**

待评定为站立 3 级和/或站立 4 级的运动员，将被要求进行或模拟进行一场羽毛球比赛和/或与由分级专家小组指定的人员练习对击羽毛球。此外，运动员还需完成特定的羽毛球比赛动作，并按分级专家小组的指令完成挥拍练习动作。这些动作将被评估并按 1 至 5 级予以评分。该特定技术评估将在标准的羽毛球比赛场地进行。

h)《医学分级表》和《分类卡》上注明的运动等级必须由运动员和相关分级人员签名并标明日期。(《临时分级卡》上的“运动等级状态”仍然不填）

i) 完成对运动员身体和技术的评估，并在《临时分级卡》上做记录并标注日期。

j) 本赛事运动等级的确定依据运动员在其必须通过的“分级评估”中所测得的医学和技术评定结果。根据事先确定的时间表，该运动等级确定结果将在分级信息板上每天公布一至两次。公布时间将在信息列表中注明。对结果有异议者，在结果公布后即可上诉。

k) 在训练和 / 或比赛中观察运动员。观察运动员的比赛情况，完成对其身体和技术的评估。观察内容包括站立式和轮椅式比赛中的所有羽毛球比赛动作。分级人员将观察运动员的所有移动动作，并将每个动作的得分填写在《分级表》中。

l) 在比赛结束时，告知运动员其最终比赛等级和运动等级状态。

m) 将运动员姓名输入《分级汇总表》。

n) 参加分级的运动员一旦被发现不具备参加世界羽联残疾人羽毛球比赛资格，他们的名字将随时被标注 NE（不具备参赛资格）。

运动员必须穿戴假肢、支具、绑带、支撑物、修改过的鞋子，以及比赛用轮椅参加运动员残疾程度评估。

分级专家组负责并管理比赛分级所需的任何视频记录。

表 4-1　轮椅式羽毛球比赛最轻残疾标准（附录 2）

<table>
<tr><th>符合参赛资格的残疾类型</th><th>健康问题（例）</th><th>运动等级
——轮椅 2 级（WH2）</th><th>运动等级
——轮椅 1 级（WH1）</th></tr>
<tr><td>肌张力亢进</td><td>脑瘫、中风、后天性脑损伤、多发性硬化</td><td rowspan="3">痉挛、共济失调、手足徐动症偏瘫、双侧瘫痪或四肢瘫痪（下肢表现严重，上肢或躯干无表现或有轻微表现）

表现出由于痉挛、共济失调、手足徐动或肌张力障碍而双腿移动功能受限，需使用辅助设备行走。重心移动可能导致失去平衡，如试图转身或停下然后再开始

明显的佐证必须包括腿部痉挛 3 级，通常表现为在不使用辅助设备的情况下，双腿无法长距离行走。通常选择轮椅作为运动的辅助设备</td><td rowspan="3">痉挛、共济失调、手足徐动症偏瘫、双侧瘫痪或四肢瘫痪（下肢表现明显，上肢或躯干轻度至中度受损）

在比赛或训练中，表现出由于痉挛、共济失调、手足徐动或肌张力障碍而上肢或躯干移动功能受限</td></tr>
<tr><td>共济失调</td><td>由脑瘫、脑损伤、弗里德里希氏共济失调、多发性硬化、脊髓小脑共济失调引起的共济失调</td></tr>
<tr><td>手足徐动症</td><td>脑瘫、中风、创伤性脑损伤</td></tr>
<tr><td>肢体残缺</td><td>由创伤或先天性肢体缺陷（肢体畸形）引起的截肢</td><td>运动员必须符合以下标准之一：
1. 单侧膝关节以上截肢，其残肢长度不超过非截肢腿大腿的一半，从髂前上棘（ASIS）至内侧膝关节（内侧关节上的中间关节）测量

* 应从髂前上棘（ASIS）至内侧骨端（通过触诊）对残肢测量

2. 双侧截肢：一侧为经膝盖或膝盖以上截肢，另一侧为膝盖以下截肢（脚踝完全缺失）

等同于先天性肢体残缺的残疾
等效点为 1 或高于 2</td><td>与轮椅 2 级（WH2）标准相同，外加至少一上肢患有与握拍手臂和非握拍手臂相同的最轻残疾标准或脊柱侧凸标准的残疾（或等同于脊柱畸形的残疾）

* 脊柱侧凸标准 ≥ 60 度（需经 X 光或测斜仪诊断）

或
双侧膝以上截肢</td></tr>
</table>

续表

符合参赛资格的残疾类型	健康问题（例）	运动等级——轮椅2级（WH2）	运动等级——轮椅1级（WH1）
被动移动幅度（PROM）受限	关节挛缩、关节僵硬、烧伤后关节挛缩	一下肢的被动移动幅度（PROM）受限程度符合以下标准中的五项： 标准1——髋关节屈曲不足＞45度 标准2——髋关节伸展不足＞25度 标准3——膝关节屈曲不足＞60度 标准4——膝关节伸展不足＞30度 标准5——踝关节背屈小于或等于10度，踝关节被动移动幅度（PROM）最大为10度 标准6——跖屈小于或等于20度，踝关节被动移动幅度（PROM）最大为10度	与轮椅2级（WH2）标准相同，外加至少一上肢患有与握拍手臂和非握拍手臂相同的最轻残疾标准或脊柱侧凸标准的残疾 或 双下肢至少符合八项标准： 标准1——髋关节屈曲不足＞45度 标准2——髋关节伸展不足＞25度 标准3——膝关节屈曲不足＞60度 标准4——膝关节伸展不足＞30度 标准5——踝关节背屈小于或等于10度，踝关节被动移动幅度（PROM）最大为10度 标准6——跖屈小于或等于20度，踝关节被动移动幅度（PROM）最大为10度
肌力受损	脊髓损伤、肌肉萎缩症、臂丛神经损伤、厄尔布氏麻痹、脊髓灰质炎、脊柱裂、格林－巴利综合征	肌力受损，表现在： 一下肢符合以下标准中的五项；或一条腿符合以下标准中的四项，同时另一条腿符合以下标准中的两项： 标准1——髋关节屈曲肌力丧失3个等级点（肌力等级为2级）	与轮椅2级（WH2）标准相同，外加至少一上肢患有与握拍手臂和非握拍手臂相同的最轻残疾标准或脊柱侧凸标准的残疾 或 双下肢至少符合14项标准：

续表

符合参赛资格的残疾类型	健康问题（例）	运动等级——轮椅 2 级（WH2）	运动等级——轮椅 1 级（WH1）
肌力受损	脊髓损伤、肌肉萎缩症、臂丛神经损伤、厄尔布氏麻痹、脊髓灰质炎、脊柱裂、格林－巴利综合征	标准 2——髋关节伸展肌力丧失 3 个等级点（肌力等级为 2 级） 标准 3——髋关节外展肌力丧失 3 个等级点（肌力等级为 2 级） 标准 4——髋关节内收肌力丧失 3 个等级点（肌力等级为 2 级） 标准 5——膝关节伸展肌力丧失 3 个等级点（肌力等级为 2 级） 标准 6——膝关节屈曲肌力丧失 3 个等级点（肌力等级为 2 级） 标准 7——踝关节跖屈肌力丧失 3 个等级点（肌力等级为 2 级） 标准 8——踝关节背屈肌力丧失 3 个等级点（肌力等级为 2 级） 或 第二腰椎（L2）及以下完全性截瘫［第二腰椎神经（L2）］	标准 1——髋关节屈曲肌力丧失 3 个等级点（肌力等级为 2 级） 标准 2——髋关节伸展肌力丧失 3 个等级点（肌力等级为 2 级） 标准 3——髋关节外展肌力丧失 3 个等级点（肌力等级为 2 级） 标准 4——髋关节内收肌力丧失 3 个等级点（肌力等级为 2 级） 标准 5——膝关节伸展肌力丧失 3 个等级点（肌力等级为 2 级） 标准 6——膝关节屈曲肌力丧失 3 个等级点（肌力等级为 2 级） 标准 7——踝关节跖屈肌力丧失 3 个等级点（肌力等级为 2 级） 标准 8——踝关节背屈肌力丧失 3 个等级点（肌力等级为 2 级） 或 第一腰椎（L1）及以下完全性截瘫［第一腰椎神经（L1）］
双腿不等长	先天或外伤造成单腿腿骨缩短	相对于肢体残缺的类似残疾	相对于肢体残缺的类似残疾

注：最轻残疾标准必须结合对运动员在比赛场地进行的躯干平衡评估和技术评估结果执行。通常，躯干平衡在轮椅2级（WH2）应良好，而在轮椅1级（WH1）则差。

表 4-2 下肢残疾的站立式羽毛球比赛最轻残疾标准（附录 3）

<table>
<tr><th>符合参赛资格的残疾类型</th><th>健康问题（例）</th><th>运动等级——站立 4 级（SL4）</th><th>运动等级——站立 3 级（SL3）</th></tr>
<tr><td>肌张力亢进</td><td>脑瘫、中风、后天性脑损伤、多发性硬化</td><td>痉挛、共济失调、手足徐动症偏瘫、双侧瘫痪或四肢瘫痪（下肢有中度表现，上肢或躯干无表现或有轻微表现）</td><td>痉挛、共济失调、手足徐动症偏瘫、双侧瘫痪或四肢瘫痪（下肢表现明显，上肢或躯干轻度至中度受损）</td></tr>
<tr><td>共济失调</td><td>由脑瘫、脑损伤、弗里德里希氏共济失调、多发性硬化、脊髓小脑共济失调引起的共济失调</td><td rowspan="2">在比赛或训练中，表现出由于痉挛、共济失调、手足徐动或肌张力障碍的功能受限。运动员走路会有点跛，但跑起来会比较顺畅

明显的佐证必须包括患肢痉挛 1 至 2 级（至少有一条腿受影响）。主动移动幅度和被动移动幅度必须表现出明显差异。此外，还须表现出快速移动幅度（PROM）和慢速移动幅度（PROM）间的明显差异

外加以下表象之一：
1. 上运动神经元反射模式必须表现出（表象之一）
• 单侧巴宾斯基反射阳性
• 4 次或多于 4 次的明显单侧阵挛
• 明显的快速反应或左右腿有明显不同的反应

2. 不规则的迁移收缩（舞蹈病）和 / 或扭动运动（手足徐动）

3. 双腿不等长和 / 或大于 2cm 的肌肉体积差

4. 辨距不良和 / 或协同失调

在单瘫中，髋关节必须表现为被动移动幅度（PROM）受限或主动与被动的移动幅度（ROM）有差异

对于共济失调和手足徐动症，运动员必须有小脑功能障碍和下肢不协调的明显表象。在停止、起动、旋转、平衡和爆发力运动中表现出中等的难度</td><td rowspan="2">在比赛或训练中，表现出由于痉挛、共济失调、手足徐动或肌张力障碍的功能受限。由于下肢痉挛，运动员在行走或跑步时呈跛行

明显的佐证必须包括患肢（下肢）痉挛 2 至 3 级。主动移动幅度和被动移动幅度必须表现出明显差异。此外，还须表现出快速移动幅度（PROM）和慢速移动幅度（PROM）间的明显差异

运动员用患侧脚后跟行走有困难，用患腿或患侧跳跃和平衡及侧面踩踏有很大困难

外加以下表象之一：
1. 上运动神经元反射模式必须表现出（表象之一）
• 单侧巴宾斯基反射阳性
• 4 次或多于 4 次的明显单侧阵挛
• 明显的快速反应或左右腿反应明显不同

2. 不规则的迁移收缩（舞蹈病）和 / 或扭动运动（手足徐动）

3. 双腿不等长和 / 或大于 2cm 的肌肉体积差

4. 辨距不良和 / 或协同失调

对于共济失调和手足徐动症，运动员必须有小脑功能障碍和下肢不协调的明显障碍表象。在停止、起动、旋转、平衡和爆发力运动中表现出明显的难度</td></tr>
<tr><td>手足徐动症</td><td>脑瘫、中风、创伤性脑损伤</td></tr>
</table>

续表

符合参赛资格的残疾类型	健康问题（例）	运动等级——站立 4 级（SL4）	运动等级——站立 3 级（SL3）
肢体残缺	由创伤或先天性肢体缺陷（肢体畸形）引起的截肢	1. 单侧半足截肢（从非截肢足的大脚趾尖至跟骨后部测量） 2. 等同于上述残疾	1. 单侧经膝盖或膝盖以上截肢（AK 截肢） 2. 双膝以下（BK）截肢 3. 等同于先天性肢体残缺的残疾或相似点为 1 或 2 以上的肢体畸形
被动移动幅度（PROM）受限	关节挛缩、关节僵硬、烧伤后关节挛缩	一下肢或双下肢的被动移动幅度（PROM）受限程度符合以下标准中的两项： 标准 1——髋关节屈曲不足 > 45 度 标准 2——髋关节伸展不足 > 25 度 标准 3——膝关节屈曲不足 > 60 度 标准 4——膝关节伸展不足 > 30 度 标准 5——踝关节背屈小于或等于 10 度，踝关节被动移动幅度（PROM）最大为 10 度 标准 6——跖屈小于或等于 20 度，踝关节被动移动幅度（PROM）最大为 10 度	一下肢或双下肢的被动移动幅度（PROM）受限程度符合以下标准中的四项： 标准 1——髋关节屈曲不足 > 45 度 标准 2——髋关节伸展不足 > 25 度 标准 3——膝关节屈曲不足 > 60 度 标准 4——膝关节伸展不足 > 30 度 标准 5——踝关节背屈小于或等于 10 度，踝关节被动移动幅度（PROM）最大为 10 度 标准 6——跖屈小于或等于 20 度，踝关节被动移动幅度（PROM）最大为 10 度 或被动移动幅度（PROM）受限程度符合三项标准，外加肌力受损程度符合一项标准或腿长差为 4 厘米
肌力受损	脊髓损伤、肌肉萎缩症、臂丛神经损伤、厄尔布氏麻痹、脊髓灰质炎、脊柱裂	单肢或双肢肌力受损程度符合以下标准中的两项： 标准 1——髋关节屈曲肌力丧失 3 个等级点（肌力等级为 2 级） 标准 2——髋关节伸展肌力丧失 3 个等级点（肌力等级为 2 级）	单肢或双肢肌力受损程度符合以下标准中的四项： 标准 1——髋关节屈曲肌力丧失 3 个等级点（肌力等级为 2 级） 标准 2——髋关节伸展肌力丧失 3 个等级点（肌力等级为 2 级）

续表

符合参赛资格的残疾类型	健康问题（例）	运动等级——站立4级（SL4）	运动等级——站立3级（SL3）
肌力受损	脊髓损伤、肌肉萎缩症、臂丛神经损伤、厄尔布氏麻痹、脊髓灰质炎、脊柱裂	标准3——髋关节外展肌力丧失3个等级点（肌力等级为2级） 标准4——髋关节内收肌力丧失3个等级点（肌力等级为2级） 标准5——膝关节屈曲肌力丧失3个等级点（肌力等级为2级） 标准6——膝关节伸展肌力丧失3个等级点（肌力等级为2级） 标准7——踝关节跖屈肌力丧失3个等级点（肌力等级为2级） 标准8——踝关节背屈肌力丧失3个等级点（肌力等级为2级） 或 背部和躯干：永久性的移动幅度严重减少，例如：通过柯布氏法（Cobb）测得弯度超过60度的脊柱侧弯。需经X光证实	标准3——髋关节外展肌力丧失3个等级点（肌力等级为2级） 标准4——髋关节内收肌力丧失3个等级点（肌力等级为2级） 标准5——膝关节屈曲肌力丧失3个等级点（肌力等级为2级） 标准6——膝关节伸展肌力丧失3个等级点（肌力等级为2级） 标准7——踝关节跖屈肌力丧失3个等级点（肌力等级为2级） 标准8——踝关节背屈肌力丧失3个等级点（肌力等级为2级） 或 被动移动幅度（PROM）受限程度符合三项标准，外加肌力受损程度符合一项标准或腿长差为4厘米
双腿不等长	先天或外伤造成单腿腿骨缩短	左右腿长差应至少为7厘米 须从髂前上棘下方至同侧内踝的最内侧末端测量	腿长差等同于单膝以上截肢

表 4-3　上肢残疾的站立式羽毛球比赛最轻残疾标准（附录 4）

符合参赛资格的残疾类型	健康问题（例）	运动等级——站立 5 级（SU5）	
		非握拍手臂	握拍手臂
肌张力亢进	脑瘫、中风、后天性脑损伤、多发性硬化	痉挛、共济失调、手足徐动症偏瘫、双侧瘫痪或四肢瘫痪（上肢有中度表现，下肢有轻微表现）	若仅有握拍手臂损伤，则标准与非握拍手臂相同
共济失调	由脑瘫、脑损伤、弗里德里希氏共济失调、多发性硬化、脊髓小脑共济失调引起的共济失调	在比赛或训练中，表现出由于痉挛、共济失调、手足徐动或肌张力障碍的功能受限	
手足徐动症	脑瘫、中风、创伤性脑损伤	明显的佐证必须包括患肢（上肢）痉挛 1 至 2 级。主动移动幅度和被动移动幅度必须表现出明显差异 此外，还须表现出快速移动幅度（PROM）和慢速移动幅度（PROM）间的明显差异 外加： 上运动神经元反射模式必须表现出 • 4 次或多于 4 次的明显单侧阵挛 • 明显的快速反应，或非握拍手臂与握拍手臂有明显不同的反应 • 无轮替运动能力 • 辨距不良和协同失调 • 在手臂单瘫中，肘部必须表现为移动幅度（ROM）受限 对于共济失调和手足徐动症，运动员必须有小脑功能障碍和上肢不协调的明显表象	
肢体残缺	由创伤或先天性肢体缺陷（肢体畸形）引起的截肢	要具备资格参加本级比赛，运动员必须有以下残疾之一：	要具备资格参加本级比赛，运动员必须有以下残疾之一：

续表

符合参赛资格的残疾类型	健康问题（例）	运动等级——站立 5 级（SU5）	
		非握拍手臂	握拍手臂
肢体残缺	由创伤或先天性肢体缺陷(肢体畸形)引起的截肢	1. 单侧经腕部或腕部以上截肢（即患肢无腕骨） 2. 单侧肢体畸形，其中从肩峰至指尖测得的患臂长度等于或短于非患臂肱骨 + 半径的总长	1. 除拇指外，3 根手指至少从掌指关节处完全截除，不允许将球拍绑在手上 2. 除拇指外，4 根手指至少从掌指关节处完全截除，允许将球拍绑在手上 3. 拇指和手掌大鱼际截除 4. 等同于先天性畸形的残疾
被动移动幅度（PROM）受限	关节挛缩、关节僵硬、烧伤后关节挛缩	单侧上肢被动移动幅度（PROM）受限程度符合以下标准中的三项： 1. 肩部外展幅度 < 60 度 2. 肩前屈的平面被动移动幅度（PROM）受限（≤ 60 度） 3. 肩伸展的平面被动移动幅度（PROM）受限（≤ 20 度） 4. 肘部伸展不足 > 70 度 5. 肘部强直 > 80 度屈曲 握拍手腕接受过关节固定术或腕关节强直的运动员无参赛资格	符合以下标准中的一项： 1. 肩部外展 < 90 度 2. 肩部前屈 < 90 度 3. 肩部水平伸展 < 40 度 4.（手臂外展至90度时）肩部外旋达 < 60 度 5. 肘部伸展不足 ≥ 45 度或任何位置的强直 6. ≥ 50 度屈曲或伸展时，腕部强直 7. 任意四根手指的掌指关节屈曲 / 伸展度 ≤ 10 度

续表

符合参赛资格的残疾类型	健康问题（例）	运动等级——站立 5 级（SU5）	
		非握拍手臂	握拍手臂
肌力受损	脊髓损伤、肌肉萎缩症、臂丛神经损伤、厄尔布氏麻痹、脊髓灰质炎、脊柱裂	单侧上肢肌力受损程度符合以下标准中的三项： 1. 肩外展肌力丧失 3 个等级点（即肩外展肌力等级为2级） 2. 肩前曲肌力丧失 3 个等级点（即肩前曲肌力等级为2级） 3. 肩部伸展肌力丧失 3 个等级点（即肩部伸展肌力等级为 2 级） 4. 肘部的屈曲和伸展肌力丧失 3 个等级点（即肘部伸肌和屈肌肌力等级为 3 级）	符合以下标准之一： 1. 肩外展肌力丧失 3 个等级点（即肩外展肌力等级为 2 级） 2. 肩前曲肌力丧失 3 个等级点（即肌力等级为 2 级） 3. 肩内旋肌力丧失 3 个等级点（即肌力等级为 2 级） 4. 肩外旋肌力丧失 3 个等级点（即肌力等级为 2 级） 5. 肘部屈曲肌力丧失 3 个等级点（即肌力等级为 2 级） 6. 肘部伸展肌力丧失 3 个等级点（即肌力等级为 2 级）

表 4-4 矮人站立式羽毛球比赛的最轻残疾标准（附录 5）

符合参赛资格的残疾类型	健康问题（例）	运动等级——站立 6 级（SH6）
矮人 （软骨发育不全或其他残疾）	会降低站立身高的上、下肢骨骼或躯干尺寸异常	运动员年龄必须大于 13 岁 如果运动员小于 18 岁，则必须证明他们的染色体疾病诊断与矮小症有关。至年满 18 岁止，运动员必须符合以下相同标准，且每次比赛都要完成分级测量 男性运动员： • 最大站立身高≤ 145 厘米 • 单臂长≤ 66 厘米 • 站立身高 + 单臂长≤ 200 厘米 女性运动员： • 最大站立身高≤ 137 厘米 • 单臂长≤ 63 厘米 • 站立身高 + 单臂长≤ 190 厘米

• 最大站立身高：赤足靠墙站立测量。

• 臂长：从最长手臂的肩峰至最长手指指尖测量。肘部挛缩也应测量，因为此类伤残会缩短手臂的有效长度。

二、辅助设备

1 轮　椅

1.1　运动员的身体可用一绳带，环腰部或大腿固定在轮椅上，或同时环腰部和大腿固定在轮椅上。

1.2　运动员的双脚必须固定在轮椅的搁脚板上。

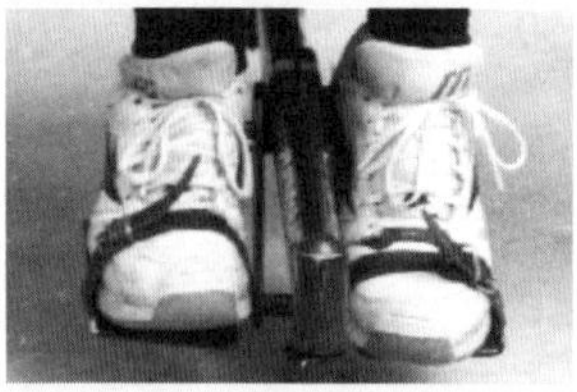

正确

正确

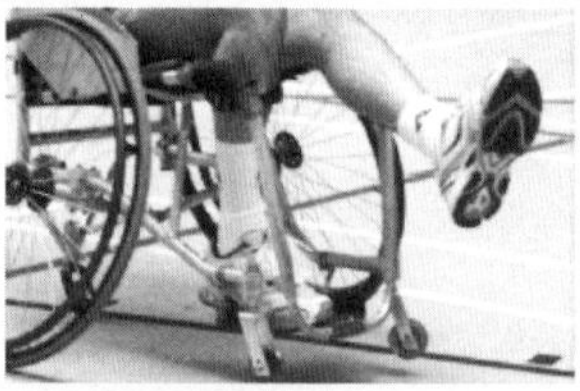

不允许

1.3　运动员击球时，其躯干和双腿的一部分应与轮椅座面接触。

1.4　轮椅座椅，包括任何坐垫，可以水平放置，或后倾，但不可前倾。

水平 = 正确

后倾 = 正确

前倾 = 不允许

1.5　可在轮椅上安装可延伸至主轮外的后支承轮。

1.6　轮椅上不得安装任何电子装置，或其他可辅助移动或操控轮椅的装置。

2 拐　杖

2.1　大腿或小腿截肢者可使用拐杖。

2.2　拐杖长度不得超出运动员腋下至地面的自然高度。

3 假 肢

3.1 截肢运动员可在站立3级（SL3）、站立4级（SL4）和轮椅式（WH）的比赛中使用假肢。

3.2 站立 5 级（SU5）的比赛不允许使用假肢。

3.3 任何假肢均应与运动员的存肢长度相同，且与运动员的其他肢体成比例。

三、国际比赛场馆设施规定

1 世界羽联残疾人羽毛球主要赛事

1.1 残疾人羽毛球世界锦标赛、残疾人羽毛球洲锦标赛，整个比赛场地净空高度至少 9 米（30 英尺）。

1.2 在比赛区域上空的这一高度内，不应有横梁或其他障碍物。

2 世界羽联批准的其他赛事

2.1 对于世界羽联批准的所有其他赛事（包括洲锦标赛和残疾人羽毛球国际比赛），这一高度最好是 9 米（30 英尺），但最低不得少于 7 米（23 英尺）。

2.2 在比赛区域上空的这一高度内，不应有横梁或其他障碍物。

3 地 板

3.1 轮椅式比赛的场地最好采用木质地板，站立式比赛和矮人比赛的场地则还须在木质地板上，铺放经批准的防滑地胶。

3.2 建议场地四周至少应有 1 米（3.3 英尺）的空地，相邻两个场地必须至少间隔 1 米。

4 背景和灯光

4.1 场地端线背景不得使用白色，最好仅使用深色。

4.2 场地上空灯光照度至少要达到 1000 勒克斯（LUX），并均匀分布[电视拍摄按其要求。静态摄影的最佳照度为 1800 ~ 2000 勒克斯（LUX）]。

4.3 灯光不得直接置于比赛场地上方或后方，应沿场地两边安置。

4.4 比赛区域四周不得有自然光。

5 气　流

所有气流，如空调气流均应受到严格控制或予以排除。

6 裁判椅

6.1　裁判椅应稳固、安全，便于裁判员上下。

6.2　裁判椅应附有活页写字板，便于裁判员放记分表。

6.3　椅面高度应与网高相同，即 1.55 米（5 英尺），并且其制作尺寸及材料应舒适。

6.4　座椅应居中放置在网的延长线上距网柱 1 米处。

7 总　则

7.1　除有特别规定外，世界羽联应与世界羽联主要赛事组委会共同落实上述规定。

7.2　遇特殊情况，批准机构可以变更上述规定。

7.3　所有有关运动员、官员及观众的健康及人身安全保障必须参照（当地）政府法规。

四、处罚规定

表 4-5　违犯行为和处罚规定一览表

违犯行为	处罚范围	罚金数额 / 处罚
违犯“运动员行为规范”3.1.3 规定 —— 宣布因伤退出比赛后又参加比赛： 运动员因伤、病原因退出一项即将举行的赛事后，却在其宣布伤、病之日起至该赛事结束期间参加另一赛事的比赛	第一次违犯 此后每次违犯	250 美元 500 美元
违犯“运动员行为规范”3.1.4 规定 —— 提前离开赛会： 做了导致无法参加赛程安排的比赛或影响其接受兴奋剂检查的安排	第一次违犯 此后每次违犯	250 美元 500 美元
违犯“运动员行为规范”3.2.3 规定——不当行为： 没有遵从友好礼节	每次违犯	100 美元
违犯“运动员行为规范”3.2.6 规定——不打完一场比赛： 比赛进行中，运动员无故不打完一场比赛	第一次违犯 此后每次违犯	250 美元 500 美元
违犯“运动员行为规范”3.2.1 规定 ——比赛迟到： 运动员比赛迟到致“未出场比赛”	第一次违犯 此后每次违犯	250 美元 500 美元
一个赛历年中，在世界羽联批准的任何赛事中被判罚黄牌	第三张黄牌 此后每张黄牌	500 美元 250 美元
单项赛中，未遵守“残疾人羽毛球竞赛通用规程” 15 至 19 和“世界羽联法规”5.5.8 的规定	每次违犯	250 美元
团体赛中，一个队未遵守“残疾人羽毛球竞赛通用规程”15 至 19 和“世界羽联法规”5.5.8 的规定	每次违犯	500 美元
违犯“教练员和教育者行为规范”： 未成“死球”前，不得进行指导或以任何方式分散对方运动员的注意力或干扰比赛 4.5　衣着不得体 4.6　比赛进行中，未能保持坐在座椅上 4.8　试图延误比赛 4.9　20 秒已宣报，却没有回到指定座椅上 4.10 以任何方式谩骂、威胁赛会官员、技术官员、其他教练员、随队官员、对方运动员，或分散他们的注意力 4.11 在一场比赛中，不论以何种方式，试图与对方运动员、教练员或随队官员交流	第一次违犯 此后每次违犯	250 美元 500 美元

续表

违犯行为	处罚范围	罚金数额 / 处罚
违犯“教练员和教育者行为规范”——反赌球规定 违犯“规范”4.13 有关通过媒体评论而损害本项目声誉的规定		
教练员或领队——缺席领队会议	第一次违犯 此后每次违犯	50 美元 250 美元
在世界羽联批准的任何赛事中被判罚红牌	每张红牌	500 美元
赛事结束当天未提交最终比赛成绩	每次违犯	250 美元
有运动员需分级或重新分级的参赛队无运动员代表出席分级会议	第一次违犯 此后每次违犯	50 美元 250 美元
运动员未向世界羽联报告而未参加分级	每次违犯	50 美元
首个比赛日起 14 天内退赛，却未提供医疗证明，也未通知世界羽联、主办方和技术代表	每次违犯	150 美元并失去报名费
违犯“羽毛球比赛规则”（“世界羽联法规”4.1） 4 规定——羽毛球拍 未遵从友好礼节。	每次违犯	500 美元

05

第五章 CHAPTER 05

相关规定英文文本

注：本章内容为世界羽联颁布的“世界羽联法规”4.1、4.1.1（手势图除外）和 4.1.5 的英文原文，其标题形式与英文原文保持一致。

I . LAWS OF BADMINTON

In Force: 07/05/2022 Version 1.2

DEFINITIONS

Player	Any person playing Badminton.
Match	The basic contest in Badminton between opposing sides each of one or two players.
Singles	A match where there is one player on each of the opposing sides.
Doubles	A match where there are two players on each of the opposing sides.
Serving side	The side having the right to serve.
Receiving side	The side opposing the serving side.
Rally	A sequence of one or more strokes starting with the service, until the shuttle ceases to be in play.
Stroke	A movement of the player's racket with an intention to hit the shuttle.

The clauses in italics apply to Para badminton only.

1. COURT AND COURT EQUIPMENT

1.1. The court shall be a rectangle marked out with lines 40 mm wide as shown in Diagram A.

1.1.1. The court for Wheelchair Badminton shall be as shown in Diagrams D and E, respectively.

1.1.2. For Standing Badminton classes playing half-court the court for singles shall be as shown in Diagram F.

1.2. The lines marking out the court shall be easily distinguishable and preferably be coloured white or yellow.

1.3. All the lines shall form part of the area which they define.

1.4. The posts shall be 1.55 metres in height from the surface of the court and shall remain vertical when the net is strained as provided in Law 1.10.

1.5. The posts shall be placed on the doubles side lines as in Diagram A irrespective of whether singles or doubles is being played. The posts or its supports shall not extend into the court beyond the side lines.

1.6. The net shall be made of fine cord of dark colour and even thickness with a mesh of not less than 15 mm and not more than 20 mm.

1.7. The net shall be 760 mm in depth and at least 6.1 metres wide.

1.8. The top of the net shall be edged with a 75 mm white tape doubled over a cord or cable running through the tape. This tape shall rest upon the cord or cable.

1.9. The cord or cable shall be stretched firmly, flush with the top of the posts.

1.10. The top of the net from the surface of the court shall be 1.524 metres at the centre of the court and 1.55 metres over the side lines for doubles.

1.11. There shall be no gaps between the ends of the net and the posts. If necessary, the full depth of the net at the ends shall be tied to the posts.

DIAGRAM A

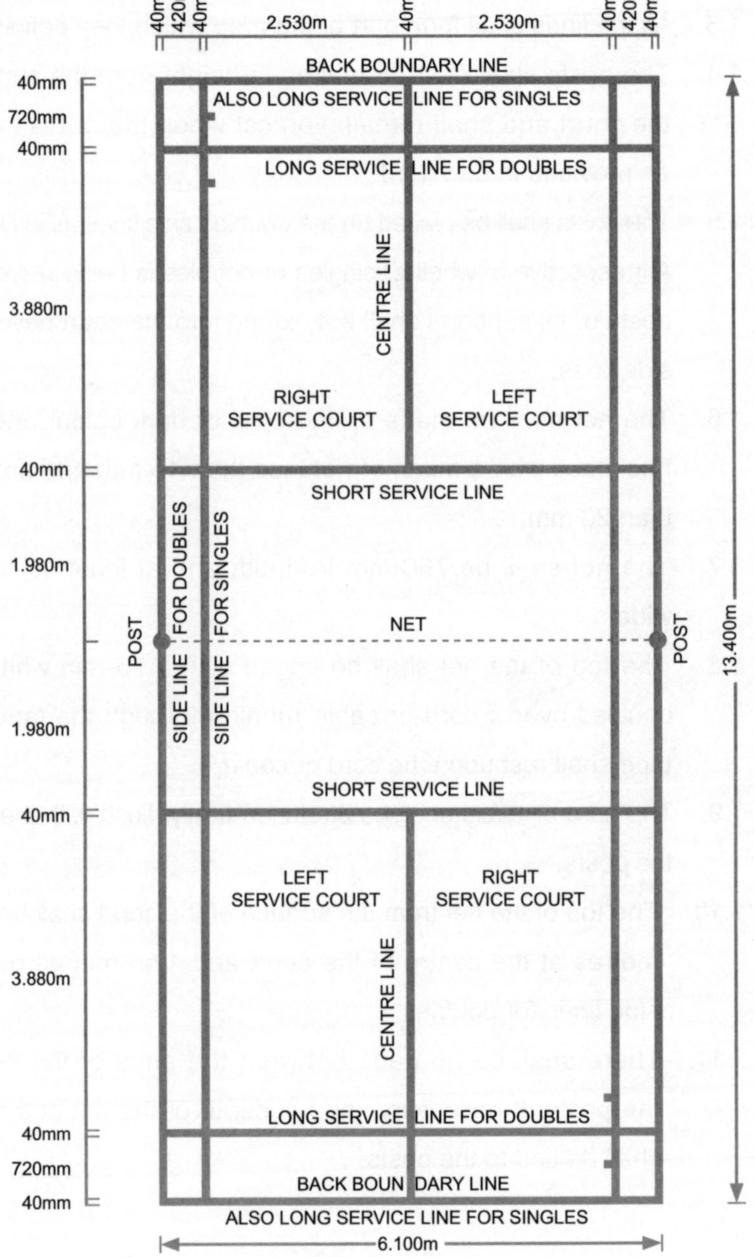

Note: (1) Diagonal length of full court=14.723m

(2) Court as shown above can be used for both singles and doubles play

(3) ** Optional testing marks as shown in Diagram B.

2. SHUTTLE

2.1. The shuttle shall be made of natural and/or synthetic materials. From whatever material the shuttle is made, the flight characteristics generally shall be similar to those produced by a natural feathered shuttle with a cork base covered by a thin layer of leather.

2.2. **Feathered Shuttle**

2.2.1. The shuttle shall have 16 feathers fixed in the base.

2.2.2. The feathers shall have a uniform length between 62 mm to 70 mm when measured from the tip to the top of the base.

2.2.3. The tips of the feathers shall lie on a circle with a diameter from 58 mm to 68 mm.

2.2.4. The feathers shall be fastened firmly with thread or other suitable material.

2.2.5. The base shall be 25 mm to 28 mm in diameter and rounded on the bottom.

2.2.6. The shuttle shall weigh from 4.74 to 5.50 grams.

2.3. **Non-Feathered Shuttle**

2.3.1. The skirt, or simulation of feathers in synthetic materials, shall replace natural feathers.

2.3.2. The base shall be as described in Law 2.2.5.

2.3.3. Measurements and weight shall be as in Laws 2.2.2, 2.2.3 and 2.2.6. However, because of the difference in the specific gravity and other properties of synthetic materials in comparison with feathers, a variation of up to 10 percent shall be acceptable.

2.4. Subject to there being no variation in the general design, speed and flight of the shuttle, modifications in the above specifications may be made with the approval of the Member

Association concerned, in places where atmospheric conditions due to either altitude or climate make the standard shuttle unsuitable.

3. TESTING A SHUTTLE FOR SPEED

3.1. To test a shuttle, a player shall use a full underhand stroke which makes contact with the shuttle over the back boundary line. The shuttle shall be hit at an upward angle and in a direction parallel to the side lines.

3.2. A shuttle of correct speed will land not less than 530 mm and not more than 990 mm short of the other back boundary line as in Diagram B.

DIAGRAM B

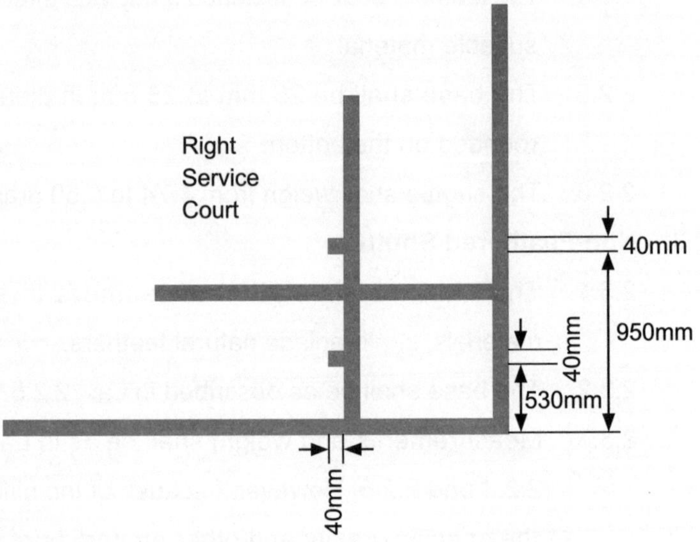

4. RACKET

4.1. The racket shall be a frame not exceeding 680 mm in overall length and 230 mm in overall width consisting of the main parts described in Laws 4.1.1 to 4.1.5 as illustrated in Diagram C.

4.1.1. The handle is the part of the racket intended to be gripped by a player.

4.1.2. The stringed area is the part of the racket with which it is intended that a player hits the shuttle.

4.1.3. The head bounds the stringed area.

4.1.4. The shaft connects the handle to the head (subject to Law 4.1.5).

4.1.5. The throat (if present) connects the shaft to the head.

DIAGRAM C

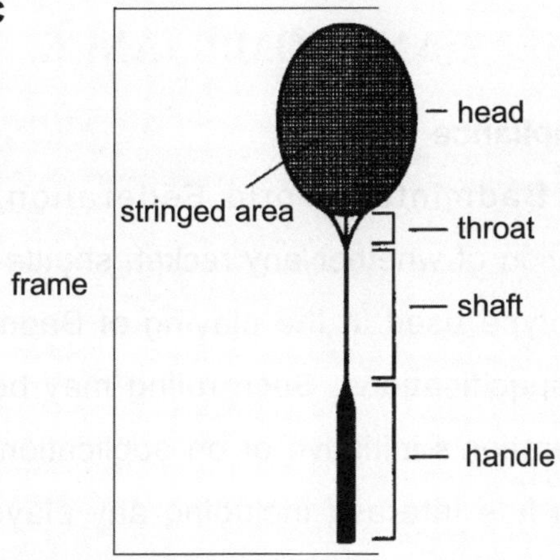

4.2. **The stringed area:**

4.2.1. shall be flat and consist of a pattern of crossed strings either alternately interlaced or bonded where they cross; and

4.2.2. shall not exceed 280 mm in overall length and 220 mm in overall width. However, the strings may extend into an area which otherwise would be the throat, provided that:

4.2.2.1. the width of the extended stringed area does not exceed 35 mm; and

4.2.2.2. the overall length of the stringed area does not then exceed 330 mm.

4.3. **The racket:**

4.3.1. shall be free of attached objects and protrusions, other than those used solely and specifically to limit or prevent wear and tear, or vibration, or to distribute weight, or to secure the handle by cord to the player's hand, and which are reasonable in size and placement for such purposes; and

4.3.2. shall be free of any device that makes it possible for a player to change materially the shape of the racket.

5. EQUIPMENT AND COMPLIANCE

5.1. Compliance

The Badminton World Federation shall rule on any question of whether any racket, shuttle or equipment or any prototype used in the playing of Badminton complies with the specifications. Such ruling may be undertaken on the Federation's initiative or on application by any party with a bona fide interest, including any player, technical official, equipment manufacturer or Member Association or member thereof.

5.2. Additional equipment for Para Badminton

For Para badminton, a wheelchair or a crutch may be used.

5.2.1. A player's body may be fixed to the wheelchair with an elastic belt.

5.2.2. A wheelchair may be equipped with supporting wheels, which may extend beyond the main wheel.

5.2.3. The player's feet must be fixed to the footrest of the wheelchair.

6. TOSS

6.1. Before play commences, a toss shall be conducted and the side winning the toss shall exercise the choice in either Law 6.1.1 or 6.1.2:

6.1.1. to serve or receive first;

6.1.2. to start play at one end of the court or the other.

6.2. The side losing the toss shall then exercise the remaining choice.

7. SCORING SYSTEM

7.1. A match shall consist of the best of three games, unless otherwise arranged (BWF Statutes, Section 4.1.3 and Section 4.1.4).

7.2. A game shall be won by the side which first scores 21 points, except as provided in Law 7.4 and 7.5.

7.3. The side winning a rally shall add a point to its score. A side shall win a rally, if the opposing side commits a 'fault' or the shuttle ceases to be in play because it touches the surface of the court inside the opponent's court.

7.4. If the score becomes 20-all, the side which gains a two point lead first, shall win that game.

7.5. If the score becomes 29-all, the side scoring the 30th point shall win that game.

7.6. The side winning a game shall serve first in the next game.

8. CHANGE OF ENDS

8.1. **Players shall change ends:**

8.1.1. at the end of the first game;

8.1.2. at the end of the second game, if there is to be a third game; and

8.1.3. in the third game when a side first scores 11 points, except in Handicap matches (BWF Statutes Section 4.1.3).

8.2. If the ends are not changed as indicated in Law 8.1, it shall be done so as soon as the mistake is discovered and when the shuttle is not in play. The existing score shall stand.

9. SERVICE

9.1. In a correct service, the flight of the shuttle shall be upwards from the server's racket to pass over the net so that, if not intercepted, it shall land in the receiver's service court (i.e. on or within the boundary lines); and

9.1.1. neither side shall cause undue delay to the delivery of the service once the server and the receiver are ready for the service.

9.1.2. on completion of the backward movement of the server's racket head, any delay in the start of the service (Law 9.2) shall be considered to be an undue delay;

9.1.3. the server and the receiver shall stand within diagonally opposite service courts (Diagram A) without touching the boundary lines of these service courts;

9.1.3.1. In Para badminton Wheelchair and Standing Classes playing half-court, Diagram D and F, respectively, apply.

9.1.4. some part of both feet of the server and the receiver shall remain in contact with the surface of the court in a stationary position from the start of the service (Law 9.2) until the service is delivered (Law 9.3);

9.1.4.1. In Wheelchair Badminton: from the start of the service and until the service is delivered, the wheels of the server and the receiver must be stationary, except the natural counter movement of the server's wheelchair.

9.1.5. the server's racket shall initially hit the base of the shuttle;

9.1.6. the whole shuttle shall be below 1.15 metres from the surface of the court at the instant of being hit by the server's racket;

9.1.6.1. In Wheelchair Badminton, the whole shuttle shall be below the server's armpit at the instant of being hit by the server's racket; Alternative Service Law 9.1.6 (b) also applies.

9.1.6.2 In Para badminton Standing Classes, the Alternative Service Laws apply (9.1.6 (a) and (b)).

9.1.7. the movement of the server's racket shall continue forwards from the start of the service (Law 9.2) until the service is delivered (Law 9.3);

9.1.8. in attempting to serve, the server shall not miss the shuttle.

9.2. Once the players are ready for the service, the first forward movement of the server's racket head shall be the start of the service.

9.3. Once started (Law 9.2), the service is delivered when the shuttle is hit by the server's racket or, in attempting to serve, the server misses the shuttle.

9.4. The server shall not serve before the receiver is ready. However, the receiver shall be considered to have been ready if a return of the service is attempted.

9.5. In doubles, during the delivery of service (Law 9.2, 9.3), the partners may take up any positions within their respective courts, which do not unsight the opposing server or receiver.

10. SINGLES

10.1. **Serving and receiving courts**

10.1.1. The players shall serve from, and receive in, their respective right service courts when the server has not scored or has scored an even number of points in that game.

10.1.2. The players shall serve from, and receive in, their respective left service courts when the server has scored an odd number of points in that game.

10.1.3. In Para badminton Classes playing half-court, the server and receiver shall serve from and receive in their respective service courts.

10.2. **Order of play and position on court**

10.2.1. In a rally, the shuttle may be hit by the server and the receiver alternately, from any position on that player's side of the net, until the shuttle ceases to be in play (Law 15).

10.3. **Scoring and serving**

10.3.1. If the server wins a rally (Law 7.3), the server shall score a point. The server shall then serve again from the alternate service court.

10.3.2. If the receiver wins a rally (Law 7.3), the receiver shall score a point. The receiver shall then become the new server.

11. DOUBLES

11.1. **Serving and receiving courts**

11.1.1. A player of the serving side shall serve from the right service court when the serving side has not scored or has scored an even number of points in that game.

11.1.2. A player of the serving side shall serve from the left service court when the serving side has scored an odd number of points in that game.

11.1.3. The player of the receiving side who served last shall stay in the same service court from where he served last. The reverse pattern shall apply to the receiver's partner.

11.1.4. The player of the receiving side standing in the diagonally opposite service court to the server shall be the receiver.

11.1.5. The players shall not change their respective service courts until they win a point when their side is serving.

11.1.6. Service in any turn of serving shall be delivered from the service court corresponding to the serving side's score, except as provided in Law 12.

11.2. **Order of play and position on court**

After the service is returned, in a rally, the shuttle may be hit by either player of the serving side and either player of the receiving side alternately, from any position on that player's side of the net, until the shuttle ceases to be in play (Law 15).

11.3. **Scoring and serving**

11.3.1. If the serving side wins a rally (Law 7.3), the serving side shall score a point. The server shall then serve again from the alternate service court.

11.3.2. If the receiving side wins a rally (Law 7.3), the receiving side shall score a point. The receiving side shall then become the new serving side.

11.4. **Sequence of serving**

In any game, the right to serve shall pass consecutively:

11.4.1. from the initial server who started the game from the right service court;

11.4.2. to the partner of the initial receiver;

11.4.3. to the partner of the initial server;

11.4.4. to the initial receiver;

11.4.5. to the initial server and so on.

11.5. No player shall serve or receive out of turn, or receive two consecutive services in the same game, except as provided in Law 12 or when a fault for misconduct is called.

11.6. Either player of the winning side may serve first in the next game, and either player of the losing side may receive first in the next game.

12. SERVICE COURT ERRORS

12.1. A service court error has been made when a player:

12.1.1. has served or received out of turn; or

12.1.2. has served or received from the wrong service court;

12.2. If a service court error is discovered, the error shall be corrected and the existing score shall stand.

13. FAULTS

It shall be a 'fault':

13.1. if a service is not correct (Law 9.1);

13.2. if, in service, the shuttle:

13.2.1. is caught on the net and remains suspended on its top;

13.2.2. after passing over the net, is caught in the net; or

13.2.3. is hit by the receiver's partner;

13.3. if in play, the shuttle:

13.3.1. lands outside the boundaries of the court (i.e. not on or within the boundary lines);

13.3.2. fails to pass over the net;

13.3.3. touches the ceiling or side walls;

13.3.4. touches the person or dress of a player;

13.3.4.1. In Para badminton a Wheelchair or Crutch is considered part of the player's person.

13.3.5. touches any other object or person outside the court;

(Where necessary on account of the structure of the building, the local badminton authority may, subject to the right of veto of its Member Association, make bye-laws dealing with cases in which a shuttle touches an obstruction).

13.3.6. is caught and held on the racket and then slung during the execution of a stroke;

13.3.7. is hit twice in succession by the same player. However, a shuttle hitting the head and the stringed area of the racket in one stroke shall not be a 'fault';

13.3.8. is hit by a player and the player's partner successively; or

13.3.9. touches a player's racket and does not travel towards the opponent's court;

13.3.10. in wheelchair badminton if the shuttle is:

13.3.10.1. caught on the net and remains suspended on top; or

13.3.10.2. after passing over the net is caught in the net.

13.4. if, in play, a player:

13.4.1. touches the net or its supports with racket, person or dress;

13.4.2. invades an opponent's court over the net with racket or person except that the striker may follow the shuttle over the net with the racket in the course of a stroke after the initial point of contact with the shuttle is on the striker's side of the net;

13.4.3. invades an opponent's court under the net with racket or person such that an opponent is obstructed or distracted; or

13.4.4. obstructs an opponent, i.e. prevents an opponent from making a legal stroke where the shuttle is followed over the net;

13.4.5. deliberately distracts an opponent by any action such as shouting or making gestures;

13.4.6. in Wheelchair Badminton

13.4.6.1. at the moment the shuttle is hit no part of the players' trunk is in contact with the seat of the wheelchair.

13.4.6.2. if the fixation of a foot to the footrest is lost.

13.4.6.3. during play, the player touches the floor

with any part of the feet.

13.5. if a player is guilty of flagrant, repeated or persistent offences under Law 16.

14. LETS

14.1. 'Let' shall be called by the umpire, or by a player (if there is no umpire), to halt play.

14.2. It shall be a 'let', if:

14.2.1. the server serves before the receiver is ready (Law 9.4);

14.2.2. during service, the receiver and the server are both faulted;

14.2.3. after the service is returned, the shuttle is:

14.2.3.1. caught on the net and remains suspended on its top;

14.2.3.1.1. except in Wheelchair Badminton when it is a fault,

or

14.2.3.2. after passing over the net is caught in the net;

14.2.3.2.1. except in Wheelchair Badminton when it is a fault.

14.2.4. during play, the shuttle disintegrates and the base completely separates from the rest of the shuttle;

14.2.5. in the opinion of the umpire, play is disrupted or a player of the opposing side is distracted by a coach;

14.2.6. a line judge is unsighted and the umpire or Instant Review System is unable to make a decision; or

14.2.7. any unforeseen or accidental situation has

occurred.

14.3. When a 'let' occurs, play since the last service shall not count and the player who served last shall serve again.

15. SHUTTLE NOT IN PLAY

A shuttle is not in play when:

15.1. it strikes the net or post and starts to fall towards the surface of the court on the striker's side of the net;

15.2. it hits the surface of the court; or

15.3. a 'fault' or a 'let' has occurred.

16. CONTINUOUS PLAY, MISCONDUCT & PENALTIES

16.1. Play shall be continuous from the first service until the match is concluded, except as allowed in Laws 16.2 and 16.3, *and, for Wheelchair Badminton, 16.5.3.*

16.2. **Intervals:**

16.2.1. not exceeding 60 seconds during each game when the leading score reaches 11 points, except Handicap matches (BWF Statutes Section 4.1.3).

16.2.2. not exceeding 120 seconds between the first and second game, and between the second and third game shall be allowed in all matches.

(For a televised match, the Referee may decide before the match that intervals as in Law 16.2 are mandatory and of fixed duration).

16.3. **Suspension of play**

16.3.1. When necessitated by circumstances not within the control of the players, the umpire may suspend play for such a period as the umpire may consider necessary.

16.3.2. Under special circumstances the Referee may instruct the umpire to suspend play. In Para badminton, repair of additional equipment for Para badminton (Law 5.2) may be considered a special circumstance.

16.3.3. If play is suspended, the existing score shall stand and play shall be resumed from that point.

16.4. **Delay in play**

16.4.1. Under no circumstances shall play be delayed to enable a player to recover strength or wind or to receive advice.

16.4.2. The umpire shall be the sole judge of any delay in play.

16.5. **Advice and leaving the court**

16.5.1. Only when the shuttle is not in play (Law 15) and until the players have taken up position to serve and receive shall a player be permitted to receive advice during a match.

16.5.2. No player shall leave the court during a match without the umpire's permission causing delay to play, except during the intervals as described in Law 16.2.

16.5.3. In Wheelchair Badminton, a player may be allowed to leave the court for one additional interval during a match in order to catheterise. The player shall be accompanied by any BWF appointed Technical Official.

16.6. **A player shall not:**

16.6.1. deliberately cause delay in, or suspension of, play;

16.6.2. deliberately modify or damage the shuttle in order to change its speed or its flight;

16.6.3. behave in an offensive or inappropriate manner; or

16.6.4. be guilty of misconduct not otherwise covered by the Laws of Badminton.

16.7. **Administration of breach**

16.7.1. The umpire shall administer any breach of Law 16.2, 16.4.1, 16.5.2 or 16.6 by:

16.7.1.1. issuing a warning to the offending side; or

16.7.1.2. faulting the offending side, if previously warned; or

16.7.1.3. faulting the offending side in cases of flagrant offence or breach.

16.7.2. On faulting a side (Law 16.7.1.2 or 16.7.1.3), the umpire shall report the offending side immediately to the Referee, who shall have the power to disqualify the offending side from the match.

17. OFFICIALS AND APPEALS

17.1. The Referee shall be in overall charge of the tournament or championship(s) of which a match forms part.

17.2. The umpire, where appointed, shall be in charge of the match, the court and its immediate surrounds. The umpire shall report to the Referee.

17.3. The service judge shall call service faults made by the server should they occur (Law 9.1.2 to 9.1.8).

17.4. A line judge shall indicate whether a shuttle landed 'in' or 'out' on the line(s) assigned.

17.5. An official's decision shall be final on all points of fact for which that official is responsible except that if,

17.5.1. in the opinion of the umpire, it is beyond

reasonable doubt that a line judge has clearly made a wrong call, the umpire shall overrule the decision of the line judge.

17.5.2. an Instant Review System is in operation, the system in operation shall decide on any line call challenge (BWF Statutes, Section 4.1.8).

17.6. **An umpire shall:**

17.6.1. uphold and enforce the Laws of Badminton and, especially, call a 'fault' or a 'let' should either occur;

17.6.2. give a decision on any appeal regarding a point of dispute, if made before the next service is delivered;

17.6.3. ensure players and spectators are kept informed of the progress of the match;

17.6.4. appoint or replace line judges or a service judge in consultation with the Referee;

17.6.5. where another technical official is not appointed, arrange for that official's duties to be carried out;

17.6.6. where an appointed official is unsighted, carry out that official's duties or play a 'let';

17.6.7. record and report to the Referee all matters relating to Law 16; and

17.6.8. refer to the Referee all unsatisfied appeals on questions of law only. (Such appeals must be made before the next service is delivered or, if at the end of the match, before the side that appeals has left the court.)

Note: In all diagrams that follow [light grey] =court area for play and [dark grey] =service area

DIAGRAM D

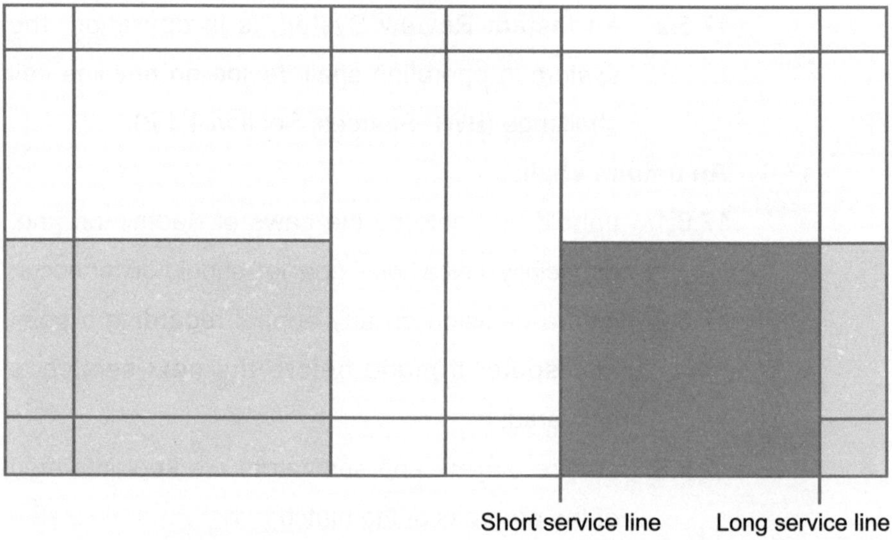

Court and service court for Para badminton wheelchair Classes singles.

DIAGRAM E

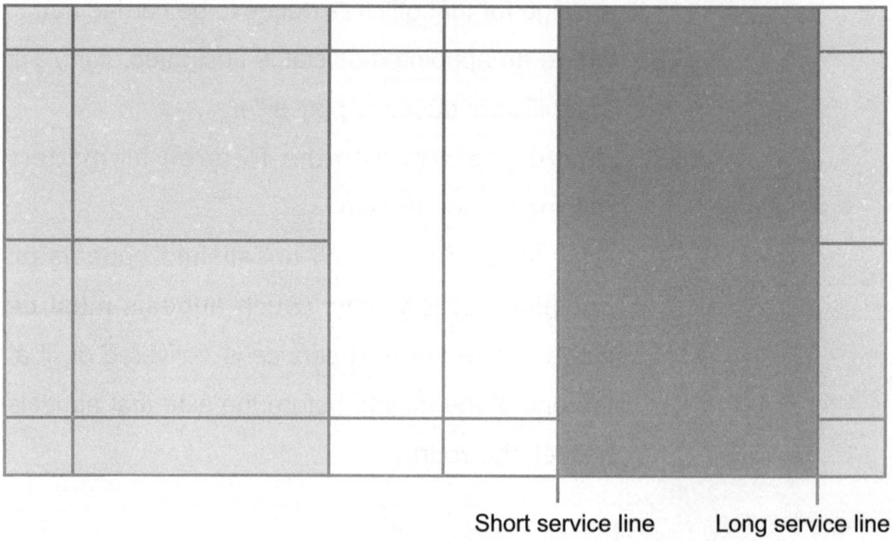

Court and service court for doubles Para badminton wheelchair Classes doubles.

DIAGRAM F

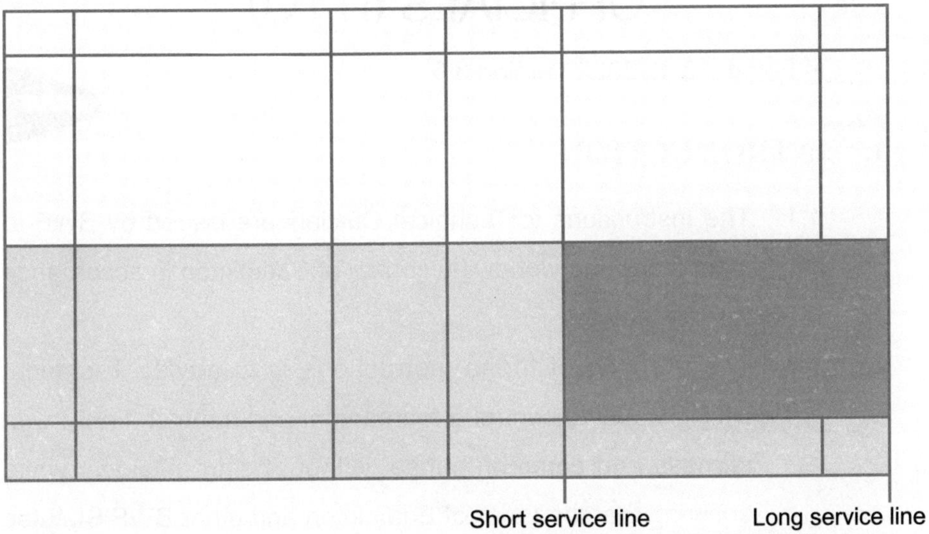

Court and service court for Para badminton singles standing Classes playing half-court.

All other standing Classes will play standard court (Diagram A) for both singles and doubles.

Ⅱ. INSTRUCTIONS TO TECHNICAL OFFICIALS (ITTO)

In Force: 13/11/2022 Version 3.0

BWF

1. INTRODUCTION

1.1. The Instructions to Technical Officials are issued by BWF to standardize the worldwide control of Badminton in accordance with its Statutes.

1.2. The purpose of these Instructions is to advise Technical Officials how to control a tournament and a match firmly, with fairness and common sense, without being officious, while ensuring that the Laws of Badminton and other BWF Statutes are observed.

1.3. All Technical Officials shall remember that Badminton is for the players.

1.4. In these Instructions, words signifying the masculine gender include the feminine and neuter genders and vice versa. References to "Instructions" are to individual clauses in this document, while references to "Laws" are to the Laws of Badminton (BWF Statutes, Section 4.1).

1.5. The Instructions generally apply to Para badminton. However, when Instructions to Para Badminton Technical Officials are agreed, their specific clauses shall supersede these Instructions in Para badminton tournaments.

2. OFFICIALS AND THEIR DECISIONS

2.1. A Referee is appointed for all BWF sanctioned tournaments by BWF (Grade 1, Grade 2–Levels 1 to 6) or by a Continental

Confederation ("CC") (Grade 3). The Referee is in overall charge of the tournament (Law 17.1). Where appointed, the Deputy Referee(s) will have the same roles and responsibilities as the Referee.

2.2. An Umpire is appointed for a match by the Referee and shall report to, and act under, the authority of the Referee (Law 17.2).

2.3. A Service Judge and Line Judges are normally appointed for a match by the Referee and can be replaced by the Referee or the Umpire in consultation with each other (Law 17.6.4).

2.4. An Official's decision shall be final on all points of fact for which that Official is responsible, except that:

2.4.1. If, in the opinion of the Umpire, it is beyond reasonable doubt that a Line Judge has clearly made a wrong call, the Umpire shall overrule the decision of the Line Judge (Law 17.5.1); or

2.4.2. When an Instant Review System (IRS) is in operation, it shall be used to decide on any line call challenge (Law 17.5.2).

2.5. When another official is unsighted, the Umpire shall make the decision. When no decision can be made, a 'let' shall be called (Law 17.6.6), unless IRS is in use, in which case it will be used to decide on the line call (BWF Statutes, Section 4.1.8, Regulation 1.2).

2.6. The Umpire shall be in charge of the court and its immediate surrounds (Law 17.2).

2.7. The Umpire's jurisdiction shall exist from entering the Field Of Play before the match until leaving the Field Of Play after the match. The Field Of Play is defined as the total area upon which the courts are laid and where spectators are not allowed.

3. INSTRUCTIONS AND GUIDELINES FOR REFEREES

3.1. **General**

3.1.1. The Referee is in overall charge of the tournament (Law 17.1). The Referee shall consult with the BWF (or CC) Events Officer in charge, if on site, and the Organising Committee, particularly in tournaments at the highest levels, on contract related issues before taking major decisions.

3.1.2. The Referee's responsibility for appointing Umpires, Service Judges and Line Judges (Instructions 2.2 and 2.3) for all matches may be delegated to Deputy Referees or other Officials (e.g. Umpire Coordinator), but the overall responsibility remains with the Referee. As far as possible, neutral Technical Officials shall be appointed to a match.

3.1.3. The Referee shall lead and manage the Technical Officials for the tournament and ensure that they know and perform their duties in accordance with the Laws of Badminton and the BWF (and when appropriate the CC) statutes and guidelines. The Referee shall hold regular briefings to ensure that all Technical Officials and other stakeholders (Team Managers, Organisers, etc.) are aware of their responsibilities and how best to discharge them, and to make them aware of any relevant decisions taken. If necessary, the Referee shall prepare and distribute a handout or memo.

3.1.4. The Referee (or a Deputy Referee) shall be available on the Field Of Play at all times from well before the scheduled start of play until after play is finished for the day. The Referee shall observe play and take all necessary steps to ensure that play is fair and safe for the players and Officials.

3.1.5. The Referee is responsible for keeping BWF (or the relevant CC) informed about the daily results of the tournament. Any major incident during the tournament shall be reported as early as possible accompanied by available evidence and statements from the Officials involved. After the conclusion of the tournament, a full report using the standard template shall be delivered to BWF (and/or CC) within the stipulated time.

3.2. **Before Arrival at the Tournament**

3.2.1. After accepting an appointment, the Referee shall contact the Tournament Director and other key stakeholders (e.g. Deputy Referee(s), local Deputy, the BWF or CC Events Staff appointed to the tournament, if any) to introduce himself and start an initial dialogue to form the foundation of a productive working relationship. Communication channels and responsibilities shall be agreed and coordinated between the Referee and the BWF or CC Events Staff.

3.2.2. The Referee shall be aware of the required timeline (BWF Statutes, Section 5.3.2) for pre-tournament activities (e.g. publishing of the Prospectus, M&Q report, conducting the draw) and shall liaise with the BWF or CC Events Staff to ensure that these activities are completed on time.

3.2.3. Well ahead of the tournament, the Referee shall contact the BWF or CC office to request a copy of the Referee's Report from the previous edition of the tournament, if it has not already been provided. The Referee shall familiarize himself with any major issues that were highlighted in the previous year's report. The report as a whole should be considered confidential and not forwarded to personnel outside the Referee team.

3.2.4. The Referee shall, assisted by the BWF or CC staff, approve the Prospectus before it is published.

3.2.4.1. The Referee shall check that the Prospectus contains all required information (BWF Statutes, Section 5.1 ("GCR"), Regulation 10).

3.2.4.2. The Referee shall ensure that the provisional schedule contained in the Prospectus (playing hours, rounds per day, number of courts), is realistic and fair to the players while taking into account the needs of the tournament and, if applicable, any BWF (or CC) regulations pertaining to that level of tournament (e.g. BWF World Tour Regulations (BWF Statutes, Section 5.2.2, Regulation 6.7)).

3.2.4.3. The tournament's provisional schedule of play shall not be published until the Prospectus is approved.

3.2.5. Well ahead of the tournament, the Referee shall send to the organisers a checklist requesting pertinent information to ensure that the key elements required for a successful and smooth-running tournament are in place and that plans are developed to address any gaps.

3.2.5.1. The checklist shall be carefully prepared and adapted to the tournament level and the experience of the organizing committee in order to avoid duplication of work.

3.2.5.2. The initial checklist should focus on items that need to be confirmed well in advance of the Referee's arrival at the venue, for example ensuring that adequate practice facilities required for the level of tournament are arranged, that planning for any items pertaining to required health and safety procedures is on track, as well as any major logistical issues described in the previous year's Referee's Report.

3.2.5.3. The Referee shall include a request for a detailed lay-out covering the Field Of Play and adjacent areas accessed by players. For higher level BWF Tournaments, information on pertinent aspects of the venue outside the Field Of Play should also be sought.

3.2.5.4. The Referee shall include a request for a transport schedule covering the official hotels, venue and any other training facilities.

3.2.5.5. The Referee should follow up with the organisers, at appropriate intervals, to receive updates on any action items identified to ensure that all major issues have been addressed prior to arrival at the tournament. Any follow-up activities shall be coordinated between the Referee and the BWF or CC Events Staff, when such staff is appointed to the tournament.

3.2.5.6. A secondary checklist covering routine, less critical items and items with a shorter timeline to resolution can be sent by the Referee to the organisers in the few weeks leading up to the tournament, or discussed individually, as necessary.

3.2.5.7. Based on the number of courts to be used and per any regulations and guidelines applicable to the level of tournament, the Referee shall ensure that a suitable number of Umpires and Line Judges of appropriate experience and neutrality have been arranged/appointed to the tournament.

3.2.6. The Referee shall, assisted by the BWF or CC staff, approve the initial M&Q report in a timely manner before it is published.

3.2.6.1. The Referee shall carefully check the initial M&Q report for accuracy around the date of the World Rankings used (BWF Statutes, Section 5.3.2), adjusted and notional ranking calculations (GCR, Regulation 11.6), protected ranking (BWF Statutes, Section 5.3.6), permissible number of entries per event per Member (where applicable), listing of entries in the main draw, qualifying draw or reserve list.

3.2.6.2. The Referee shall check that any updates made to the initial M&Q report accurately reflect any withdrawals that have been received since the latest version.

3.2.6.3. Upon receiving the Seeding Report, the Referee shall check that the designated seeds in the main draw and qualifying draw (if applicable) are correct based on the applicable World Ranking date (BWF Statutes, Section 5.3.2), and requirements around use of adjusted/notional rankings (GCR, Regulation 11.6.4).

3.2.7. The Referee shall approve the draw in a timely manner before it is published.

3.2.7.1. The Referee shall carefully check the draw to ensure that seeds, byes and any qualifying entries have been placed correctly (GCR, Regulations 11.9, 11.13), and that separation of entries is in accordance with Regulations 11.11-11.14 of the GCR or as described in the tournament-specific Regulations.

3.2.8. The Referee shall maintain a list of all withdrawals received after the draw is published and check that the organizers correctly inform any members whose players are in line to be promoted and that responses from members are received. The Referee shall be copied on all such communications.

3.2.9. The Referee shall ensure that after it is initially

published, the draw is not republished showing withdrawals etc. until the conclusion of the Team Managers' Meeting.

3.3. **Arrival at the Tournament**

3.3.1. The Referee shall make travel arrangements such that the timing of arrival at the tournament is consistent with the details provided in the invitation letter from BWF/CC or with any agreement subsequently made with BWF/CC.

3.3.2. The Referee shall meet with the Tournament Director/ Chair of Organising Committee, as appropriate, as soon as is practical after arrival, to go over all logistical details and resolve any outstanding matters that may have arisen during the pre-arrival communication.

3.3.3. The Referee shall meet with other key stakeholders, as necessary, prior to the start of the tournament (e.g. BWF/CC Events Officer, Field Of Play Coordinator, Umpire and Line Judge Coordinators, Umpire Assessors, Referee Assessors, Head of Security and TV Coordinator).

3.3.4. The Referee shall review the transportation schedule between the hotel(s) and the competition venue and training venues, if they are at different locations, to ensure it provides for adequate coverage.

3.3.4.1. In particular, the Referee shall ensure that:

3.3.4.1.1. The first trip of each day has adequate capacity and is timed to deliver the players and Technical Officials to the venue sufficiently ahead of the start of play after allowing for local traffic conditions.

3.3.4.1.2. The timing of the last trip of the day has adequate flexibility to account for uncertainty in the time of the conclusion of play.

3.3.5. The Referee shall be familiar with all pertinent aspects of the venue outside of the Field Of Play, and in particular:

3.3.5.1. Ensure, to the extent possible, that the venue infrastructure is safe for players, Technical Officials, other stakeholders, and spectators.

3.3.5.2. Ensure that adequate security has been arranged and that procedures to be followed in the event of an emergency are in place and understood.

3.3.5.3. Ensure that the designated room for doping testing is adequate in terms of privacy, security and amenities.

3.3.5.4. Ensure that any supporting medical facilities (e.g. physio room) are clean and adequate for the level of the tournament.

3.3.5.5. Check the adequacy and functionality of toilets and changing rooms.

3.3.5.6. Ensure that the size and appearance of any media facility/facilities and mixed zone are appropriate for the level of the tournament.

3.3.5.7. Confirm the locations of the seating areas for players, Technical Officials, and VIPs.

3.3.5.8. Confirm the locations of the lounges for players and Technical Officials.

3.3.5.9. Confirm the arrangements (space and cost etc.) for rackets restringing.

3.3.6. The Referee shall conduct an initial inspection of the Field Of Play and inform the tournament staff of any remedial action that needs to be undertaken prior to the final walk-through. In particular, the Referee shall:

3.3.6.1. Check that the court surface is of good quality and safe for the players.

3.3.6.2. Check that there is adequate space surrounding each court, and that the background is free from extraneous light and light-coloured backgrounds are minimized as much as is practicable.

3.3.6.3. Check that the court mats have the required run-offs at the back of the court and for the sidelines (BWF Statutes, Section 5.3.4, Regulation 2.1.2.1).

3.3.6.4. Check that the lighting over each court is adequate, evenly spread and positioned as optimally as possible. If applicable, verify that the lighting meets the minimum requirement for TV (BWF Statutes, Section 5.3.4, Regulation 5).

3.3.6.5. Finalize the placement of all hardware on the Field Of Play (e.g. positioning of Umpire, Service Judge, Line Judge, Coaches and Court Attendant chairs, service height measuring devices, shuttle dispensers (if applicable), shuttle bins, interval boards, A-boards (manual and digital), scoreboards and TV cameras/microphones).

3.3.6.6. Check if the chairs for the Technical Officials are ergonomically suitable for prolonged seating during consecutive matches and over the multiple days of the tournament.

3.3.6.7. Confirm which areas on the Field Of Play photographers will be permitted to work from and how they will access those areas.

3.3.7. The Referee shall confirm the locations of Match Control, Shuttle Control, Field Of Play Coordinator, Information Technology (IT) Coordinator, and of the Referee desk and medical personnel.

3.3.8. If an Instant Review System (IRS) will be in operation, the Referee shall review the location of the IRS booth. Ensure and test that a suitable back-up system has been established in case communication between the IRS booth and the IRS result display/Field Of Play is interrupted.

3.3.9. The Referee shall confirm with Shuttle Control the procedure for delivery and removal of shuttles before and after each match (i.e. whether this will be done by Shuttle Control or by the Service Judge).

3.3.10. The Referee shall review and approve the practice schedule, and in particular:

3.3.10.1. Ensure that the practice schedule for the first day(s) is fair to all players/teams and takes account of the size of the player contingents from each Member.

3.3.10.2. Check that the allotted practice times prior to the start of the tournament are consistent with known arrival times of the players.

3.3.10.3. Confirm that the transportation times between the venue and hotel(s) takes account of the practice schedule.

3.3.10.4. Inspect the practice and warm-up courts. Ensure they provide for safe playing conditions, and that their number and available hours are in accordance, as far as possible, with the requirements of BWF Statutes, Section 5.3.4, Regulation 9.

3.3.10.5. Ensure that practice time on the competition courts each day has been arranged according to the regulations for that level of tournament.

3.3.10.6. Ensure that practice shuttles are made available to players as required for the level of tournament and as specified in the Prospectus.

3.3.11. The Referee shall decide and communicate to relevant parties who will have responsibility for maintaining the official working copy of the Tournament Planner (TP) file at all times.

3.3.12. The Referee shall confirm the location of the pre-match player's assembly point, and make decisions around the logistics of announcement of matches and for march-on and march-off procedures for players and Technical Officials.

3.3.13. The Referee shall ensure that the provisional

schedule for the first day of play is established (but not published) prior to any changes that may result from the execution of withdrawals and promotions at the Team Managers' Meeting.

3.3.13.1. If not already established (as should be the case for higher level BWF Tournaments), the Referee shall determine whether, for the early rounds, matches will be pre-assigned to specific courts, allocated on a 'next available' basis, or a combination of both (e.g. if live streaming and/or TV on some courts will be in effect).

3.3.13.2. The Referee shall determine if the Umpires will work in shifts, in teams on pre-assigned courts, or on a rotational basis during the initial days of the tournament. Ensure the details of any such arrangements are finalized prior to the initial Umpire Briefing.

3.3.14. The Referee, accompanied by his Deputy/Deputies and other key stakeholders, shall conduct a final walk-through of the Field Of Play at a pre-arranged time and verify that all requests and corrective actions identified in the initial inspection(s) have been implemented.

3.4. **Meetings and Briefings**

The Team Managers' Meeting

3.4.1. Before the Team Managers' Meeting, the Referee shall:

3.4.1.1. Inspect the meeting room to ensure it is of

appropriate size and has the necessary equipment (e.g. projector, screen, laptop connecting cable, microphone).

3.4.1.2. Check that the time and location of the meeting has been communicated to all Team Managers.

3.4.1.3. Ensure that a sign-in sheet has been prepared.

3.4.1.4. Check that copies of the draw and other materials (e.g. withdrawal form, video recording permits, practice request form, transport schedule) have been prepared as handouts for distribution at the meeting.

3.4.1.5. Review with the Deputy/Deputies the material to be covered at the meeting including checking the current list of withdrawals and the logistics to be used for execution of promotions.

3.4.2. The Referee shall conduct the Team Managers' Meeting in a professional but relaxed manner that conveys calm authority and which establishes a sense of approachability. In particular, the Referee shall:

3.4.2.1. Speak clearly, slowly and use simple language.

3.4.2.2. Make use of an interpreter, if necessary.

3.4.2.3. Pause after each section to allow the opportunity for questions to be raised.

3.4.3. The Referee shall use any template provided and customize the presentation to focus as much as possible on details and logistics associated with the specific tournament in question, including contact details during the tournament, as well as on any recently changed Laws/Regulations.

3.4.3.1. Judge the pace and depth for which the more generic material is covered based on the experience of the Team Managers present.

3.4.3.2. Ensure any material mandated by the BWF/CC office is included in the presentation (e.g. content around ethics/integrity).

3.4.3.3. Remind the Team Managers whether the fixed height service or alternative service laws will be in use at the tournament.

3.4.4. The Referee shall execute withdrawals, forced withdrawals, promotions, and substitutions associated with the main and qualifying draws at the end of the meeting.

3.4.4.1. Distribute a 'Player Withdrawal Form' to each Team Manager at the start of the Team Managers' Meeting for documenting the withdrawal of players not previously communicated.

3.4.4.2. Add any withdrawals communicated at the meeting to those received after the draws were published. Confirm if withdrawn players are present at the tournament.

3.4.4.3. If the Team Manager of a player to be promoted from the reserve list cannot confirm immediately that the player will be present at the tournament and will play, then do not promote that player and instead move on to the next player on the reserve list.

3.4.4.4. When more than one player/pair is to be promoted to the main or qualifying draw, process the promotions drawing both players and positions in the draw.

3.4.5. The Referee shall do a redraw only if play in that draw has not begun and either:

3.4.5.1. An error has been made in the control of entries or in making the draw;

3.4.5.2. In exceptional circumstances, a main draw has been rendered severely imbalanced and there is no qualifying; or

3.4.5.3. A particular qualifying draw has been rendered severely imbalanced after withdrawals and promotions.

3.4.5.3.1. A qualifying draw is considered to be severely imbalanced if, after withdrawals and promotions, more than one qualifying position (Q1, Q2, etc.) will be unfilled (GCR, Regulation 15.3.2).

3.4.6. At the conclusion of the meeting, the Referee shall approve any changes required to the first day's match schedule as a result of the executed withdrawals, forced withdrawals, promotions, and substitutions. In particular, the Referee shall:

3.4.6.1. Ensure that the executed withdrawals, forced withdrawals, promotions, substitutions, and any redraws are entered and documented correctly in the TP file, along with any changed match times.

3.4.6.2. Ensure that the updated TP file is published and a back-up copy e-mailed to the BWF/CC office.

3.4.6.3. Ensure that the updated draw and schedule is published online as soon as possible.

3.4.7. The Referee shall document in the Referee's Report any Member whose team or players were not represented at the Team Managers' Meeting.

The Umpires' Briefing

3.4.8. Before the Umpires' Briefing, the Referee shall:

3.4.8.1. Inspect the briefing room to ensure it is of appropriate size and has the necessary equipment (e.g. projector, screen, laptop connecting cable, microphone).

3.4.8.2. Check that the time and location of the briefing has been communicated to all Umpires.

3.4.8.3. Check if there are any local by-laws regarding 'Lets' or 'Faults', should a shuttle hit an obstruction.

3.4.8.4. Review with the Deputy/Deputies the material to be covered at the briefing.

3.4.9. The Referee shall conduct the Umpires' Briefing in a professional but relaxed manner that conveys calm authority and approachability and which promotes a sense of teamwork. In particular, the Referee shall:

3.4.9.1. Speak clearly, slowly and use simple language.

3.4.9.2. Pause after each section to allow the

opportunity for questions to be raised.

3.4.10. The Referee shall use any template provided and customize the presentation to focus as much as possible on Umpire details and logistics associated with the specific tournament in question (e.g. location of assembly point, march-on and march-off procedures, number of line judges, any local by-laws regarding 'Lets' or 'Faults', should a shuttle hit an obstruction). In particular, the Referee shall:

3.4.10.1. Remind the Umpires of any recent changes to the Laws and ITTO.

3.4.10.2. Judge the pace and depth for which the more generic material is covered based on the experience of the Umpire crew.

3.4.10.3. If applicable, communicate any special considerations that may apply to the TV court(s) (e.g. intervals are mandatory, implementation of IRS).

3.4.10.4. If necessary, review operation of any scoring device that will be used.

3.4.10.5. If the fixed height service law will be used at the tournament, ensure all the Umpires are familiar with the correct use of the service height measuring device and provide an opportunity for training if required.

3.4.10.6. If IRS will be used at the tournament, remind the Umpires to refamiliarise themselves with the IRS regulations (BWF Statutes, Section 4.1.8) and the associated vocabulary.

3.4.10.7. Remind the Umpires of their obligations under BWF Code of Ethics (BWF Statutes, Section 2.1) and Code of Conduct for Technical Officials (BWF Statutes, Section 2.2.5), particularly as related to betting and wagering, and the use of social media.

3.4.11. The Referee shall communicate details around the disposition of Umpire duties, including neutrality for the first days of the tournament (e.g. whether Umpires will work in shifts, on pre-assigned courts in teams, or on a rotational basis).

3.4.12. If present, the Referee shall leave sufficient time at the end of the briefing for the Umpire Assessors to address the Umpires.

The Line Judges' Briefing

The Referee shall:

3.4.13. Meet with the Line Judges prior to the start of the tournament.

3.4.14. Speak to the Line Judges in a manner that conveys calm authority, approachability, and which puts the Line Judges at ease. In particular, the Referee shall:

3.4.14.1. Speak clearly, slowly and use simple language.

3.4.14.2. Make use of an interpreter, if necessary.

3.4.15. Emphasize to the Line Judges that they are an important part of the Technical Officials team.

3.4.16. Review briefly the Line Judge duties and expectations, and address any questions that arise.

3.4.17. Ensure that the Line Judge Coordinator has

been briefed regarding march-on and march-off procedures.

3.5. Court Management and Towards the Finals Day

General

3.5.1. The Referee shall keep aware of the general progression of all aspects of the tournament both within and outside of his direct areas of responsibility. In particular, the Referee shall:

3.5.1.1. Meet, as necessary, with members of the Organising Committee as the tournament progresses and as specific issues arise.

3.5.1.2. Redirect to the appropriate stakeholders any questions/ problems that fall outside of the Referee's immediate area of jurisdiction, but be sure to follow up at a suitable juncture to ensure that the problem has been addressed satisfactorily and the outcome communicated back to the person who raised the issue.

3.5.1.3. At the start and end of each day, aim to boost morale and promote team spirit by conversing with, and thanking, tournament staff and volunteers around the venue who contribute to the overall smooth running of the tournament.

3.5.1.4. On the first day of the tournament observe the mechanics of the general traffic flow around the Field Of Play, efficiency of march-on/ march-off, audibility and appropriate content of announcements, etc. and make any necessary adjustments for subsequent days.

3.5.1.5. Whenever possible during play, ensure the Referee team is positioned such that all the courts in use can be easily observed (i.e. when multiple courts are being used the Referee and Deputy(ies) should avoid being co-located for extended periods in one area, if possible).

3.5.1.6. If necessary, go onto court during a match without being called by the Umpire.

3.5.1.7. If IRS is in operation, ensure as far as possible that the Referee or Deputy watches that any challenge made is administered correctly by the Umpire, and be ready to intervene, if necessary, to ensure that any mistake is corrected before the next rally begins.

Start of the Day

3.5.2. The Referee shall arrive at the venue sufficiently early each day to carry out all required duties to ensure that play is ready to start on time. In particular, the Referee shall:

3.5.2.1. Walk through the Field Of Play to check that the courts are clean and all hardware is in the right positions (e.g. Line Judge and Coaches' chairs, service height measuring devices, interval boards, towels/mops). Check that the net heights have been measured and service height measuring devices have been calibrated.

3.5.2.2. Ensure that all IT functionality is operational (e.g. Public Address (PA) system, Umpire scoring devices, scoreboards, IRS).

3.5.2.3. Ensure key personnel are in place (e.g. Match Control, Shuttle Control, Field Of Play staff, Tournament Doctor or medical team).

Medical Personnel

3.5.3. Prior to the start of the first day's play and anytime there is a change to new medical personnel, the Referee shall meet briefly with the Tournament Doctor/ Medical Officer.

3.5.3.1. An interpreter may be used, if necessary.

3.5.3.2. The Referee shall ensure that the Doctor knows that he acts under the Referee's direction and that if called onto court, the Tournament Doctor's primary role is to advise the player of the severity of any injury, and not to administer any treatment that may cause undue delay.

3.5.3.3. The Referee shall ensure that the Tournament Doctor has basic medical supplies on hand in a portable container (e.g. plasters, scissors, gloves).

3.5.3.4. At all times when play is in progress and well before the first match of the day, the Tournament Doctor (or other medically trained personnel) shall be located courtside or have a direct contact to the Referee in order to assist the Referee on court in case of a player's injury or illness.

Shuttle Testing

3.5.4. Prior to the start of the first day's play, the Referee shall oversee the testing of shuttles.

3.5.4.1. The shuttles should be tested by an active player in the tournament, preferably a male player.

3.5.4.2. All available speeds shall be tested from both ends of the court.

3.5.4.3. Instruct the shuttle tester during the test, if necessary, such that the shuttles are being tested correctly.

3.5.4.4. When assessing the result of the shuttle test, take into account the manner in which the shuttles were hit (strength of shot and trajectory), and whether they were hit from the correct location (over the back line) (Law 3).

3.5.4.5. Communicate the shuttle speed decision to Shuttle Control.

3.5.4.6. Do not communicate the decision regarding the selection of the shuttle speed to be used to the shuttle tester or ask his opinion.

3.5.4.7. Retest the shuttles, if necessary, on a given day if playing conditions change substantially (e.g. temperature and humidity) or it is warranted based on visual observations and/or feedback from Umpires.

3.5.4.8. If the playing conditions do not change significantly and if the shuttles are found to be consistent from tube-to-tube, then it is not necessary for the shuttles to be tested on every subsequent day.

Withdrawals and Promotions

3.5.5. The Referee shall process any withdrawals, no shows and forced withdrawals that arise after the Team Managers' Meeting according to GCR, Regulation 13.

3.5.5.1. The Referee may stop a qualifying draw match in progress, if necessary, in order to execute a promotion to the main draw (GCR, Regulation 13.1.1).

3.5.5.2. In events without a qualifying competition, an entry on the reserve list may be promoted to the main draw until the order of play for the first day(s) has been published (GCR, Regulation 13.1.2).

3.5.5.3. In events with a qualifying competition, an entry on the reserve list may be promoted to the qualifying draw until the order of play for the qualifying rounds has been published (GCR, Regulation 13.1.3).

3.5.5.4. Ensure all promotions (PFQ/PFR), withdrawals (WDN), no shows (DNS), forced withdrawals (FWDN), substitutions (SUB), retirements and walkovers are documented correctly in the TP file, using the correct abbreviations.

3.5.5.5. Include all withdrawals subject to a fine in

the Withdrawal Report (GCR, Regulation 14.1.2). A Medical Certificate should be obtained, wherever possible, when a player withdraws or retires on medical grounds.

Technical Officials Management

The Referee shall:

3.5.6. Look after the general well-being of the Umpires and Line Judges throughout the tournament and ensure they have the amenities necessary to discharge their duties effectively (e.g. food, water, coffee, tea, etc.).

3.5.7. Promote teamwork and camaraderie within the group of Technical Officials while maintaining sufficient distance to avoid the perception of favouritism, etc.

3.5.8. Ensure that all Technical Officials abide by the Technical Officials Code of Conduct (BWF Statutes, Section 2.2.5).

3.5.9. Give daily Umpire briefings as necessary. The briefings should focus on generic feedback from play on the previous day with communication of any adjustments required, passing on any changes to procedures to be adopted for the current day (e.g. changes to march-on and march-off, change in number of Line Judges, etc.), and allowing time for questions, answers and comments by Umpire Assessors, if present.

3.5.10. Offer constructive feedback on an Umpire's performance when appropriate based on first-hand observations or when requested by the Umpire, and in particular:

3.5.10.1. Offer such feedback promptly after a match whenever an adjustment in an Umpire's performance is necessary in order to bring it into line with expectations.

3.5.10.2. Offer such feedback in a setting with privacy and free from distractions.

3.5.10.3. Be certain your instructions are understood and subsequently observe the Umpire to make sure they are followed.

3.5.11. Ensure Umpire and Service Judge assignments are made fairly and appropriately.

3.5.11.1. Ensure Umpire and Service Judge neutrality as far as possible.

3.5.11.2. If complete Umpire and Service Judge neutrality cannot be achieved then at a minimum prioritize Umpire and Service Judge neutrality on the TV court and then, if possible, neutral Umpires on other courts.

3.5.11.3. Take note of any matches with significant tension between the Umpire or Service Judge and players, and, if necessary, avoid assigning that Umpire or Service Judge to matches featuring the same player in subsequent rounds.

3.5.11.4. Ensure all Technical Officials have reasonable rest between duties/shifts.

3.5.12. If present, communicate with Umpire Assessors frequently as the tournament progresses.

3.5.12.1. The Referee shall solicit the Umpire Assessors' feedback on each Umpire's performance to help guide decisions around assignments for the latter stages of the tournament.

3.5.12.2. To the extent possible, the Referee shall accommodate the Umpire Assessors' requests regarding Umpire and Service Judge assignments in order to facilitate the assessment/appraisal process.

3.5.12.3. The Referee has final authority regarding all Technical Officials assignments.

3.5.13. Meet with the Line Judges as needed as the tournament progresses, and in particular:

3.5.13.1. Offer feedback on Line Judge performance and any adjustments needed through the Line Judge Coordinator.

3.5.13.2. Pass on feedback from Umpires and the Referee team to the Line Judge Coordinator on stronger and weaker performing Line Judges so that they can be assigned appropriately in the latter stages of the tournament.

3.5.13.3. If any appointed international Line Judges are present, ensure they are utilized in the most competitive matches and on the more difficult lines, and particularly in any matches in the latter stages of the tournament featuring players from the host Member.

Players and Coaches Management

3.5.14. The Referee shall deal with any complaints by players, Coaches and Team Managers firmly and fairly.

3.5.15. When required, the Referee shall make decisions concerning compliance of a player's or Coach's clothing.

3.5.15.1. In cases of uncertainty, the Referee should permit the clothing in question and submit a picture of it to BWF after the tournament for review.

3.5.15.2. Be aware of any lighting differences between the assembly area and the Field Of Play that may alter perceptions of colour differentiation between shirts.

3.5.15.3. The Referee shall make decisions concerning concerning opponents wearing significantly different colours by taking into account both shirts and shorts (or similar). For example, players wearing the same colour of shirts but significantly different colours of shorts shall be deemed to be dressed differently.

3.5.15.4. The Referee has the discretion whether or not to report a player's or a Coach's non-compliant clothing to BWF (or CC) for assessment of fines.

3.5.16. In observing play, the Referee shall ensure that anyone sitting in a Coach's chair on the Field Of Play abides by the Coaches and Educators Code of Conduct (BWF Statutes, Section 2.2.6).

3.5.16.1. The Referee shall take immediate action if a Coach moves the designated chair from its position such that the visibility of any advertising is disturbed.

3.5.16.2. If necessary, the Referee may remove a Coach or Team Manager/Official from the Field Of Play for an appropriate duration (e.g. the remainder of a match, a session or day(s)) depending upon the seriousness of recurrence of the offence.

3.5.16.3. The Referee shall inform BWF (or CC) of any serious or flagrant breaches of the Coaches and Educators Code of Conduct (BWF Statutes, Section 2.2.6) through the Referee's Report (or through an Incident Report, if necessary).

Schedule

3.5.17. The Referee shall approve each subsequent day's match schedule before it is published.

3.5.17.1. The next day's schedule should be published as early as possible on the preceding day (even if the identities of some of the players are not known at the time of initial publishing), but it should not be published until the order of play, and if appropriate, the court assignments are finalized. Record the time when the schedule for the next day is published and check that the publically accessible published schedule is the same as that inputted into Tournament Planner.

3.5.17.2. In developing the next day's schedule, solicit

input from the relevant stakeholders (e.g. BWF/CC Events Officer, TV Coordinator, Tournament Director).

3.5.17.3. Requests from TV around the order of play and court assignments should be accommodated, if possible, as long as it does not result in undue hardship to any player.

3.5.17.4. Any player is entitled to a minimum of a 60-minute interval between matches, or in exceptional circumstances, the Referee can reduce the interval to no less than 30 minutes between two matches (GCR, Regulation 11.3). In Junior tournaments, Junior team tournaments, Para badminton tournaments, and qualifying rounds of other tournaments the player is entitled to a minimum of a 30-minute minimum interval between two matches. The Referee shall, however, try to provide a longer interval between any two matches of a given player, and in particular between a player's matches in the same event.

3.5.17.5. Ensure that opposing sides in a match do not have disproportionately different rest times since their previous round matches in that event.

3.5.17.6. Where possible, consider having a variety of events scheduled in a given timeslot to maximize spectator interest and overall presentation.

3.5.17.7. The Referee shall develop or check the next day's practice schedule as applicable and approve it before it is published.

Final Stages of Tournament

3.5.18. The Referee shall ascertain and communicate to the rest of the Technical Officials if there will be any changes in security procedures/accreditation requirements etc. for the semi-finals and finals due to the presence of VIPs.

3.5.19. The Referee shall approve any reconfiguration of the Field Of Play for the semi-finals and finals, etc.

3.5.19.1. As the number of courts is reduced, the objective for any Field Of Play reconfiguration should be to provide the most attractive presentation for spectators and TV, and best utilize any extra space created.

3.5.19.2. Communicate any changes to march-on and march-off procedures to the Umpires and Line Judges, and to the announcer.

3.5.20. Particular care should be taken when determining the order of play for the semi-finals and finals. The Referee should take into account factors such as TV requests, spectator interest, considerations for players in multiple finals (i.e. rest time and playing singles before men's and women's doubles (usually)), and participation of host Member players. Seek input from all relevant stakeholders, most particularly the BWF (or CC) Events Officer, if present, on any contractual obligations that must be respected.

3.5.21. Umpire and Service Judge appointments for the semi-finals and finals must be carefully considered and, after taking neutrality into account, should be based on factors such as observed performance throughout the tournament, experience level, presentation skills, and teamwork exhibited during the tournament. Solicit input from Umpire Assessors, if present.

3.5.22. The Referee shall ascertain from the tournament organizers the plan for the award ceremonies, and shall participate in the ceremonies, if requested. The Referee shall monitor that players participating in the award ceremonies are dressed appropriately and that they do not bring onto the podium any items that are not permitted (e.g. flags except at Grade 1 Team Tournaments, rackets) (BWF Statutes, Section 5.3.6, Regulation 1.10). Ensure that players participating in the award ceremonies are not accompanied onto the podium by family members or other persons.

End of Day's Play

3.5.23. At the end of each day's play the Referee and Deputy/Deputies should debrief with each other and with other key stakeholders as appropriate (e.g. Tournament Director).

3.5.24. Obtain the quantities of shuttles used during the day and shuttles remaining both from the TP file and by a physical count to ensure that there is a sufficient quantity left of appropriate speed for the number of matches remaining.

3.5.25. Ensure the TP file is published and a back-up copy sent to the BWF (or CC) office and the Referee Team at the end of each day's play.

3.5.26. Record the finish time of the day's play.

3.6. **Injuries, Illness and Incidents**

3.6.1. The Referee shall be called on court by the Umpire or intervene on his own initiative to handle cases of injuries, illness or incidents, as well as shuttle speed issues, when necessary.

3.6.1.1. When called by the Umpire in case of injury or illness, the Referee and the Tournament Doctor shall immediately go on court. The Referee shall first speak to the Umpire to be informed of the relevant facts and to remind the Umpire to time the delay due to the injury.

3.6.1.2. The Tournament Doctor's duty is to examine the player's injury and quickly determine whether it is medically advisable for the player to continue to play. The decision, however, which shall be taken as fast as possible, remains with the player. The Tournament Doctor may apply a quick relief, such as a bandage on a bleeding injury or a spray, but no time-consuming treatment is allowed except in the regular intervals and then only if the Tournament Doctor estimates that the treatment can be completed (or nearly so) before the interval ends. The Tournament Doctor may be called to apply spray only once to a particular player per match except to administer additional sprays in the regular intervals.

3.6.1.3. For matches in Grade 2–Levels 2-4 tournaments or in the World Championships, the Referee may initiate a retirement/ withdrawal of a player against his wishes if the Tournament Doctor's advice is that it is not in the player's best interests to continue playing.

3.6.1.4. The Referee may allow a maximum of two persons on court to assist and advise the injured player and help with translation. In fairness, the Referee shall allow the opposing side the same consideration.

3.6.1.5. The Referee shall resolve the injury situation as quickly as possible and well within a few minutes so that play can be resumed or abandoned. The Referee may need to point to potential disqualification if it is suspected that the player is exploiting the injury situation to regain wind, or if the player repeatedly hesitates in deciding to continue or abandon play.

3.6.1.6. The Referee shall ensure that there is Emergency Service available (ambulance and hospital) and be aware how to initiate immediate medical assistance. The Team Managers shall be kept fully informed about any medical assistance available.

3.6.1.7. In case of a severe injury, where there is no doubt that the player cannot continue the regular process (Instructions 3.6.1.2-3.6.1.5) shall be disregarded, and the Tournament Doctor shall provide the necessary first aid until the player can be transported to hospital.

3.6.1.8. The Referee shall be aware of any physiotherapy or facilities for physiotherapists available at the tournament and keep the Team Managers informed.

3.6.1.9. As the Tournament Doctor may not be allowed to practice medicine in the host country, there shall be local medical service available at all times to cater for cases of illness among players and officials. The Referee shall pass on relevant information to the Team Managers.

3.6.2. Incidents and Misconduct

The Referee shall be called on court by the Umpire or intervene on his own initiative in case of flagrant or other misbehaviour resulting in a red card (Law 16.7) or when the Umpire needs his assistance to resolve other issues.

3.6.2.1. Coming on court, the Referee shall first speak to the Umpire (and if necessary, the Service Judge) to receive information about the situation, and only afterwards address the players. In case information from other sources is necessary to resolve the situation, such personnel shall be called to the court, with the Referee normally remaining on court until the situation is resolved. While the Referee is on or near the court dealing with the problem, play is deemed suspended, unless the Referee advises the Umpire and the players otherwise.

3.6.2.2. Should the Referee decide to disqualify a player, this player is disqualified from all events of the tournament and in Team Tournaments, from all future matches of the Team Tournament; and a disciplinary process may be recommended in the Referee's Report. The player's doubles partner may continue in other events of the tournament (GCR, Regulation 31.5).

3.6.2.3. The Referee shall resolve the situation as quickly as possible, explain his decision clearly, briefly and with conviction to the Umpire and the players, leave the court, and play shall resume, if applicable. There shall be no further discussion or appeal.

3.6.3. Shuttle Speed

The Referee shall at all times, when observing play, consider whether the shuttle speed selected before play started still appears to be correct.

3.6.3.1. When called on court by the Umpire because both sides wish to change the shuttle speed, the Referee shall first speak to the Umpire to add the Umpire's comments to his own observations before taking the decision to change the shuttle speed or not. Testing by the players may be performed, but will often not provide valid additional information.

3.6.3.2. When no shuttles of correct speed are available, tipping may exceptionally be done (preferably by the Service Judge or another neutral person), but only as a last resort to continue play.

3.7. **After the Tournament**

3.7.1. The Referee is responsible for the continued oversight of the tournament after the last match is concluded.

3.7.2. The Referee shall plan sufficient time before leaving the Field Of Play to finalize and duly inform BWF (or CC) of the results, and to thank all remaining Technical Officials, the Organising Committee and other stakeholders for their contributions. The Referee shall ensure that any doping tests still in progress after the end of play can be completed and that arrangements are made for players to return to their hotel before the Referee leaves the stadium.

3.7.3. The Referee shall immediately after the tournament send to BWF (or CC) a report on withdrawals, yellow and red cards, that may trigger further sanctions.

3.7.3.1. The Referee may decide not to report a card given by an Umpire, if the Referee or a Deputy has observed the situation where the card was given and decides that the card should not have been issued.

3.7.4. The Referee shall, no later than two weeks after the tournament is finished, end the Referee's Report to BWF (and/or CC), using the stipulated standard template.

3.7.4.1. The Referee's Report shall contain all relevant detail but focus on what was noteworthy for the tournament and highlight information that may be relevant for further tournaments in the same venue or by the same organiser. The Referee's Report shall also contain any recommendations for BWF Statutes or guidelines.

3.7.4.2. When drafting the Referee's Report, the Referee should consult his Deputy/Deputies. However, the responsibility for the timely delivery and the content of the Referee's Report remains with the Referee.

3.8. **Team Tournaments**

3.8.1. A Team Tournament is normally governed by specific regulations issued by BWF (or CC), describing the terms and conditions for entries, method of competition, draw and other particular features of the Team Tournament. In the absence of such regulations, the tournament prospectus shall contain such terms and conditions.

3.8.1.1. Team Tournaments are frequently played in pools and groups, at least in the initial stage, and the BWF General Competition Regulations for play in groups and pools apply (GCR, Regulation 16), unless specifically stated otherwise.

3.8.2. The Referee is responsible for ensuring that the entries of teams and nominations of players to participate in the Team Tournament are in accordance with the Team Tournament regulations.

3.8.3. The Referee is responsible for approving team ranking, seeding, conducting the draw (or verifies the result of the draw), and for the overall schedule of play for the ties of the Team Tournament.

3.8.4. The Referee shall decide the time and method for nomination of teams for the individual team ties and communicate the decision to the Team Managers at the Team Managers' Meeting, unless it is stipulated in the regulations.

3.8.5. Based on the team nominations, the Referee shall decide the order of play for the tie following the process laid down in the regulations for the Team Tournament, if such a process is described.

3.8.5.1. Where the Referee decides the order of play, as far as possible:

- no player plays in two consecutive matches, and
- players playing both singles and men's or women's doubles play singles first.

3.8.5.2. Once decided, the Referee shall communicate the order of play to the teams and to the member of the Organising Committee responsible for further publication.

3.8.6. Unless otherwise stipulated in the specific regulations for the Team Tournament, prior to a player's first match in a tie, the Referee may allow a substitute for a player, who, in the opinion of the Referee is incapacitated by illness, injury or other unavoidable hindrance, provided that the substitute player or pair is lower ranked (per the World Ranking date stipulated in the Prospectus for the Team Tournament) than the player or pair being replaced.

3.8.6.1. Any pair unaffected by the substitution shall be left unchanged.

3.8.6.2. A substituted player shall not take part in that tie, but may play again in a later tie in the Team Tournament.

3.8.7. The Referee may disqualify at any stage of a Team Tournament.

- Any team which fails to report its arrival at the stipulated time;
- Any team which fails to carry out its required program; or
- Any team that has failed to carry out its obligations or breaches the Rules and Regulations of BWF (or the CC).

4. GENERAL ADVICE ON REFEREEING

4.1. The Role of the Referee and Relations to Other Stakeholders

4.1.1. The Referee shall know and understand the Laws of Badminton.

4.1.1.1. The Referee shall at all times stay updated on BWF Code of Ethics (BWF Statutes, Section 2.1), General Competition Regulations (GCR) (BWF Statutes, Section

5.1) and related documents, in particular the Technical Officials' Code of Conduct (BWF Statutes, Section 2.2.5), and other official tournament related official communications from BWF (and CC).

4.1.1.2. The Referee shall be familiar with BWF information technology (IT) tools and their operation.

4.1.2. Being in overall charge of the tournament, the Referee shall lead, manage and motivate the Technical Officials.

4.1.2.1. The Referee shall establish constructive working relationships with Deputy Referees, Umpire Assessors, the Organising Committee, the Team Managers (representing the players) and any BWF (or CC) Representatives or Staff appointed to the tournament.

4.1.2.2. The Referee, representing BWF (or CC) shall lead by example.The Referee shall be punctual and demand punctuality of others, dress correctly and request that the other Technical Officials do likewise.

4.1.3. The Referee shall observe play and, after consultation when appropriate, take all necessary action to ensure that play is fair and correct.

4.1.3.1. The Referee may delegate duties to other Technical Officials. However, delegation shall be followed up and the ultimate responsibility remains with the Referee.

4.1.3.2. A decision by a Deputy Referee shall be

considered as a decision by the Referee. There is no appeal of such a decision to the Referee.

4.1.4. The Referee, in cooperation with the Organising Committee and BWF (or CC), is responsible for the conditions under which the tournament is conducted.

4.1.4.1. The Referee shall provide the players with safe and good playing conditions.

4.1.4.2. The Referee is responsible for providing all Technical Officials with conditions that will enable them to carry out their duties safely and effectively.

4.1.4.3. The Referee shall assist the Organising Committee and BWF (or CC) with providing the best possible presentation of the tournament to the spectators in the stadium and to any television audience. The Referee shall work in close cooperation with BWF (or CC) staff and respect BWF's (or CC's) contractual obligations (e.g. to television and sponsors).

4.1.5. The Referee must remain fair and calm at all times, and shall be prepared to take all necessary decisions.

4.1.5.1. Before a major decision is taken, review any relevant regulations or legislation, reflect and, if in doubt, consult the Deputy Referees, BWF (or CC), the Organising Committee and/or a Referee Assessor, as appropriate.

4.1.5.2. When a decision is taken, communicate it

clearly and ensure that it is well understood by the recipients.

4.1.5.3. Should a mistake be made, admit it, correct it and apologize.

4.2. **Handling Questions and Complaints**

4.2.1. The Referee shall be available and approachable, such that Team Managers (on behalf of the players), Technical Officials and other stakeholders are encouraged and feel comfortable to come forward with their questions, comments or complaints. This approach will generally facilitate and improve the Referee's decision-making process.

4.2.2. When a Team Manager or a player comes to the Referee to request a decision on a specific case, the Referee should:

4.2.2.1. Listen carefully to the case and the arguments put forward;

4.2.2.2. Ask questions to fully clarify the issue, using an interpreter, if necessary, and ensure that all the facts are well understood;

4.2.2.3. Take time, if necessary, to reflect over the case, consult any relevant legislation, regulations and other sources of information;

4.2.2.4. Bear in mind that the person raising the case is an advocate for his team or players;

4.2.2.5. Consider the importance and the urgency of the decision, decide on the priority and whether the Referee shall take the decision or if it should be referred elsewhere;

4.2.2.6. Consider whether the outcome of the

decision may set an unhelpful precedent.

4.2.2.7. Take the decision as soon as possible but only when ready to do so; and

4.2.2.8. Communicate the decision to the person raising the case and to all others that the decision may directly or indirectly affect.

4.2.3. In order to minimize the occurrence of justified complaints, the Referee shall be proactive in anticipating and preventing potential problems and in taking pre-emptive action to solve issues before they materialize or escalate.

4.2.4. Unsatisfied complaints and problems that cannot be resolved at the tournament may indicate the need for a review of Laws or regulations and should be reported to BWF (or CC) through the Referee's Report or otherwise.

4.3. **Anti-Doping and Match-Fixing**

4.3.1. The Referee, as well as all other Technical Officials, shall at all times be in compliance with the BWF Code of Ethics (BWF Statutes, Section 2.1), Technical Officials' Code of Conduct (BWF Statutes, Section 2.2.5), and their related documents. In particular, the Referee has an obligation to promote the provisions related to betting, wagering and irregular match results to the Technical Officials working under his authority and to observe that they follow the provisions of the codes.

4.3.2. Concerning anti-doping, the Referee has the responsibility:

4.3.2.1. To verify that the Organising Committee provides adequate working conditions for doping testing;

4.3.2.2. To make the Team Managers aware that random and/or targeted doping testing may take place during and after the tournament;

4.3.2.3. To be aware of any doping testing arrangements that BWF may have made with the relevant National Anti-Doping Organization (NADO) and assist the National Anti-Doping Officers in executing their task, if requested to do so; and

4.3.2.4. To look after the players' health and safety and ensure that fair play prevails (e.g. the playing schedule may, if necessary, be changed to accommodate players having been selected for or undergoing doping testing).

4.3.3. Concerning match-fixing, the Referee has the responsibility:

4.3.3.1. To make the Team Managers aware of the BWF regulations and countermeasures in place concerning players not giving their best efforts, particularly the arrangements for observation of matches between players from the same Member;

4.3.3.2. To closely observe play on court as well as what may be happening around the tournament, including the audience in the stadium, bearing in mind that match-fixing may potentially be occurring; and

4.3.3.3. To take appropriate action promptly should any suspicious action be observed and inform BWF immediately.

4.4. Media

4.4.1. Media play an important role in the presentation of any tournament and the Referee shall assist in providing adequate working conditions for journalists, photographers and television staff, without jeopardizing the health and safety of the players, the working conditions for the Technical Officials or the playing conditions.

4.4.2. The Referee shall be aware of any specific BWF (or CC) guidelines for media staff and assist in upholding these guidelines on the Field Of Play.

4.4.3. The Referee, on behalf of all Technical Officials, shall assist the BWF (or CC) communication staff in responding to technical questions from the media related to the tournament, or, in their absence, answer such questions.

5. INSTRUCTIONS TO UMPIRES

5.1. Before the Match–Off Court

The Umpire shall:

5.1.1. Obtain the scoresheet;

5.1.2. Ensure that the specified number of Line Judges, and if applicable, Court Attendants are present;

5.1.3. Ensure that the players' clothing (as far as name, lettering, advertisements, colour and design are concerned) and equipment are compliant with the GCR as instructed by the Referee;

5.1.4. Ensure all players' mobile phones are switched off; and

5.1.5. Ensure the players line up according to the order of

the names printed on the scoresheet or as instructed by the Referee.

5.2. **Before the Match–On Court**

The Umpire shall:

5.2.1. Carry out the toss fairly and note the choices made by the winning and losing sides (Law 6) . These choices, once made, are final;

5.2.2. Get into the Umpire's chair as quickly as possible after the toss, start the stopwatch and then:

5.2.2.1. Time the warm-up period. Unless instructed otherwise by the Referee, the two-minute warm-up starts when the Umpire sits in the chair and ends with the calling of "Play" to start the match. The Umpire shall call "Ready to play" to instruct the players to get ready to start the match at ninety seconds of the two-minute warm up period, unless instructed otherwise by the Referee;

5.2.2.2. When a scoresheet is used, write "0" for both sides and "S" for server, and in the case of a Doubles match, "R" for receiver;

5.2.2.3. Check that any scoring device is working; and

5.2.2.4. Check that the Line Judge and Coach's chairs are correctly positioned.

5.3. **Start of the Match**

5.3.1. The Umpire shall announce the match using the appropriate announcement below, and point to the right and to the left.

W, X, Y, Z are names of the players and A, B, C, D are names of the Member.

Singles

Tournament

"Ladies and Gentlemen; on my right, 'X, A'; and on my left, 'Y, B'. 'X' to serve; love all; play."

Team Tournament

"Ladies and Gentlemen; on my right, 'A', represented by 'X'; and on my left, 'B', represented by 'Y'. 'A' to serve; love all; play."

Doubles

Tournament

"Ladies and Gentlemen; on my right, 'W, A' and 'X, B'; and on my left, 'Y, C' and 'Z, D'.

'X' to serve to 'Y'; love all; play."

(If doubles partners represent the same Member, announce the Member name after announcing both players' names. e.g. 'W and X, A'.)

Team Tournament

"Ladies and Gentlemen; on my right, 'A', represented by 'W' and 'X'; and on my left, 'B', represented by 'Y' and 'Z'. 'A' to serve; 'X' to 'Y'; love all; play."

5.3.2. The calling of "Play" indicates the start of the match.

5.3.3. Click the 'Play' button on the scoring device immediately before calling 'Play', or, if a scoresheet is used, note the time on the scoresheet immediately before calling 'Play'.

5.4. **During the Match**

The Umpire shall:

5.4.1. Use the standard vocabulary in BWF Statutes, Section 4.1.5;

5.4.2. Record and then call the score. Always call the server's score first. When IRS is in use, observe if a challenge is being made before calling the score;

5.4.3. During the service, if a Service Judge is appointed, especially watch the receiver. The Umpire may also call a service fault;

5.4.4. Be aware of the status of any scoring device and inform the Referee in the case of a malfunction;

5.4.5. Raise the right hand above the head when the Referee is required on court;

5.4.6. When a side loses a rally and the right to continue serving (Law 10.3.2 and Law 11.3.2) call "Service over" followed by the score starting with that of the new serving side.

5.4.7. "Play" shall be called by the Umpire to

5.4.7.1. Instruct the players that a match or a game is to start, to continue after an interval, after a change of ends, or to resume play following an IRS challenge or after a break; and

5.4.7.2. Instruct the players to resume play.

5.4.8. "Fault" shall be called by the Umpire when a "fault" occurs, except when

5.4.8.1. A service fault (Law 9.1) is called by the Service Judge under Law 13.1. The Umpire shall call "Service fault called" followed by an explanation using the appropriate vocabulary (BWF Statutes, Section 4.1.5, Section 4);

5.4.8.2. A fault during service is called by the Umpire.

The Umpire shall announce the service fault or receiver fault using the appropriate vocabulary (BWF Statutes, Section 4.1.5, Section 4); or

5.4.8.3. A "fault" occurs under Laws 13.2.1, 13.2.2 (which are obvious), 13.3.1 (for which the Line Judge's call and signal suffices) or 13.3.2, 13.3.3, 13.3.4, 13.3.5 unless clarification is needed for the players or spectators when one of these faults occurs.

5.4.9. During each game, after the rally which takes a side to 11 points (or the appropriate score for matches being played using other scoring systems as outlined in BWF Statutes, Sections 4.1.3 and 4.1.4), the Umpire shall call the score followed immediately by "Interval" or "Service over", the score and then "Interval".

5.4.10. The timing of the interval allowed under Law 16.2.1 starts when the appropriate rally or an IRS challenge is decided, regardless of any applause.

5.4.11. At the start of each interval (Law 16.2.1), request the Court Attendants/Line Judges to wipe the court.

5.4.12. In all intervals during games, at 40 seconds, call: "Court... (number) (if more than one court is used), 20 seconds".
Repeat the call.

5.4.13. In all these intervals (Law 16.2.1) each side may be joined on the court by no more than two accredited Coaches. They must leave the court when the Umpire calls "20 seconds".

5.4.14. To resume a game after an interval, repeat the score followed by "Play".

(Unless there has been a fault for misconduct during the interval).

5.4.15. If both sides do not wish to take an interval as allowed under Law 16.2, play in that game or match shall continue without an interval, except where intervals are made mandatory by the Referee.

5.5. **Extended Game**

5.5.1. When the leading side reaches 20 points in each game, call "Game point" or "Match point", as applicable.

5.5.2. If a side reaches 29 points, in each game and for each side, call "Game point" or "Match point", as applicable.

5.5.3. The calls of "Game point" and "Match point" in 5.5.1 and 5.5.2 must always immediately follow the server's score and be before the receiver's score.

5.6. **End of Each Game**

5.6.1. "Game" must always be called immediately after the final rally of each game has been decided, regardless of applause, except if there is a challenge (then call as in Instructions 5.8.5 followed by 5.8.7.1, 5.8.8.1, or 5.8.9.3 instead), or if the Umpire overrules a Line Judge's call (then call as in Instruction 5.8.2 followed by "Game"). This call of "Game" is the start of any interval allowed under Law 16.2.2.

5.6.2. After the first game ends, call:

"First game won by... [name(s) of player(s), or Member (in a Team Tournament)] , ... (score)".

5.6.3. After the second game ends, call:

"Second game won by... [name(s) of player(s), or

Member (in a Team Tournament)], ... (score); One game all".

5.6.4. At the end of each game the Umpire shall request the Court Attendants/Line Judges to wipe the court. After the Umpire has called "Game" and finished his announcement, the Service Judge, when appointed, shall stand up and walk to place the interval board, if provided, on the centre of the court below the net (See also Instruction 7.9).

5.6.5. If a game wins the match, after the players have shaken hands with their opponents, the Umpire and Service Judge, the Umpire shall call:

"Match won by... [name(s) of player(s), or Member (in a Team Tournament)], ... [scores]".

5.6.6. In the intervals between each game, at 100 seconds call:

"Court... (number, if more than one court is used), 20 seconds".

Repeat the call.

5.6.7. During these intervals (Law 16.2.2) after the players have changed ends, each side may be joined on the court by no more than two accredited Coaches. They must leave the court when the Umpire calls "20 seconds".

5.6.8. To start the second game, call:

"Second game; love all; play".

(Unless there has been a fault for misconduct during the interval).

5.6.9. When there is a third game, call:

(Unless there has been a fault for misconduct during

the interval).

"Final game; love all; play".

5.6.10. In a third game, or in a match of one game, after the rally which first takes a side to 11 points (or the appropriate score for matches being played using other scoring systems as outlined in BWF Statutes, Sections 4.1.3 and 4.1.4), the Umpire shall call the score followed immediately by "interval, change ends" or "service over", the score and then "interval, change ends".

5.6.11. During this interval and after the players have changed ends, each side may be joined on the court by no more than two accredited Coaches. They must leave the court when the Umpire calls "20 seconds".

5.6.12. To resume the game after the interval, repeat the score followed by "Play".

5.7. **After the Match**

5.7.1. At the end of the match, the Umpire shall note the end time, the duration of the match and the quantity of shuttles used on the score-sheet, if used.

5.7.2. If any incidents happened on court that may be reported by the Referee after the tournament, the Umpire must immediately take the printed or completed score-sheet with notes on the relevant incidents (BWF Statutes, Section 4.1.5, Section 7 for examples), if necessary, to the Referee. Examples of incidents that do not need to be followed up with the Referee after the match include a clothing violation which was rectified by the player or Coach, an injury not resulting in a retirement, or suspension of play due to a minor repair to the court or its surroundings.

5.8. **Line Calls**

5.8.1. The Umpire shall always look to the Line Judge(s) when the shuttle lands close to a line and always when it lands out, no matter how far. The Line Judge(s) are entirely responsible for their decisions except in Instructions 5.8.2, 5.8.3, and 5.8.4.

5.8.2. If, in the opinion of the Umpire, it is beyond reasonable doubt that a Line Judge has clearly made a wrong call then the Umpire shall immediately call:

5.8.2.1. "Correction, IN" if the shuttle landed "in"; or

5.8.2.2. "Correction, OUT" if the shuttle landed "out".

5.8.3. Where there is no Line Judge or if a Line Judge is unsighted, the Umpire shall immediately call:

5.8.3.1. "Out" when the shuttle lands outside the line and then call either the score or "Service over" and then the score; or

5.8.3.2. The score or "Service over" and then the score when the shuttle lands "in"; or

5.8.3.3. "Let" followed by the score when the Umpire is unsighted, except when an IRS is in operation, the Umpire shall call "Unsighted" and request a decision from the system by raising the left hand above the head.

5.8.3.3.1. As the IRS indicates, the Umpire shall call: "IN" or "OUT" (as appropriate), the score or "Service over" followed by the score and then "Play".

5.8.3.3.2. If the IRS indicates "NO DECISION", the Umpire shall call: "Let" followed by the score and then "Play".

5.8.3.3.3. If the IRS decision ends the game, the Umpire shall call: "Game" followed by the appropriate call as in Instructions 5.6.2, 5.6.3 or 5.6.5.

5.8.4. Where an Instant Review System is in operation, if the call by a Line Judge (Instructions 8.3 and 8.4), or a call or overrule by the Umpire (Instructions 5.8.2 and 5.8.3) is challenged by a player (Law 17.5.2 and BWF Statutes, Section 4.1.8), the Umpire shall ensure that the player has a valid right to challenge. The player must clearly say "Challenge" to the Umpire and/or make a clear signal by raising the hand. Any such challenge must be made by the player immediately after the player has observed the call made by the Umpire or Line Judge. If a Line Judge changes their initial call or the Umpire overrules a Line Judge's call, the Umpire shall make the players aware and permit a challenge made immediately thereafter.

5.8.5. If there is a right to challenge in an individual tournament, the Umpire shall call: "... (name of the player who challenges) challenges (regardless of whether it is a singles or doubles match), called "IN" [(or "OUT", as appropriate)]" and at the same time raising the left hand above the head.

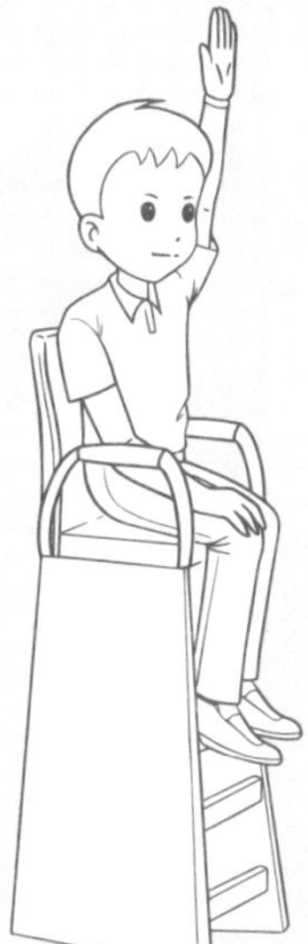

If there is a right to challenge in a team tournament, the Umpire shall call:“.... [name of the team who challenges] challenges, called “IN” [(or “OUT”, as appropriate)]” and at the same time raising the left hand above the head.

5.8.6. The Instant Review System will review the original decision and indicate to the Umpire the result of the challenge as either "IN", "OUT" or "NO DECISION".

5.8.7. If a challenge is successful, the Umpire shall call: "Correction, IN" or "Correction, OUT" (as appropriate), the score or "Service over" followed by the score (as appropriate) and then "Play".

5.8.7.1. If a challenge is successful and thus ends the game, the Umpire shall call "Correction IN" or "Correction OUT" as appropriate, "Game" followed by the appropriate call as in Instructions 5.6.2, 5.6.3 or 5.6.5.

5.8.8. If a challenge is unsuccessful, the Umpire shall call: "Challenge unsuccessful", "One" or "No" (as appropriate) "Challenge(s) remaining", the score or "Service over" followed by the score (as appropriate) and then "Play".

5.8.8.1. If a challenge is unsuccessful and thus ends the game, the Umpire shall call "Challenge unsuccessful", "Game" followed by the appropriate call as in Instructions 5.6.2, 5.6.3 or 5.6.5.

5.8.9. If the Instant Review System indicates "NO DECISION", it shall be a "Let" if the original call is "Unsighted", otherwise the original challenged decision shall stand. the Umpire shall call:

5.8.9.1. "Let" but only for an original call of unsighted; or

5.8.9.2. Either the score or "Service over" followed by the score, as appropriate, and then "Play" (when the original challenged decision stands).

5.8.9.3. "Game" followed by the appropriate call as in Instructions 5.6.2, 5.6.3 or 5.6.5 (when the original challenged decision stands, which ends the game).

5.9. **Specific Situations During the Match**

5.9.1. The Umpire shall keep a careful watch for the following occurrences and deal with them as instructed:

5.9.1.1. A player throwing a racket into the opponent's court or sliding under the net and who, in the opinion of the Umpire, clearly obstructs or distracts their opponent, shall be faulted under Law 13.4.2 or 13.4.3 respectively;

5.9.1.2. A shuttle coming onto the court from an adjacent court shall not automatically be considered a "let". A "let" shall not be called in such circumstances if, in the opinion of the Umpire, the shuttle has not obstructed or distracted the players;

5.9.1.3. A player shouting to a partner who is about to hit the shuttle shall not necessarily be regarded as deliberately distracting their opponents;

5.9.1.4. A player calling "fault", etc. to the opponent when making a stroke or after the opponent has made a stroke, shall be considered a deliberate distraction (Law 13.4.5);

5.9.1.5. A player attempting to influence or intimidate the Service Judge or a Line Judge, in any form, audibly or visibly, shall be reminded that such conduct is unacceptable, with Law 16.7 applied, if necessary;

5.9.1.6. A player throwing sweat or otherwise contaminating the court and its immediate surroundings shall be reminded that such conduct is unacceptable, with Law 16.7 applied, if necessary; and

5.9.1.7. After a rally, a player celebrating excessively or offensively (e.g. raising a clenched fist or screaming in the direction of the opponent, otherwise excessive screaming, removing a shirt) shall be reminded that unsportsmanlike and offensive conduct is unacceptable (Laws 16.6.3 and 16.6.4), with Law 16.7 applied, if necessary.

5.10. **Players Leaving the Court**

5.10.1. The Umpire shall ensure that players do not leave the court without the Umpire's permission (Law 16.5.2) except during the intervals described in Law 16.2, or that when doing so they do not delay play. A change of a racket at courtside during a rally is permitted.

5.10.2. Any offending player(s) shall be reminded that leaving the court needs the Umpire's permission (Law 16.5.2) and if necessary, Law 16.7 shall be applied.

5.10.3. During a game, if play is not unduly held up, the players may be allowed to have:

5.10.3.1. A quick towel only; or

5.10.3.2. A towel and drink, at the discretion of the Umpire.

5.10.4. If the court needs to be wiped, the players shall indicate to the Court Attendants where mopping is needed. The players shall be on court as soon as the wiping is over and before the Court Attendants leave the court.

5.11. **Delays and Suspension**

5.11.1. The Umpire shall ensure that the players do not deliberately cause any delay in play (Law 16.4). Any unnecessary walk around the court between rallies and testing of replacement rackets on court, shall be prevented and if necessary, Law 16.7 shall be applied.

5.11.2. Play may be suspended by the Referee or Umpire if warranted by a circumstance affecting playing conditions.

5.11.3. If, during a match, a court or its immediate surroundings needs repair, or it is temporarily not playable, the Umpire shall call the Referee (or the Referee shall go onto the court) and play be suspended until the court and its immediate surroundings are again suitable for play.

5.11.4. When play is suspended, the Umpire shall call: "Play is suspended" and note "S" on the scoring device or score-sheet, if used.

5.11.5. When play resumes after the suspension, the Umpire shall note the duration of the suspension and ensure that the players are on the correct side of the net and in the correct service courts, then call "Are you ready?" followed by the score and "Play".

5.12. **Coaching from Off Court**

5.12.1. Coaching is not allowed from the moment the players have taken up position to serve and receive the next service, and while the shuttle is in play.

5.12.2. Coaches must be seated in their designated seats and must not stand court-side during the match except during the permitted intervals (Law 16.2). If a Coach wishes to move to another court, they must do so while the shuttle is not in play (BWF Statutes, Section 2.2.6).

5.12.3. Coaches are not allowed to move their chairs from the designated positions without the Referee's permission and in particular the Umpire shall ensure that no Line Judge nor the visibility of commercial advertising is disturbed by any such movement of the Coach's chair.

5.12.4. There must not be any distraction or disruption to play by any Coach.

5.12.5. Coaches at courtside must not attempt to communicate in any way with opposing players, Coaches, Team Officials or on court Technical Officials during a match.

5.12.6. Coaches at courtside must not use any electronic device for any purpose.

5.12.7. If, in the opinion of the Umpire, play is disrupted

or a player of the opposing side is distracted by a Coach, a "let" shall be called (Law 14.2.5). The Referee shall be called immediately if such an incident is repeated.

5.12.8. Coaches at courtside must be dressed appropriately as instructed by the Referee (GCR, Regulations 20 and 24).

5.13. **Change of Shuttle**

5.13.1. Change of a shuttle during a match must be fair. The Umpire shall decide if the shuttle should be changed.

5.13.2. A shuttle whose speed or feathers have been deliberately interfered with shall be discarded and Law 16.7 applied, if appropriate.

5.13.3. The Referee shall be the sole judge for deciding the speed of the shuttles to be used. If both sides wish to change the shuttle speed, the Referee shall be called immediately.

5.14. **Injury or Sickness During a Match**

5.14.1. This type of incident must be handled carefully and flexibly. The Umpire must try to determine the severity of the problem as quickly as possible and call the Referee onto court, if necessary. The Referee will decide whether the Tournament Doctor or anyone else is required on court (Instruction 3.6). The Tournament Doctor shall examine the player and advise the player about the severity of injury or sickness. No treatment causing undue delay shall be given on court. The Tournament Doctor may be called to apply spray only once to a particular player per match except to administer additional sprays in the regular intervals. The Umpire shall time the delay caused by the injury.

5.14.2. For a blood flowing injury, the game should be delayed until the bleeding stops, the wound is suitably dressed, or the Referee advises the Umpire otherwise.

5.14.3. If a player approaches the Umpire and expresses the wish to retire because of injury or illness, the Umpire shall ask the player "Are you retiring?" and if confirmed, the Umpire shall make the appropriate announcement (BWF Statutes, Section 4.1.5, Clause 6.6).

5.14.3.1. If the Umpire is uncertain about the legitimacy of the player's injury or illness, he shall call the Referee on court.

5.15. **Mobile Phone**

5.15.1. A player's mobile phone ringing on the court or its immediate surroundings during a match shall be considered to be an offence under Law 16.6.4 and shall be dealt with as appropriate under Law 16.7.

5.16. **Match Stopped by the Referee**

5.16.1. When the Referee comes onto court during a match in a qualifying competition and informs the Umpire that a player(s) in the match is to be promoted to the main draw then the Umpire shall announce:

5.16.1.1. "Match ended by the Referee, ... [name of player(s)] promoted to the main draw"; and

5.16.1.2. "... [name of player(s)] proceeds to next round/main draw (as appropriate)".

5.17. **Misconduct**

5.17.1. The Umpire shall ensure that players' conduct on the court is honourable and in a sportsmanlike manner. Any breach of clauses 3.2.2 to 3.2.3, and 3.2.6 to 3.2.15 of the Players' Code of Conduct (BWF Statutes, Section 2.2.4) shall be considered to be an offence under Law 16.6.4.

5.17.2. Record and report to the Referee any incident of misconduct and the action taken.

5.17.3. When the Umpire has to administer a breach of Law 16.2, 16.4.1, 16.5.2 or 16.6 by issuing a warning to the offending side (Law 16.7.1.1), call "Come here" to the offending player and call:

"... [name of player], warning for misconduct", followed by a specific explanation of the misconduct (BWF Statutes, Section 4.1.5, Section 5).

at the same time raising the right hand holding a yellow card above the Umpire's head.

5.17.3.1. The Umpire shall use the standard vocabulary (BWF Statutes, Section 4.1.5, Section 5) to explain the specific misconduct.

5.17.4. When the Umpire faults a side (Law 16.7.1.2 or 16.7.1.3) the Umpire shall call:

"Come here" to the offending player and then call:

"... [name of player], fault for misconduct", followed

by a specific explanation of the misconduct (BWF Statutes, Section 4.1.5, Section 5).

at the same time raising the right hand holding a red card above the Umpire's head. The Umpire must call the Referee on court and report immediately.

5.17.4.1. The Umpire shall use the standard vocabulary (BWF Statutes, Section 4.1.5, Section 5) to explain the specific misconduct.

5.17.5. When the Referee decides to disqualify the offending player or pair of players, a black card is given to the Umpire. The Umpire then must call: "Come here" to the offending player or pair followed by "... [name of player(s)], disqualified for misconduct" followed by a specific explanation of the misconduct (BWF Statutes, Section 4.1.5, Section 5). at the same time raising the right hand holding a black card above the Umpire's head.

5.17.5.1. The Umpire shall use the standard vocabulary (BWF Statutes, Section 4.1.5, Section 5) to explain the specific misconduct.

5.17.5.2. The Umpire shall then announce, "Match won by... [name of player(s), or Member (in a Team Tournament)]", and the scores.

5.17.6. Misconduct during intervals (Law 16.2) is treated as misconduct during a game. This should be followed with the call as in Instructions 5.17.3, 5.17.4 or 5.17.5 immediately on occurrence of misconduct.

5.17.7. In cases of misconduct during an interval where a

player has been warned under Law 16.7.1.1, after the interval, the Umpire shall call:

5.17.7.1. "11- [score]" then "Play" (after intervals at 11 points); or

5.17.7.2. "... game; love all; Play" (after intervals between games).

5.17.8. In cases of misconduct during an interval where a player has been faulted under Law 16.7.1.2 or 16.7.1.3, after the interval the Umpire shall call:

5.17.8.1. "11- [score]" "... [name of player(s)], faulted" followed by "Service over", where appropriate, the new score and then "Play" (after intervals at 11 points); or

5.17.8.2. "...game; love all" "...[name of player(s)], faulted" followed by "Service over", where appropriate, the new score and then "Play" (after intervals between games).

5.17.9. If the player/pair is disqualified during an interval by the Referee, do not wait for the end of the interval, but call immediately:

"...[name of player(s)], disqualified for misconduct" followed by call as in Instructions 5.17.5.1 and 5.17.5.2.

5.17.10. Misconduct before the match while on the Field Of Play before "Play" has been called at the start of the match, shall be treated as in Instructions 5.17.3, 5.17.4 or 5.17.5. Any card(s) given shall have no effect on the score of the match but a card(s) shall be taken into account if further offences occur during the match (Law 16.7.1.2).

5.17.11. Misconduct after the match that happens on the Field Of Play, shall be treated as in Instructions 5.17.3, 5.17.4 or 5.17.5 and reported to the Referee as appropriate.

6. GENERAL ADVICE TO UMPIRES

This section gives general instructions which shall be followed by Umpires.

6.1. Know and understand the Laws of Badminton and ITTO. Pay special attention to recent changes.

6.2. Call promptly and with authority, but, if a mistake is made, admit it, apologise and correct it.

6.3. Change your decision if you have been quickly and convincingly advised by your Service Judge of a mistake (e.g. incorrect administration of a challenge by a player, an unnoticed line call, scoring error).

6.4. Call the Referee on court when a problem arises that you are not certain you can handle on your own.

6.5. Listen to your Service Judge when he delivers an important message. Together you form one team.

6.6. Make all announcements and calling of the score distinctly and loudly enough to be heard clearly by players and the spectators.

6.7. In announcements involving the names of doubles partners such as in Instructions 5.6.2, 5.6.3, 5.6.5, 5.16.1.1, 5.16.1.2, 5.17.5, 5.17.5.2, 5.17.9, call “and” between the names of the partners.

6.8. If a doubt arises in your mind as to whether an infringement of the Laws has occurred or not, do not call a 'fault', and allow the game to proceed.

6.9. Never ask the spectators nor be influenced by them or their remarks.

6.10. Motivate the other Technical Officials (e.g. maintain eye contact with the Service Judge and discreetly acknowledge the decisions of Line Judges) and establish a working relationship with them.

6.11. Wear the appropriate uniform, including following the Clothing Regulations for Umpires where a uniform has not been provided (GCR, Regulation 25).

6.12. Adhere to the Technical Officials Code of Conduct (BWF Statutes, Section 2.2.5).

7. INSTRUCTIONS TO SERVICE JUDGES

7.1. The Service Judge shall sit on a low chair by the net post, opposite the Umpire.

7.2. The Service Judge is responsible for judging that the server delivers a correct service (Law 9.1.2 to Law 9.1.8). If not, call "Fault" loudly and use the approved hand signal to indicate the type of infringement.

7.3. The Umpire shall use the standard vocabulary (BWF Statutes, Section 4.1.5, Section 4) to acknowledge the Service Judge's call and explain the specific service fault.

7.4. The approved hand signals for breaches of the Service Laws are:

Laws 9.1.3 and 9.1.4

The server and the receiver shall stand within diagonally opposite service courts without touching the boundary lines of these service courts. Some part of both feet of the server and the receiver shall remain in contact with the surface of the court in a stationary position from the start of the service (Law 9.2) until the service is delivered (Law 9.3).

Law 9.1.5

The server's racket shall initially hit the base of the shuttle.

Law 9.1.6

The whole shuttle shall be below 1.15 metres from the surface of the court at the instant of being hit by the server's racket.

Law 9.1.7

The movement of the server's racket shall continue forwards from the start of the service (Law 9.2) until the service is delivered (Law 9.3).

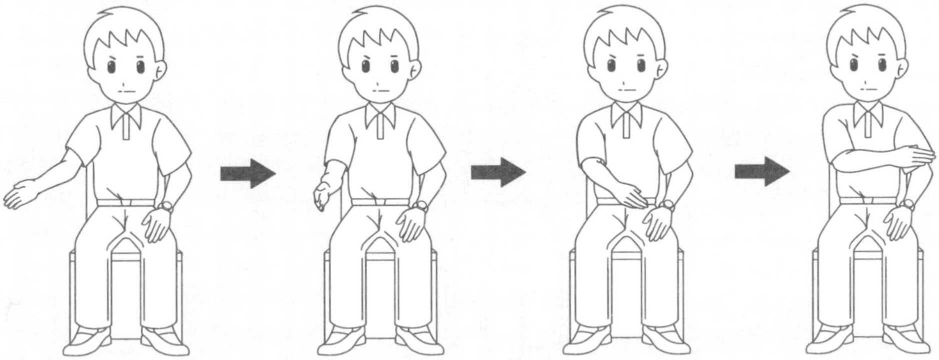

Law 9.1.8

In attempting to serve, the server shall not miss the shuttle.

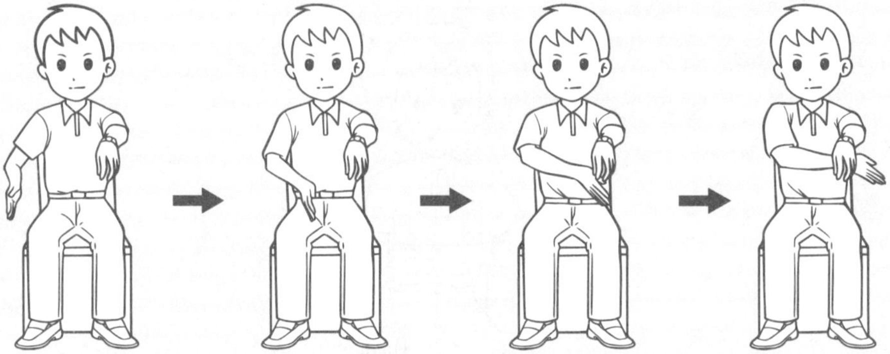

7.4.1. For Alternative Service Laws (BWF Statutes, Section 4.1.4) :

Law 9.1.6 replaced with:

a) The whole shuttle shall be below the server's waist at the instant of being hit by the server's racket. The waist shall be considered to be an imaginary line round the body, level with the lowest part of the server's bottom rib.

b) The shaft and the racket head of the server's racket at the instant of hitting the shuttle shall be pointing in a downward direction.

7.5. The Service Judge, when appointed, shall administer any change of shuttle under the Umpire's instruction, unless other arrangements are in place e.g. shuttle dispensers, and ensure that a sufficient quantity of shuttles is readily available throughout the match in order to avoid delays during play.

7.6. The Umpire may arrange for the Service Judge to perform additional duties such as checking that the posts are on the doubles side lines (Law 1.5), confirming that the service height measuring device(s) are in place and are level, checking the height of the net, if it is deemed necessary, or to call the sideline closest to the Service Judge where there is no Line Judge appointed, with the players so advised.

7.7. Where an Instant Review System is in operation, the Service Judge shall check that any challenge is administered correctly by the Umpire, and advise the Umpire before the next rally commences if this is not the case.

7.8. The Service Judge shall back up the Umpire and assist the

Umpire as required. The Service Judge shall alert the Umpire immediately upon noticing a potential mistake committed by the Umpire.

7.9. At the end of a match, immediately after the Umpire has called "Game" the Service Judge shall stand to shake hands with the players. After the Umpire has announced the result of the match the Service Judge shall walk across the court to the Umpire's chair to assemble the players and join the Umpire in leaving the court.

8. INSTRUCTIONS TO LINE JUDGES

8.1. The Line Judges shall sit on chairs directly looking down their designated lines at the ends and sides of the court and preferably at the side opposite to the Umpire unless otherwise instructed by the Referee (see diagrams).

8.2. A Line Judge shall be entirely responsible for the line(s) assigned except that the Umpire shall overrule the call of the Line Judge if, in the opinion of the Umpire, it is beyond reasonable doubt that a Line Judge has clearly made a wrong call (Law 17.5.1). Any overrule by the Umpire or the result of a challenge made by a player where an Instant Review System (Law 17.5.2) is in operation, shall supersede the original line call by the Line Judge.

8.3. If the shuttle lands out, no matter how far, call "Out" promptly in a clear voice, loud enough to be heard by the players and the spectators and, at the same time, signal by extending both arms horizontally while looking towards the Umpire.

8.4. If the shuttle lands in, the Line Judge shall say nothing, but point to the line with the right hand while looking towards the Umpire.

8.5. If unsighted, inform the Umpire immediately by putting both hands up to cover the eyes.

8.6. Do not call or signal until the shuttle has touched the floor or has touched anything outside the court boundaries, except a player.

8.7. Calls or signals shall always be made without any anticipation of the Umpire's decision regarding faults (e.g. the shuttle touching the player, his clothing, or racket before landing on the court, however obvious).

8.8. The approved hand signals are:

SHUTTLE IS OUT

SHUTTLE IS IN

UNSIGHTED

8.9. Where practical, it is recommended that the Line Judges' positions be 2.5 to 3.5 metres from the court boundaries and, in any arrangement, the Line Judges' positions be protected from any outside influence (e.g. by photographers).

8.10. ×indicates the positions of the Line Judges:

Singles

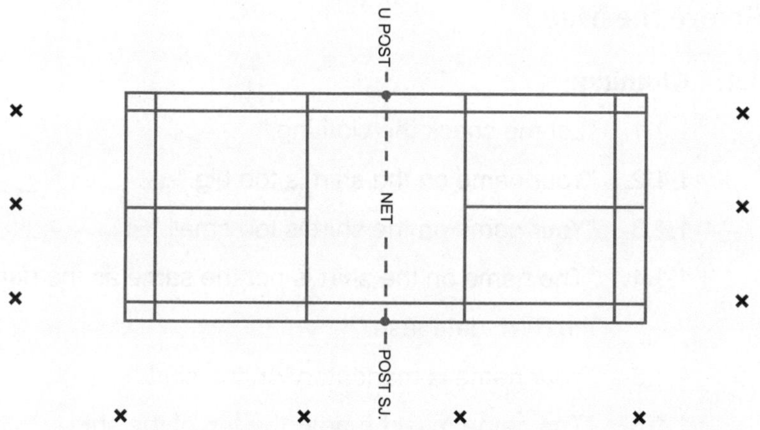

Doubles

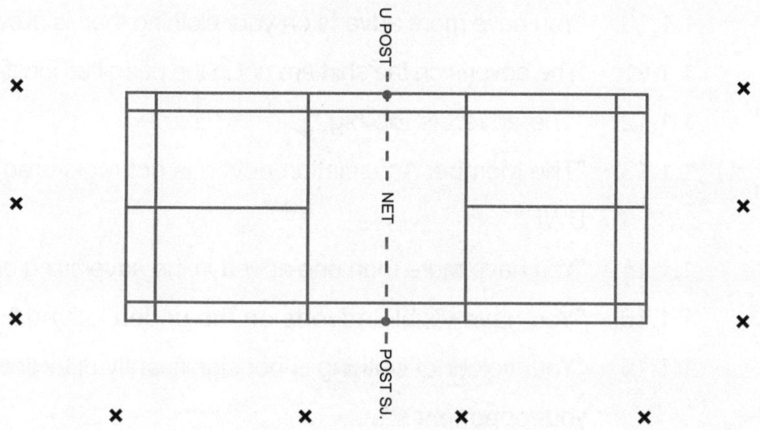

Ⅲ. VOCABULARY

In Force: 28 February 2022 Version 2.1

This Section lists the standard vocabulary that shall be used by the Umpire to control a match. The list is not exhaustive and other vocabulary may be used if necessary.

1. Before the Match

1.1. Clothing:

1.1.1. "Let me check the clothing."

1.1.2. "Your name on the shirt is too big."

1.1.3. "Your name on the shirt is too small."

1.1.4. "The name on the shirt is not the same as the name in the BWF database."

1.1.5. "Your name is mandatory on the shirt."

1.1.6. "The name must be near the top of the shirt."

1.1.7. "The Member name is mandatory on the shirt."

1.1.8. "The Member name on the shirt is too big."

1.1.9. "The Member name on the shirt is too small."

1.1.10. "You have more adverts on your clothing than is allowed."

1.1.11. "The adverts on the shirt are not in the permitted locations."

1.1.12. "The advert is too big."

1.1.13. "The Member Association advert is not registered with BWF."

1.1.14. "You have more than one advert in the advertising band."

1.1.15. "You have visible adverts on the underclothing."

1.1.16. "Your colour of clothing is not significantly different from your opponent's."

1.1.17. "You must wear the same colour clothing as your partner."

1.1.18. "Do you have any other colour of clothing?"

1.1.19. "You have to change your colour of clothing."

1.1.20. "If you do not change your shirt you will be fined."

1.1.21. "The lettering on the shirt must be in a contrasting colour to the colour of shirt."

1.1.22. "The lettering on the shirt is not visible."

1.1.23. "The lettering on the shirt must be in a single colour."

1.1.24. "The lettering on the shirt must be in capital letters."

1.1.25. "The lettering on the shirt must be in the Roman alphabet."

1.1.26. "The lettering sequence is wrong."

1.1.27. "Taping is not allowed."

1.2. **Toss:**

1.2.1. "Come here for the toss."

1.2.2. "You won the toss."

1.2.3. "What do you choose?"

1.2.4. "Who will serve?"

1.2.5. "Choose your end."

1.2.6. "Who will receive?"

1.2.7. "The opponent(s) chose to receive first, so you will serve first."

1.2.8. "The opponent(s) chose to serve first, so you will receive first."

1.2.9. "The opponent(s) chose ends. Do you wish to serve or receive first?"

1.3. **Others:**

1.3.1. "Switch off your mobile phone."

1.3.2. "Line up for the march-on."

1.3.3. "Place your bag properly in the basket."

1.3.4. "Ready to play."

2. Start of the Match

2.1. Introduction and Announcements

W, X, Y, Z are names of players and A, B, C, D are names of Members. To start the first game of the match, the Umpire shall call:

2.1.1. Singles Tournament

"Ladies and Gentlemen; on my right, 'X, A'; and on my left, 'Y, B'. 'X' to serve; love all; play."

2.1.2. Singles Team Tournament

"Ladies and Gentlemen; on my right, 'A', represented by 'X'; and on my left, 'B', represented by 'Y'. 'A' to serve; love all; play."

2.1.3. Doubles Tournament

"Ladies and Gentlemen; on my right, 'W, A' and 'X, B'; and on my left, 'Y, C' and 'Z, D'. 'X' to serve to 'Y'; love all; play."

If doubles partners represent the same Member, announce the Member name after announcing both players' names (e.g. 'W and X, A').

2.1.4. Doubles Team Tournament

"Ladies and Gentlemen; on my right, 'A', represented by 'W' and 'X'; and on my left, 'B', represented by 'Y' and 'Z'. 'A' to serve; 'X' to 'Y'; love all; play."

2.2. To start the second game, the Umpire shall call:

"Second game, love all; play."

(Unless there has been a fault for misconduct during the interval).

2.3. To start the final game, the Umpire shall call:

"Final game, love all; play."

(Unless there has been a fault for misconduct during the interval).

3. During the Match

3.1. **Progress of Match, faults:**

3.1.1. "Service over."

3.1.2. "Fault."

3.1.3. "Let."

3.1.4. "Out."

3.1.5. "Interval."

3.1.6. "Play a let."

3.1.7. "Change ends."

3.1.8. "You did not change ends."

3.1.9. "Court ... (number, if more than one court is used) 20 seconds."

3.1.10. "... game point ..." e.g. "20 game point 6", or "29 game point 28."

3.1.11. "... match point ..." e.g. "20 match point 8", or "29 match point 28."

3.1.12. "... game point all" e.g. "29 game point all."

3.1.13. "...match point all" e.g. "29 match point all."

3.1.14. "Service Judge–signal, please."

3.1.15. "You hit the shuttle on your opponent's side of the net."

3.1.16. "The shuttle touched you."

3.1.17. "You touched the net."

3.1.18. "You touched the post."

3.1.19. "A shuttle came on the court."

3.1.20. "The shuttle did not distract or obstruct you."

3.1.21. "You obstructed your opponent."

3.1.22. "You deliberately distracted your opponent."

3.1.23. "You hit the shuttle twice."

3.1.24. "You slung the shuttle."

3.1.25. "You invaded your opponent's court."

3.1.26. “The shuttle touched the ground before you hit it.”

3.1.27. “The shuttle touched the ceiling.”

3.2. **Serving / Receiving:**

3.2.1. "Right service court."

3.2.2. "Left service court."

3.2.3. "You missed the shuttle during service."

3.2.4. "Do not serve before the receiver is ready."

3.2.5. "The receiver was not ready."

3.2.6. "Your partner was not ready."

3.2.7. "Your opponent was not ready."

3.2.8. "You attempted to return the service."

3.2.9. "You served from the wrong service court."

3.2.10. "You served out of turn."

3.2.11. "You received out of turn."

3.2.12. "You blocked the receiver's view of the shuttle during service."

3.2.13. "Both you and your partner hit the shuttle."

3.3. **Shuttle change:**

3.3.1. "Is the shuttle OK?"

3.3.2. "Change the shuttle."

3.3.3. "Do not change the shuttle."

3.3.4. "Change."

3.3.5. "No change."

3.3.6. "Return the shuttle."

3.3.7. "Return the shuttle properly."

3.3.8. "You must ask me for permission to change the shuttle."

3.3.9. "Test the shuttle."

3.3.10. "Do not test the shuttle."

3.3.11. "You must not interfere with the speed of the shuttle."

3.4. **Line Calls / IRS:**

3.4.1. "Line Judge–signal, please."

3.4.2. “Line Judge – repeat your signal, please.”

3.4.3. "I clearly saw the shuttle land in."

3.4.4. "I clearly saw the shuttle land out."

3.4.5. "The Line Judge made a correct call."

3.4.6. "Correction IN."

3.4.7. "Correction OUT."

3.4.8. "Unsighted."

3.4.9. “The call is IN, do you wish to challenge?”

3.4.10. “The call is OUT, do you wish to challenge?”

3.4.11. "You did not challenge immediately."

3.4.12. "You do not have any challenges remaining in this game."

3.4.13. "... (name of player) challenges, Called [IN]."

3.4.14. "... (name of player) challenges, Called [OUT]."

3.4.15. “...... (name of team) challenges, Called [IN].”

3.4.16. “...... (name of team) challenges, Called [OUT].”

3.4.17. "The IRS result was 'No decision'."

3.4.18. "Challenge unsuccessful."

3.4.19. "One challenge remaining."

3.4.20. "No challenges remaining."

3.4.21. "The IRS is not working, no challenges can be made."

3.4.22. "The IRS is now working, challenges can be made."

3.5. **Influencing TO:**

3.5.1. "You tried to influence the Service Judge."

3.5.2. "You tried to influence the Line Judge."

3.5.3. "You must not influence the Line Judge."

3.5.4. "You must not influence the Service Judge."

3.5.5. "Do not shout or signal before the Line Judge gives a decision."

3.6. **Coaching:**

3.6.1. "Coach(es) return to your chair(s)."

3.6.2. "Your coach distracted your opponent."

3.6.3. "Your coach disrupted play."

3.6.4. "Do not seek coaching."

3.6.5. "Do not coach after the players have taken up position for the next service."

3.6.6. "Do not coach during the rally."

3.6.7. "Do not step over the A-board."

3.6.8. "Do not get up from your chair until the rally is over."

3.6.9. "Coach, move your chair back to its original position."

3.7. **Injury:**

3.7.1. "Are you OK?"

3.7.2. "Can you play on?"

3.7.3. "Do you need the doctor?"

3.7.4. "Are you retiring?"

3.7.5. "You can have spray from the doctor only once in a match except during the intervals."

3.7.6. "The bleeding needs to be treated before you can continue."

3.8. **Mopping:**

3.8.1. "Wipe the court, please."

3.8.2. "Show the court attendant where to wipe the court."

3.8.3. "Use your foot to wipe the court."

3.8.4. "No sweat throwing."

3.8.5. "Do not fall intentionally."

3.9. **Continuous Play:**

3.9.1. "On court."

3.9.2. "No delay."

3.9.3. "Play."

3.9.4. "Play on."

3.9.5. "Play now."

3.9.6. "Play must be continuous."

3.9.7. "Players back on court."

3.9.8. "... (name of player) back on court."

3.9.9. "Get ready quicker."

3.9.10. "Quick towel only."

3.9.11. "Quick drink only."

3.9.12. "You must ask my permission to have a drink".

3.9.13. "You must not take so long to cut your strings."

3.10. **Misconduct:**

3.10.1. "Come here."

3.10.2. "Do not raise your fist towards your opponent(s)."

3.10.3. "Do not shout at your opponent."

3.10.4. "You must not scream so loudly."

3.10.5. "You must use your best effort."

3.10.6. "You must shake hands before celebrating."

3.10.7. "... (name of player) warning for misconduct."

3.10.8. "... (name of player) fault for misconduct."

3.10.9. "... (name of player) disqualified for misconduct."

3.11. **Suspension:**

3.11.1. "Play is suspended."

3.12. **Others:**

3.12.1. "The scoreboard is not working."

3.12.2. "Your new shirt must be of the same colour and similar design to your original shirt."

3.12.3. "Are you ready?"

4. Explanations for Service Fault Calls

4.1. "Service fault called, too high."

4.2. "Service fault called, racket head."

4.3. "Service fault called, foot."

4.4. "Service fault called, continuous motion."

4.5. "Service fault called, base of shuttle."

4.6. "Service fault called, undue delay."

4.7. "Service fault called, shuttle missed."

4.8. "Service fault called, receiver fault called, play a let."

4.9. "Fault receiver, foot."

4.10. "Fault server, foot."

4.11. "Fault receiver, undue delay."

4.12. "Fault server, undue delay."

5. Explanations for Warnings and Faults

5.1. "Racket abuse."

5.2. "You threw the racket dangerously."

5.3. "Verbal abuse."

5.4. "You used unacceptable language."

5.5. "You shouted at your opponent."

5.6. "You screamed excessively."

5.7. "You raised your fist in the direction of your opponent."

5.8. "You tried to influence the Service Judge."

5.9. "You tried to influence the Line Judge."

5.10. "Shuttle abuse."

5.11. "You interfered with the speed of the shuttle."

5.12. "Physical abuse."

5.13. "Equipment abuse."

5.14. "You kicked the A-board."

5.15. "You hit the net."

5.16. "You hit the chair."

5.17. "You hit the equipment box."

5.18. "You hit the service height measuring device."

5.19. "Delay."

5.20. "You delayed the service."

5.21. "You refused to follow my instructions."

5.22. "You refused to play on."

5.23. "You left the court without permission."

5.24. “You were late getting back onto court.”

5.25. "Unsportsmanlike conduct."

5.26. "You made an obscene gesture."

5.27. "You celebrated in an unsportsmanlike manner."

5.28. "Your mobile phone rang."

6. End of Game/Match

6.1. "Game."

6.2. "First game won by '...' [name(s) of player(s), or Member (in a Team Tournament)] '...' (score)."

6.3. "Second game won by '...' [name(s) of player(s), or Member (in a Team Tournament)] '...' (score)."

6.4. "One game all."

6.5. "Match won by '...' [name(s) of player(s), or Member (in a Team Tournament)] '...' (scores)."

6.6. "'...' (name of player) retired. Match won by '...' [name(s) of player(s), or Member (in a Team Tournament)] '...' (scores)."

6.7. "'...' (name of player) disqualified for misconduct (followed by a specific explanation of the misconduct). Match won by '...' [name(s) of player(s), or Member (in a Team Tournament)] '...' (scores)."

6.8. "Match ended by the Referee.'...' [name(s) of player(s)] promoted to the main draw. '...' [name(s) of player(s)] proceed(s) to next round / main draw."

6.9. In doubles announcements use "and" between the names of the players.

7. Notes for Incidents on the Scoresheet (Examples)

7.1. I–Injury

7.2. W–Warning for misconduct

7.3. F–Fault for misconduct

7.4. R–Referee called on court

7.5. S–Suspension

7.6. Dis–Disqualified by the Referee

7.7. Ret–Retired

7.8. Match suspended for×minutes due to power failure.

7.9. [Name of Player] warned for interfering with the shuttle.

7.10. [Name of Player] twisted his ankle and decided to retire.

7.11. Game delayed for×minutes.

7.12. [Name of Player] warned for influencing the Line Judge.

7.13. [Name of Player] warned for delaying the game.

7.14. [Name of Player] faulted for using abusive language. Referee was called on court and instructed to observe and fault again if necessary.

7.15. [Name of Player] was faulted for pushing the Line Judge. Referee was called on court and decided to disqualify the player.

7.16. [Name of Player] had a nose bleed. Referee and Tournament Doctor were called on court. Game delayed for×minutes.

7.17. [Name of Player] injured their right knee. Referee and Tournament Doctor were called on court. The Tournament

Doctor advised the player to retire.

8. Notes for Clothing Violation on the Scoresheet (Examples)

8.1. [Name of player] on the shirt is too big.

8.2. [Name of player] on the shirt is too small.

8.3. [Name of player] on the shirt is not the same as the name in the BWF database.

8.4. There is no player name on the shirt of [name of player].

8.5. There is no Member name on the shirt of [name of player].

8.6. The Member name on the shirt of [name of player] is too big.

8.7. The Member name on the shirt of [name of player] is too small.

8.8. There are too many adverts on the [item of clothing] of [name of player/Coach].

8.9. The advert on the shirt of [name of player/Coach] is too big.

8.10. There is more than one advert in the advertising band of [name of player/Coach].

8.11. There are visible adverts on the underclothing of [name of player/Coach].

8.12. [Name of player] refused to change the colour of their clothing.

8.13. [Names of players] wore different colours of clothing.

8.14. [Name of player] not wearing significantly different colour of clothing from the opponent.

8.15. The lettering on the shirt of [name of player] is not in a contrasting colour to the colour of the shirt.

8.16. The lettering on the shirt of [name of player] is not in a single colour.

8.17. The lettering on the shirt of [name of player] is not in capital letters.

8.18. The lettering on the shirt of [name of player] is not in the Roman alphabet.

8.19. The lettering sequence on the shirt of [name of player] is wrong.

8.20. There is taping on the shirt of [name of player/Coach].

9. Scoring

0 - Love	11 - Eleven	22 - Twenty-two
1 - One	12 - Twelve	23 - Twenty-three
2 - Two	13 - Thirteen	24 - Twenty-four
3 - Three	14 - Fourteen	25 - Twenty-five
4 - Four	15 - Fifteen	26 - Twenty-six
5 - Five	16 - Sixteen	27 - Twenty-seven
6 - Six	17 - Seventeen	28 - Twenty-eight
7 - Seven	18 - Eighteen	29 - Twenty-nine
8 - Eight	19 - Nineteen	30 - Thirty
9 - Nine	20 - Twenty	
10 - Ten	21 - Twenty-one	